영어 공부 방향이 먼저다
학교 공부가 답이다

영어 공부 방향이 먼저다

학교 공부가 답이다

Otree · 한예지 지음

한국문화사

영어 공부 방향이 먼저다
학교 공부가 답이다

1판 1쇄 발행 2023년 9월 22일

지 은 이 | Otree & 한예지
펴 낸 이 | 김진수
펴 낸 곳 | 한국문화사
등　　록 | 제1994-9호
주　　소 | 서울시 성동구 아차산로49, 404호(성수동1가, 서울숲코오롱디지털타워3차)
전　　화 | 02-464-7708
팩　　스 | 02-499-0846
이 메 일 | hkm7708@daum.net
홈페이지 | http://hph.co.kr

ISBN 979-11-6919-151-7 93740

· 이 책의 내용은 저작권법에 따라 보호받고 있습니다.
· 잘못된 책은 구매처에서 바꾸어 드립니다.
· 책값은 뒤표지에 있습니다.

오류를 발견하셨다면 이메일이나 홈페이지를 통해 제보해주세요.
소중한 의견을 모아 더 좋은 책을 만들겠습니다.

추천사

지난 한 세기 동안 우리나라 영어교육은 사회적 변화나 시대적 요구와 궤를 같이 해왔다. 인공지능 출현과 제4차 산업혁명이 진행 중인 지금은 그 어느 때보다도 산업 구조와 사회 패러다임의 변화가 빠르게 일어나고 있으므로 영어교육 방향의 재설정이 필요한 시점이라 할 수 있다. 개인적으로는 영어교육과 교수로 재직하며 우리나라 영어교육에 직접 참여하여 발전에 작게나마 기여를 한 행운을 누렸지만, 늘 교육 정책과 학교 현장, 그리고 학생, 학부모를 비롯한 대중의 영어와 영어교육에 대한 관점 차이로 소기의 성과를 얻지 못한 점이 안타까웠다. 무엇보다 무분별한 인터넷 정보나 대중 서적 등을 통해 쏟아져 나오는 검증되지 않은 상업 정보가 대중의 눈을 흐리게 하는 것 같다. 이 책은 평생 현장에서 영어교육에 헌신하신 분과 미래 외국어 교육을 이끌어 나갈 저자 두 사람이 자신의 경험과 미래에 대한 비전을 바탕으로 쓴 전문서와 대중서 중간 정도의 저서로 우리나라 영어교육을 정책적, 학술적, 교육적 관점에서 깊이 있게 고찰하면서 대중이 읽기 쉽게 저술하였다는 점에서 매우 인상적이다. 많은 독자에게 읽혀 우리나라 영어교육에 대한 이해 증진과 개인적 또는 사회적으로 미래 변화에 대응해 영어교육 방향을 설정하는 데 도움이 되길 바란다.

한국교원대학교 영어교육과 명예교수
민찬규

영국에서 거주하며 종종 접하는 한국의 과도한 영어 사교육에 관한 소식은 참으로 안타깝다. 어릴 때부터 영어전문학원, 입시 경쟁에 시달리는 어린 학생들이 과연 건강하게 성장할 수 있을까, 하는 걱정도 든다. 2021년 나와 뜻을 같이 하는 동료 교수들과 함께 '영어의 아이들'이라는 제목의 책을 출간하여 한국의 지나친 영어 열풍과 조기교육의 위험성을 경고한 바 있다. 그리고 2년이 지난 지금, 미래 영어교육이 나아갈 방향으로 학교 공교육을 지목한 책이 한국에서 출간되어 매우 반가운 마음이다.

이 책의 제목에서도 알 수 있듯이 외국어 교육 전문가인 두 저자는 과도한 영어 사교육을 그만두고 학교 영어에 집중해야 한다고 주장한다. 전문 내용에 충실한 교양서로 학술 이론과 사례, 그리고 두 저자들의 경험을 적절히 조합하여 외국어 교육에 대한 배경 지식이 전혀 없는 독자들도 이해하기 쉽게 쓰여졌다. 책의 주저자인 과거 교육부 출신 교육 정책 실무자가 들려주는 영어 이야기는 흔치 않은 정보로 이 책을 읽고 나면 독자들은 어떻게 영어 공부를 해야 하는지, 왜 학교 영어교육 정책이 계속 바뀌는지 어느 정도 전문적으로 이해할 수 있을 것이다. 또한 부저자의 외국 거주 경험을 바탕으로 한 현재 한국 영어교육에 대한 통찰도 눈여겨볼 만하다.

이 책은 영어교육에 관해 제대로 된 정보를 말해주고 있다. 영어교육, 나아가 외국어 교육에 관심있는 모든 이들에게 강력하게 추천하는 바이다.

옥스포드대학교 한국학·언어학 교수
조지은

이제는 언제부터인지도 모를 지경으로 시도 때도 없이 여기저기서 튀어 나오는 "영어 공교육 정상화"라는 말이 있다. 그만큼 우리의 영어 공교육이 "비정상적"이라는 것을 잘 보여주는 말일진대, 이렇게 십수 년 간 한결같이 정상화를 외치고 있는 우리의 영어교육은 왜 정상화되지 못하는 것일까? 아니 왜 점점 더 정상화로부터 멀어지고 있다는 느낌이 드는 걸까? 이러한 의문에 대한 해답을 바로 이 책, "영어 공부 방향이 먼저다: 학교 공부가 답이다"에서 속시원하게 제시하고 있는 듯하다. 교사로서의 현장 경력과 교육행정가로서의 전문성을 두루 갖춘 저자 Otree 선생은 현재 우리의 교육 상황에 대한 안타까운 마음과 함께, 우리 아이들에게 "배움의 기쁨을 찾아주기" 위한 공교육 정상화 운동을 책의 머리에서 제안하고 있다. 영어 배움의 기쁨을 모르는 채 사교육에 매몰돼가는 우리 학생들의 비참한 현실에 대한 저자의 비판적인 인식에 백 퍼센트 공감하며, 우리의 교육 상황에 대한 저자의 탁월한 진단과 처방에 놀라움을 금치 못하면서 끝까지 읽을 때까지 이 책을 손에서 놓을 수가 없었다.

이 책은 여러 가지 점에서 놀랄만하다. 첫 번째, 이 책은 매우 "실용적이다". 영어 학습에 관심이 있는 학생들에게는 영어 학습의 올바른 방법을 안내하고 있다. 학부모와 영어 교사, 그 밖의 영어교육 전문가들에게는 다양한 영어 공교육 정책의 역사와 철학을 고찰함으로써 우리 영어교육의 현실과 방향성을 고민해 볼 수 있는 계기를 제공해 주고 있다. 다양한 계층의 독자들을 모두 만족시킬 수 있는 다양한 주제의 영어교육 이야기들을 저자의 풍부한 경험과 섞어 잘 버무린 매우 실용적인 학습서이며 영어교육의 가이드북이라고 하겠다.

두 번째, 이 책은 매우 "재미있다". 영어와 관련된 흥미 있는 역사와 문화뿐만 아니라 자칫 딱딱할 수 있는 교육 당국의 영어 정책, 그리고 조기 영어교육과 관련된 다양한 이론과 원리들을 현장에서 직접 경험한 교육자이며 행정가인 Otree 선생의 직접적인 경험과 주변의 다양한 사례를 통해 지루하지 않게 제시하고 있다. 자신의 영어 학습 과정에서, 그리고 영어를 가르치는 교수-학습의 과정에서 누구나 한 번쯤 고민한 적이 있는 다양한 영어교육 관련 주제들을 영어교육의 현장에서 직접 보고, 듣고, 겪었던 생생한 체험담을 통해 저자는 재미있게 풀어나가고 있다.

세 번째, 이 책은 매우 "전문적이다". 조기 영어교육 및 제2언어 습득과 관련한 영어교육 이론과 원리에 대한 저자의 해박한 지식을 바탕으로 우리의 영어교육 상황에 대한 심도 있는 통찰과 분석을 보여준다. 물론 이 또한 초중등영어교육 현장에서 저자가 실제로 경험한 사례들과 함께 제시함으로써 현장과 유리된 학문을 위한 학문이 아닌 실질적인 영어 학습에 도움이 되는 전문적 식견을 이 책은 충분히 보여주고 있다.

이 책의 또 다른 저자 한예지 선생은 한국의 영어교육 상황을 "자신의 꼬리를 먹는 뱀"으로 묘사하고 있다. 끔찍한 풍경이지만 인정할 수밖에 없는 우리의 기괴한 영어교육 상황이다. 영유 시절부터 시작된 강요된 욕망 속에서 자신의 살을 파먹고 있는 우리의 학생들과 학부모들에게 이 책은 꼭 한번 읽어보라고 권유하고 싶다. 역시 이러한 상황을 초래한 책임은 도외시한 채 여전히 식상한 "공교육 정상화"만 공허하게 외치고 있는 영어교육 정책 담당자들 역시 이 책을 필독하라고 권하고 싶다. 또한 "기울어진 운동장"에서 스스로 자신은 위쪽에 자리잡고 있다고 자위하면서 다음 세대들에게 여전히 불공정한 영어교육의 기회를 물려주고자 하는 대부분의 대한민국 어른들에게 이 책은 소중한 자기반성의 계기가 될 것을 확신하면서 추천하는 바이다.

건국대학교 영어교육과 교수
한국영어교육학회 회장
황종배

머리말

17년 만에 학교 현장으로 돌아와 보니

2001년 고3 담임이 나의 마지막 교사 근무였다. 그 후 교육청과 교육부에서 영어 교사 연수, 초중등교육 업무, 파견 근무까지 17년의 세월을 보내고 학교 현장으로 돌아왔다. 달라진 것이 한두 가지가 아니었지만 가장 눈에 띄는 변화는 학생들이 학교에서 머무는 시간이 짧아졌다는 것이다. 수업 시작 직전에 등교하여 대다수 학생들은 정규 수업만 하고 귀가한다. 더 이상 1년 내내 방과 후 보충 수업을 했던 학교 환경이 아니다. 영어경시대회, 영어연극대회 참가 등 교육 활동들은 역사 속으로 사라지게 되었다. 영어 교과는 주3-4시간의 정규 수업으로 부족했기 때문에 보충수업을 했었는데 이제는 온오프라인 사교육이 그 역할을 대신하고 있다. 학교는 2014년 제정된 『공교육 정상화 촉진 및 선행교육 규제에 관한 특별법』을 지키고 있으나 사교육기관에서는 버젓하게 선행학습을 시행하고 있는 현실이다. 이런 상황을 학생, 부모, 교사 모두 만족한다면 거론할 필요도 없겠지만 학생은 배움의 기쁨을 모르고 부모는 사교육비가 부담이며 교사들은 학생들과 학부모들이 사교육에 의존하는 문화를 어처구니없어 한다.

자녀에게 배움의 기쁨 찾아주기 운동

현 초중고 학생의 부모들은 20년 후 자녀들이 20대, 30대가 될 즈음 어떤 모습일지를 생각해본 적이 있을까? 결혼 적령기에 접어드는 나이가 될 것이다. 요즘 결혼하고 나서도 자녀를 낳지 않겠다는 커플들은 새롭지도 않다. 지자체는 지역에 따라 수십만 원에서 수천만 원까지 출산지원금을 지급하고 있지만 인구절벽 시대 이런 방식으로 해결될 문제가 아니라고 생각한다. 자녀를 낳지 않으려는 가장 큰 이유 중 하나는 자녀교육비이다. 교육부가 사교육경감대책 발표(2023. 6.26)에서 만5세 이상 '유초연계 이음 학기 운영 확대' 등 유아 공교육 강화를 발표했어도 영어 사교육 시장으로 가는 발걸음을 멈춰 세우기는 쉽지 않다. 가장 강력했던 1981년 과외금지 조치 후 그 당시 적발된 학생은 무기정학, 부모는 직장에서 해고, 과외 교사나 학원은 처벌을 받았다. 그러나 90년대 처벌과 단속이 느슨해지다가 2000년 과외금지 조치가 위헌으로 결정되었다. 정부마다 사교육경감 정책을 내놓아도 큰 실효성이 없었음을 국민들은 인식하고 있다. 정부는 젊은이들이 결혼해서 자연스럽게 자녀를 출산할 수 있도록 공교육을 정상화해야만 한다. 과거 새마을 운동, 미투 운동이 국민적 공감대를 얻어 전국적으로 퍼져나갔던 것처럼 내 자녀, 학생들의 '배움의 기쁨 찾아주기 운동'을 시작해야 한다. 이제라도 영어교육을 사랑하고 걱정하는 사람들, 내 자녀와 후손을 위해 부모들, 조부모들이 앞장서 피켓을 들어야 할 때다.

주저자 Otree

이 책의 구성

영어는 세계 언어로서의 위상이 높아진 만큼 해방 이후 학교에서 매우 중요한 과목으로 여겨져왔다. 영어를 잘하면 우수한 성적을 받는 데 유리할 뿐 아니라 성인이 된 이후에도 사회에서 성공하기 위한 필수적인 도구이다. 평생동안 해야 할 영어 공부 방향은 여러 갈래이다. 이 책에서는 그중 어떤 길을 선택하고 어떻게 영어를 공부하는 것이 가장 효율적인지를 독자가 스스로 답을 내릴 수 있도록 안내할 것이다.

먼저 1장에서는 영어를 모국어로 하는 영국과 미국의 주요 역사 및 캐나다, 호주, 뉴질랜드, 아일랜드의 특성을 살펴본다.

2장에서는 지난 60년 영어교육 정책의 시대적 변화를 살펴본다.

3장은 조기 영어교육의 효과를 알아보기 위해 국내외 이론, 사례, 자료를 소개한다. 독자는 조기 영어교육이 자녀에게 어떤 영향을 줄지, 어린 시절부터 영어교육을 시작하는 것이 좋은지 어느 정도 답을 얻을 수 있을 것이다.

4장에서는 학교 공부의 중요성에 관해 알아본다. 현재 영어 교사들이 가장 힘들어하는 것은 학생들의 수준 차이이다. 선행학습으로 지루한 표정으로 앉아 있는 학생들을 데리고 수업을 진행해야 한다. 그렇다고 그 학생들한테 맞춰 진도를 빠르게 나갈 수도 없다. 학생과 교사가 모두 피해를 보고 있는 교실 현장이다. 건강한 교실 수업이 되기 위한 방안이 학교 영어 공부만이 답이라고 결론을 내리는 데 공감하게 될 것이다.

5장에서는 여러 세대의 다양한 영어 공부 이야기를 들어본다. 세대마다 영어 공부에 대한 다른 접근과 경험 사례는 훌륭한 조언이 될 것이다.

마지막으로 6장은 대한민국에서 초중고 대학을 졸업하고 미국과 캐나다에서 석박사학위 취득 후 현재 영국에서 활동하는 언어학 교수가 대한

민국 영어교육의 방향을 제시한다.

이 책은 주저자 Otree가 학생, 교사, 교장, 교육행정가, 학부모로서 겪은 경험을 바탕으로 많은 부분이 쓰여졌다. 따라서 영어교육 정책에 직간접적으로 참여했던 교육행정가, 영어교육 전문가와의 견해 차이는 분명히 있을 것으로 생각한다.

다른 책과 구별되는 특징

이 책의 특징은 40년의 영어교육의 현장에서 중고등 영어 교사, 교육행정가, 교장으로 퇴직을 앞둔 Otree 선생과 국내 초중고 대학을 졸업한 영국 요크세인트존대학교 한예지 교수, 두 저자의 영어교육 이야기로 독자들의 효율적인 영어 공부를 돕기 위해 쓰여졌다.

영유아부터 초중고생, 일반인 영어 학습자에게 영어 공부 방향을 제시한 영어교육 기본서가 될 책이다.

초중고생에게 대학생과 현직 영어 교사가 영어 공부 비결을 알려준다. 또한 학교 영어 공부에서 다 찾지 못한 영어 공부 방향을 영어를 좋아하거나 잘하는 대학생, 직장인, 영어 교사들의 이야기 속에서 찾을 수 있다.

개인 영어교육과 공부 사례 이외에 국내외 조기 영어교육 연구자들의 이론, 논문 사례를 소개함으로써 독자들이 조기 영어교육에 관해 종합적으로 판단을 할 수 있게 안내하고 있다. 그리고 많은 독자들의 관심사인 학교 영어평가와 국제 영어평가의 공통성을 밝히고 초중고 학교 영어 공부만으로도 대입, 대학, 취업 시 필요한 영어 공부의 토대를 충분히 쌓을 수 있음을 깨닫게 해주는 책이다.

목차

추천사 5   머리말 11   들어가며 20

1장 | 영어가 모국어인 국가들 이야기

세계어가 된 영어의 위상	29
영어를 힘센 언어로 만든 전쟁들	30
영어를 힘세게 만든 국제기구들	32
퇴색된 표준영어 기준	33
일상 영어 단어만 20만 개	35
영어 단어에 얽힌 역사 이야기	35
현대에도 인기 있는 라틴어	37
대영제국의 발판을 마련한 엘리자베스 1세	39
전 세계 영어 확장에 기여한 셰익스피어	40
영어성경(KJV)이 영어 확산에 미친 영향	42
영국 기술, 과학, 예술의 발전과 영어의 확장	44
미국 전기, 자동차의 등장	47
미국의 경제력과 최다수 노벨 수상자	50
캐나다, 이민 가고 싶어 하는 국가	51
호주, 해외 유학생이 가장 많은 나라	53
뉴질랜드, 가장 살기 좋은 나라	54
아일랜드, 영국보다 더 잘 살게 된 나라	55
부록 1 영어 단어의 유래	58
부록 2 차용어 예들	59
부록 3 미국 영어와 영국 영어 차이	69

목차 **15**

2장 ▎ 영어 공교육 정책 이해는 영어교육의 첫 단추

일관성을 갖기 어려웠던 조선 영어 공교육	79
해방이후 학교 영어교육 개요	81
영어 학습 이론 발달과 국내 영어교육의 발전	84
1970년대 학교 영어교육 환경	85
우리나라 대학교 영어과 개설 폭증	87
1980년대 달라진 학교 영어교육	90
1990년대 영어 공교육의 다변화	93
1970-2020년대 정부의 사교육 경감 정책들	98
영어 교사 퇴출을 시도했던 국회 제안 입법	104
교육부가 주관했던 영어 교사 연수	106
원어민 영어보조교사 확대	109
지지부진한 영어 수준별 수업	112
담임을 맡길 수 없는 영어회화전문강사	114
지역 격차 해소를 위한 영어 공교육 사업	115
야심차게 시작한 EBSe	116
국가영어능력평가시험(NEAT: National English Ability Test)	117
영어전용교실 구축 및 활용	120
중학교 자유학기제	121
대학 교수의 영어 강의	123

3장 | 조기 영어교육 시킬까? 말까?

60대 발동된 조기 영어교육 관심	127
영어교육 이론의 단초가 된 늑대 소녀 이야기	130
조기 영어교육에 불을 지핀 레너버그 등장	132
촘스키의 언어습득장치(LAD)와 보편문법(UG)	134
행동주의 이론의 키워드 모방, 반복, 강화	135
촘스키의 언어습득장치를 부정한 피아제	138
조기 영어교육 찬성론자가 좋아하는 비고츠키 이론	141
우리와 비슷한 EFL 환경 외국 조기 영어교육 실태	143
우리나라 조기 영어교육 변화	147
뇌의 좌우 기능 분화 과정과 언어 습득 나이	150
조기 영어교육과 언어학적 요인	153
사춘기 시기 영어 학습	154
사례 1(부모들이 영유 보내는 이유, 두 갈래 정서)	156
사례 2(조기 영어교육이 학습자의 모국어 발화에 미치는 영향)	161
사례 3(조기 영어교육이 초중고생의 영어 학습에 미치는 영향)	163
사례 4(초등 교사의 자녀 조기 영어교육 관점)	166
사례 5(외국인의 언어학습 경험으로 배운다)	169
Otree의 조기 영어교육 반대 이유	172
부록 시간제와 전일제 조기영어 학습자의 모국어 발화 시 비교	175

4장 | 학교 영어 공부가 답이다!

내 자녀의 영어 공부 목표 179
영어 사교육 하는 이유 181
기축영어시험은 영어교육과정의 토대 186
기축영어시험과 한 방향인 학교 영어 성취 기준 188
기축영어시험 방향으로 구성된 영어 교과서 191
영어 교과서가 학교 현장으로 가기까지 195
초등학교 현장에서 만난 영어 교사들 이야기 197
초등 수석교사가 전하는 초등영어 공부 팁 202
솔밭중학교 영어교육 이야기 205
영어 교사와 대학생이 알려주는 중학생 영어 공부 비결 210
H고등학교 영어교육 이야기 213
고교 영어 교사가 권하는 영어 공부 팁 216
부록 1 자국민을 위한 영어 시험들의 특성 및 활용 222
부록 2 각종 시험의 4 영역 평가 비교 224
부록 3 중학교 수업과 EBSe 사이트 연계 예시 228

5장 | 다양한 사람들의 영어 공부 이야기

여러 세대의 영어 성장 이야기 233
학교 선생님들의 영어이야기 246
자녀 영어교육 이야기 252
영어 학습자에게 한마디 255

6장 ┃ 외국에서 바라본 한국 영어교육의 현재와 미래: 각자도생을 넘어 상생과 협력으로

미국 석사과정: 아쉬운 우선 순위   **263**
캐나다 박사과정: 영어로 논문 쓰기, 글쓰기의 힘겨움   **265**
영국 직장에서 필요한 영어 실력   **267**
글로벌 시대, 세계 곳곳을 누벼라?   **269**
외국이라는 제3의 공간: 적응, 부적응, 그리고 자발적 비적응   **272**
자신의 꼬리를 먹는 뱀   **275**
대한민국이 지향해야 할 영어교육 방향   **277**

참고문헌   **281**
기고해 주신 분들   **284**

들어가며

"나 이 과목 왜 공부해야 돼?" 요즘도 자녀에게 이런 질문을 받는 학부형이 있을지 모르겠다. 나는 이 질문을 초중고를 다녔던 90년대와 대학을 다녔던 2000년대에도 끊임없이 하며 엄마와 나 자신을 괴롭혔다. 불행인가 다행인가, 영어 과목은 대부분 사람들이 공부의 당위성을 공감한다. 영어가 인생에서 중요하다는 것을 모르는 사람은 거의 없을 것이다. 어쩌면 영어는 대학 입시가 종료된 후에도 학업이 이어지는 유일한 교과목일 수도 있겠다. 많은 사람들이 대학 진학 후에도 유학이나 취업, 승진 등 실제적 필요에 의해 영어 공부를 하기 때문에 왜 영어를 공부해야 하냐는 질문에 비교적 쉽게 답을 떠올릴 수 있다. 그러나 영어의 도구적 목적에 매몰되어 큰 그림을 놓치고 있는 것이 아닐까. 국제어로서의 영어의 위상과 필요성을 부정하는 것은 아니지만 영어는 타 교과나 타 외국어에 비해서 지나친 특별 대우를 받는 것 같다. 그리고 지나치게 강조된 영어의 특수성은 영어를 잘한다는 것의 의미를 편협하게 만드는 역효과를 가져온다.

영어는 교과 교육의 일부

넓게 보면 영어는 교과 교육의 일부이며 교과 교육은 학교 교육의 일부이다. 따라서 영어교육은 다른 교과와 마찬가지로 범교과적 학교 교육이 따르는 비전과 인간상, 교육 지향점과 부합해야 한다. 교육부는 2022년 개정교육과정을 발표하며 '더 나은 미래, 모두를 위한 교육'을 슬로건으로 내세웠다. 교육 비전은 '포용성과 창의성을 갖춘 주도적인 사람'이다. 이는 현행교육과정이 강조하고 있는 공동체 가치 함양에서 더 나아간 것으로 세계 교육 목표인 OECD 2030이 지향하는 바인 자신과 타인 및 지구촌 구성원 전체의 웰빙을 향해 나아가는 법을 배울 필요성을 반영한 것이다. 2015년 개정교육과정에서 명명한 인재상인 창조경제 사회가 요구하는 '창의융합형 인재'와도 대조적인 부분이다. 또한 범교과적 역량의 하나로 2015년 개정교육과정은 '의사소통'을 제시했으나 2022년 개정 교육과정은 '협력적 소통'을 제시하고 있다.[1]

한국에서 영어교육과 관련된 담화를 살펴보면 읽기, 듣기, 말하기, 쓰기 4영역의 기능 향상에 지나치게 치우쳐 있는 것 같다. 물론 실용 영어의 기능이 중요하다는 것을 부정하는 것은 아니다. 그러나 교과 교육의 하나로서 영어는 위에 언급한 개정교육과정이 제시하는 범교과적 교육의 지향점과 부합해야한다. 교육과정개정을 위해 2021년 국가교육회의가 주관한 대국민 설문조사 결과를 살펴보면 매우 흥미롭다. 국민 다수가 생각하는 교육 지향점 1위가 '개인과 사회 공동의 행복 추구(20.9%)'로 나타났고 2위, 3위가 각각 '자기 정체성을 바탕으로 한 자기 주도적 학습(15.9%)', '책임 있는 시민으로 성장(15.6%)'이다.[2] 교육에 있어서 국민들이 바라는 지점이 학습보다도 행복 추구에 있다는 것은 한국의 과도한 교육열 현상과 대조되는 놀라운 결과이다.

개인과 공동체의 행복 추구라는 대국민적 바람은 2020년 국민 여론 조사에서도 여실히 드러난다. 학부모들이 바라는 학교의 역할 1위는 '공동체 속에서 서로 배려하고 존중하는 것을 배우는 것'(58.8%)으로 '좋은 고등학교나 대학을 진학하도록 돕는 것'(5.9%)에 훨씬 앞선 숫자이다. 학생

---

[1] "2022 개정 교육과정 총론 주요사항 발표", 교육부, 2021.11.24. 웹사이트.
[2] "개정 교육과정 국민참여 설문 결과 발표 및 사회적 협의 시작", 교육부, 2021.6.22. 웹사이트.

들은 학교가 '자신에 맞는 진로를 설계하도록 돕는 곳'(37.8%), '행복한 삶의 의미를 배울 수 있도록 돕는 곳'(32%) 이 되어야 한다고 응답했다.[3] 또한 일반 국민, 학생, 학부모 집단 모두가 과반수 이상 '개별 학생들에게 관심을 쏟으며 이해와 소통을 하는 교사'를 바라는 선생님 상으로 꼽았다. 교과목에 관해 전문지식을 가지고 가르치는 교사보다도 월등히 앞선 숫자이다.

이러한 통계 자료와 2022년 교육과정 개정안을 살펴보면 적어도 한 가지 사실이 분명해진다. 현재의 영어교육은 대국민적 바람과 교육 지향점과 많이 동떨어져 있는 모습이다. 사교육에 드는 비용은 매년 증가하고 있으며 부모 소득 격차에 따른 사교육 참여 여부와 비용의 격차가 매우 크다. 이는 모두를 위한 교육, 개인과 공동체의 행복과 웰빙이라는 목적과 아무래도 맞지 않는 퍼즐 조각이다.

영어는 언어 교육의 일부

영어교육은 언어 교육의 한 축이고 다른 비영어 외국어 교육과 공동의 목적과 방향성을 공유해야 한다. 한국에서는 영어교육이 외국어 교육의 아주 중요한 부분을 차지하지만 비영어 언어를 외국어로 학습하는 미국이나 유럽에서 발행한 외국어 교육 표준을 살펴보는 것도 영어교육의 큰 그림을 이해하는데 유의미할 것이다.

미국 외국어 교육 위원회(American Council on the Teaching of Foreign Languages)에서 발행한 범외국어 교육 표준(The World-Readiness Standards for Learning Languages)을 살펴보면 교육 목표를 5가지 영

---

[3] 대통령직속 국가교육회의, "국민이 원하는 교사는?…학생에 관심 쏟고 소통하는 교사", 정책브리핑, 2020.11.22. 웹사이트.

역(5C)으로 정하고 있다: 1) Communication 다양한 상황에서 효과적 의사소통, 2) Culture 문화 이해와 역량을 바탕으로 한 상호작용, 3) Connection 학술적, 직업적 상황에서 언어 사용을 위해 타 교과 연계를 통한 지식 습득 및 다양한 관점 수용, 4) Comparison 문화적 역량을 겸비한 소통을 위해 자국 언어와 외국어 언어와 문화의 비교·이해, 5) Community 문화적 역량을 겸비한 소통을 통한 다국어 공동체 참여가 영역별 교육 목표이다.[4]

5C 교육목표에서 효과적 의사소통은 5가지 목표 중 하나인 반면 문화적 역량과 이해는 세부 목표에 지속적으로 등장한다. 외국어로서의 영어 교육을 생각해보면 읽기, 듣기, 말하기, 쓰기 영역의 의사소통 실력 향상은 교육 목표의 전체가 아닌 일부라는 것을 알 수 있다. 이러한 경향은 유럽(Council of Europe)에서 발행한 외국어 교육의 지표인 유럽 공통 언어 참조 기준(CEFR: Common European Framework of Reference for Languages)에도 잘 나타난다. 많은 사람들이 해당 문서를 초급에서 고급까지 각 레벨에 해당하는 언어 기준을 제시한 외국어 평가 기준으로 알고 있으나 사실은 평가를 포함한 외국어 교육 전반에 걸쳐 학습자가 배워야 할 것을 제시한 기초 문서에 가깝다. 유럽 공통 언어 참조 기준에서 전반적 언어 능력은 1) 일반적 역량(General competences), 2) 의사소통 역량(Communicative language competences), 3) 의사소통 활동(Communicative language activities), 4) 의사소통 전략(Communicative language strategies)의 4가지 영역으로 구성된다. 모든 의사소통의 경우와

---

[4] *World-Readiness Standards for Learning Languages*. American Council on Teaching Foreign Languages. www.actfl.org/educator-resources/world-readiness-standards-for-learning-languages. Accessed 19 July 2023.

상황에서 언어적 능력 이외에도 세상에 대한 지식이나 전문적 경험, 사회 문화적 역량, 타인과의 관계성 같은 개인의 일반적 역량이 요구된다. 따라서 읽기, 듣기, 말하기, 쓰기로 구성되는 언어 능력은 소통 활동과 전략의 극히 일부이며 복잡한 의사소통을 이해하기에 매우 한정적이라고 비판하고 있다.[5]

한국의 영어교육이 미국이나 유럽에서 발표한 외국어 교육 지침을 따라야 한다고 주장하는 것은 절대 아니다. 한국의 영어교육은 한국의 실정과 시대의 요구에 맞게 개발, 발전되었을 것이다. 그러나 세계적으로 통용되는 외국어 교육 지침은 도구적인 의사소통 기능 향상에 매몰된 편협한 시야를 넓혀준다. 영어를 잘하는 것은 읽기, 듣기, 말하기, 쓰기의 기능적 역량을 넘어서 거시적 관점에서의 의사소통 능력, 타인과 상호작용에서 필요한 처신과 문화적 민감성 등 광범위한 소통전략을 포함하는 것이다.

숲과 나무: 거시적, 미시적 관점에서의 영어교육

이 책에서는 숲과 나무를 관찰하듯이 거시적, 미시적 관점에서 한국의 영어교육을 들여다보고자 한다. 1장에서는 영어라는 언어가 파생되고 발달하는데 기여한 굵직한 역사적 사건과 사회 문화 현상을 짚어볼 것이다. 하나의 언어가 의사소통 도구적 기능을 넘어 역사와 사회라는 유의미한 시간과 공간 속에서 어떻게 발달하는지 알아보고자 함이다. 2장에서는 대한민국 근 현대사와 맥락을 같이 한 영어교육 정책의 역사를 개괄적으로 살펴본다. 또한 국가적 영어교육 정책이 개인의 삶에 어떻게 적용되

---

[5] *Common European Framework of Reference for Languages (CEFR)*. Council of Europe. www.coe.int/en/web/common-european-framework-reference-languages Accessed 19 July 2023.

고 영향을 미쳤는지 알아보기 위해 평생을 영어 공교육에 몸 담았던 주저자 Otree 선생의 중학생 시절부터 영어 교사, 교장 및 교육전문직 재직과 퇴직까지 삶의 에피소드와 생각들을 공유할 것이다. 한 개인의 영어 인생의 궤적을 따라 대한민국 영어교육 정책의 변화를 살펴보는 것이 독자들에게 새롭고 신선한 시도가 되길 바란다. 3장에서는 조기 영어교육에 대해 학술적 근거와 국내외 사례들을 제시한다. 이 책의 두 저자는 조기 영어교육을 반대하는 입장이지만 조기 영어교육에 대한 긍정적, 부정적 관점을 포괄적으로 소개하여 독자 스스로 결론을 내리는데 중점을 두었다. 4장과 5장에서는 한국 및 다른 나라들의 공인영어시험의 지침, 교육과정 그리고 다양한 사람들의 영어 이야기를 통해 거시적, 미시적 관점에서 한국 영어교육의 현주소를 조명한다. 마지막으로 6장에서는 이 책의 부저자가 외국에서 바라본 한국의 영어교육에 대한 단상을 담았다.

부저자 한예지

1장
영어가 모국어인 국가들 이야기

현재 영어는 세계어로서의 위상이 무척 공고하다. 통찰력 있는 영어 학습자라면 왜 이런 상황이 된 것인지 궁금해질 것이다. 세계사 수업에서 간단하게 배우는 영국과 미국에 관해 서술해놓은 본 장은 영어 역사를 이해하는 출발점이라 생각한다. 본 장을 통해 영어 공부의 재미와 깊이 연결되기를 기대한다.

1. 세계어가 된 영어의 위상

전 분야에서 맹활약 하는 영어

세계에서 국가 기준을 갖춘 195개 국가 중 75개국의 약 3억 7천 5백만 명이 영어를 공용어 또는 제2언어로 사용하고 있다. 영어가 세계어가 된 배경과 상황을 살펴보자.

사회주의 국가들도 러시아어에서 영어로 전환

1945년 해방을 맞이하고 남북이 분단된 후 북한은 소련의 통치를 남한은 미국의 통치를 받게 되었다. 정치적인 영향으로 남한은 영어를 주요 외국어로 정했으며 북한은 러시아어로 하였을 것이다. 그러나 1991년 세계화, 탈냉전 시대를 맞이하면서 소련은 붕괴되어 여러 국가로 나뉘어졌고 민주주의 대표 나라인 미국은 초강대국의 위상이 더욱 공고해졌다. 따라서 영어의 힘은 더욱 강해졌으며 사회주의 국가들도 앞 다투어 학교에서 영어를 필수과목으로 받아들이기 시작했다.

세계 영어교육 선도

영어가 제1언어(모국어)인 주요 국가는 영국, 미국, 호주, 뉴질랜드, 캐나다, 아일랜드 등이다. 이 나라들의 공통점은 우리나라를 포함한 전 세계의 영어교육을 선도하고 있다. 영어가 모국어이기 때문에 언어적 자원과 노하우가 풍부한 것은 당연하다. 또한 이들 나라들의 연구자들은 전 세계 영어교육 수요에 부응하기 위해 연구들과 사례를 꾸준히 내놓고 있다. 특히 1960년대부터 시작된 영어 학습에 관한 연구와 사례들이 쏟아지면서 이들 나라에서 영어교육 프로그램도 발전을 계속해 왔다.

2. 영어를 힘센 언어로 만든 전쟁들

영어가 하루 아침에 전 세계어가 된 것은 아니다. 인류 역사 상 부족 간, 국가 간 수많은 전쟁이 일어났다. 그중 영국과 당대 가장 힘센 국가들 스페인, 프랑스 간의 전쟁, 미국 독립 후 남북 간의 내전 그리고 제2차 세계 대전은 영어를 지구상의 언어 중 가장 힘센 언어로 격상시켰다.

대영제국의 토대가 된 7년 전쟁

역사적으로 영국이 강대국이 되는 교두보 역할을 한 당대 최강국인 스페인을 이긴 칼레해전(1588년)이 있었다. 그 후 1세기 반 이상이 지나고 영국은 유럽에서 가장 강한 프랑스와 전투를 7년이나 이어갔다. 영국은 이 전쟁을 기점으로 북미 지역 현 캐나다를 포함하여 아메리카 대륙을 대폭 차지하며 최강대국으로 우뚝 서게 되었다.

당시 프랑스는 식민지 제국에서 가장 큰 영향력을 가졌지만, 7년 전쟁 이후 영국이 이 지위를 대체하게 되면서, 영국의 영향력이 세계적으로 확대되고 이에 따라 영어 사용 확장에도 큰 영향을 미치게 되었다. 또한, 영국 식민지 제국의 영향력이 커짐에 따라 영어가 상류층의 언어로 인식되기 시작되었으며, 이는 현대 영어의 표준화를 촉진시켰다.

미국을 하나로 만든 남북전쟁

세계사적으로 영어의 또 다른 중요한 축인 미국은 1776년 13개주로 독립하여 영토 확장이 지속적으로 이루어졌다. 링컨 대통령(1861-1865)의 취임 당시 33개주로 확장되어 광활한 영토를 가지게 되었다. 미국은 각 주(州)마다 권한이 강했던 상황으로 주(州)끼리의 이해관계가 맞지 않으면 언제든지 해체할 수도 있는 연방 시스템이었다. 당시 미국은 남부와 북부의 경제 구조 차이로 인해 노예제 폐지가 커다란 이슈였다. 링컨은 북부 지역의 호응을 얻어 대통령으로 당선된 후 이를 해결하고자 노력했으나 남부 주들의 강한 반발로 남북이 충돌하는 내전을 치르게 되었다.

남북전쟁에서 북부 군이 승리하여 미국은 하나가 되었지만 남부가 다시 연방(聯邦)으로 복귀하는 데 10년 이상 걸렸다. 많은 희생을 치러 결국 미국이 하나의 나라 '미합중국 The United States' 이 된 것이다. 언어는 당시 정치 및 사회 상황을 반영한다. 그때까지 여러 주들이 합쳐졌다는 의미로 주(State)에 s를 붙여 복수로 표현하고 그에 따라 복수형 동사를 썼다. "The United States are -" 그러나 남북전쟁 후에는 주(States)를 한 덩어리로 표시하여 단수형 동사 형태로 표현하게 되었다. "The United States is -"

미국을 초강대국으로 만든 제2차 세계대전

미국 루즈벨트 대통령(1934-1945)은 미국을 초강대국의 반열에 올려놓아 세계어로 영어의 위상을 더욱 높였다. 그는 파나마운하, 미국 동서를 잇는 철도사업, 대공황 타개 등 경제 대국의 발판을 착착 진행하는 한편 참전에 부정적였던 여론도 중시하여 2차 세계대전 초반부에는 관망하는 자세를 취했다. 그러는 와중에 일본의 진주만 습격은 미국 시민들의 분노를 크게 일으켰고 더 이상 방관만 하고 있으면 안 된다는 여론으로 바뀌어졌다. 한편 영국 처칠 총리는 지속적으로 미국의 참전 필요성을 주장하면서 루즈벨트 대통령에게 거듭 요청을 했었다. 영화 "2차 세계대전"에서 처칠이 루즈벨트 대통령에게 보내는 편지에 문구나 단어 선택에도 공을 들이는 장면이 나온다.

드디어 루즈벨트 대통령은 미국이 대내외적으로 전쟁에 참전할 때가 되었다고 판단하고 강력한 리더십을 발휘했다. 제2차 세계 대전을 기점으로 미국이 세계 제1의 초강대국으로 군림하게 되었으며 현재까지 영어를 전 세계어로 확장하는데 큰 기여를 하고 있다. 반면에 2차 세계 대전 후 영국은 식민지 국가들의 독립, 경제적인 압박 등의 이유로 제1 강대국의 자리를 지키지 못했다.

3. 영어를 힘세게 만든 국제기구들

193개 나라가 가입한 유엔

유엔(UN: United Nations)은 미국, 영국, 프랑스, 중국, 소련과 여타 서명국 과반수가 유엔 헌장을 비준한 1945년 10월 24일에 공식 출범하였으며, 이후 매년 10월 24일을 유엔의 날로 기념하고 있다. 1차 세계대전 후 전쟁 재발 방지를 위해 국제연맹이 설립되었으나 20년도 채 안되어 2차 세계대전이 발발하게 되었다. 이러한 시행착오를 반복하지 않으려고 보다 세밀하게 조직을 구성하여 국제 평화와 안전을 유지하려는 목적을 수행하고 있다.

유엔 최다 사용 언어

유엔의 회의, 문서 작성 활동 시 국가 간 의사소통이 필요하다. 영어, 스페인어, 프랑스어, 러시아어, 아랍어, 중국어를 공식 언어로 정했으나 현재 영어 사용 빈도가 가장 높다. 유엔 조직 내 국제기구 종류로는 국제통화기금(IMF), 교육 발전을 지원하는 국제연합교육과학문화기구(UNESCO), 세계환경기구(UNEP), 국제원자력기구(IAEA), 세계

무역기구(WTO), 국제기아기구(UNICEF) 등이 있다.

영연방(Commonwealth of Nations) 공식어는 영어

영연방은 유엔에 이어 두 번째로 큰 국제기구로 56개 국가들이 회원국이다. 영연방 국제기구의 회의, 문서 등에서 사용되는 언어는 영어이며, 유엔과 같이 영연방도 영어의 힘을 강화시키는 역할을 하고 있다. 영연방의 목표는 영연방국 국가들 간의 상호협력과 유대를 강화하는 것이다.

4. 퇴색된 표준영어 기준

현대영어는 사용국가에 따라 한국의 영어는 콩글리쉬, 중국은 칭글리쉬, 일본은 재플리쉬, 필리핀은 타글리쉬(잉글로그), 싱가포르는 싱글리쉬라고 다름을 인정하는 문화가 되었다. 표준영어의 의미가 퇴색한 것이다. 소위 하류층 방언을 고쳐보려는 것도 고전 영화에나 나오는 이야기가 되었다.

영화 "My Fair Lady"[1]

현대 표준영어의 기원은 중세 영국 영어, 런던에서 사용했던 영어이다. 런던 영어는 9세기 이전에는 노동자들이 사용하던 언어인 코크니 방언(Cockney Dialect)이었다. 1960년대 영화 "My Fair Lady"에서 언어학자 헨리 히긴스(Henry Higgins) 교수가 그의 절친한 친구인 피커링 대령(Colonel Hugh Pickering)과 묘한 내기를 하면서 이야기는 시작된다. 코

---

[1] My Fair Lady, Cukor, G 감독, 1964년, 미국 영화, 원작 George Bernard Shaw의 "피그말리온"

크니 방언을 사용하는 거리에서 꽃 파는 여인을 데려와 정해진 기간 안에 그녀를 교육시켜 우아하고 세련된 귀부인으로 만들어 놓겠다는 계획을 세우는 것이다. 여주인공은 빈민가 출신 일라이자 토리틀(Eliza Doolittle) 이다. 그녀는 히긴스 교수로부터 끊임없는 개인 교습을 받게 되는데, 그녀 자신은 이 교육을 하나의 고문으로 받아들인다. 언어사용 습관을 바꾸기가 얼마나 힘들고 어려운 과정인지를 잘 보여주는 영화이다.

애매한 미국의 표준영어

미국 지역에서 사용하는 영어의 방언은 서부, 남부, 뉴잉글랜드, 중부 대서양, 중서부 등의 방언으로 나눈다. iMBC캠퍼스 독학학위제연구회(2015)에서 따르면 미국영어의 표준어는 영국영어와 달리 50주나 되는 지역의 표준어를 설정하는 것이 쉽지 않다. 표준 미국영어를 굳이 말하자면 '교육받은 토박이 미국인의 말'이라고 정의하고 있다.[2]

알아두면 유익한 영어의 다양성

미국이나 영국 내에서도 여러 방언이 있기 때문에 지역에 따른 영어의 다양성을 인식할 필요가 있다. 최근 중고등학생 대상 전국 영어 듣기평가에도 미국식 발음만이 아닌 대화가 등장하는 것은 전과 달라진 양상이다. 또한 미국 ETS가 주최하는 토익(TOEIC)시험에서조차 미국식 발음을 포함하여 다른 나라의 억양과 발음도 함께 취급하고 있다. 반면에 영연방 국가는 아직 영국식 영어를 표준으로 여기며, 미국식 영어로 출제되는 토플, 토익 성적을 아예 인정하지 않는 문화이다. 영국에서 주관하는 캠브

---

2   iMBC캠퍼스 독학학위제연구회, 『영어발달사』, 지식과 미래, 2015, pp. 215-216, 재인용.

리지나 아이엘츠 시험 성적만 인정한다. 영국 영어와 미국 영어의 차이 나는 발음, 어휘, 표현, 철자 등 예들을 본 장의 부록 3에 제시했다.

5. 일상 영어 단어만 20만 개

빌 브라이슨(2021)의 책에서 영어와 다른 언어의 가장 큰 차이점은 어휘의 풍부함이라고 한다. 『웹스터 뉴 인터내셔널 사전 3판』에는 45만 개, 『옥스퍼드 영어 사전 개정판』은 61만 5천개의 단어가 수록되어 있다. 과학기술 용어까지 합치면 수백만 개가 더 있다. 일상적으로 쓰이는 영어 단어만 20만개인데 이 수는 독일어(18만 4천개)나 프랑스어(10만개)보다 많다.[3] 이 많은 영어 단어들의 유래는 실수로 만들어진 단어(button-hole은 본래 단추붙잡개), 차용된 단어, 창조된 단어, 아무것도 하지 않았는데 바뀐 단어(brave는 본래 비겁함, enthusiasm은 광신적, girl은 남녀막론 젊은이, nice는 어리석은), 뭔가를 더하거나 빼서 생긴 단어(air + port = airport) 등[4]이다. 좀 더 많은 예들을 부록 1에 제시한다.

6. 영어 단어에 얽힌 역사 이야기

영어 단어는 거의 모든 언어에서 차용되었다고 한다. 샴푸(shampoo)는 힌디어에서, 소파(sofa)는 아랍어, 케찹(ketchup)은 중국어, 감자(potato)는

---

3   빌 브라이슨, 『언어의 탄생』, 박중서 역, 다산북스, 2021, P. 15.
4   위의 책, pp. 118-135.

아이티 원주민 언어, 구호(slogan)은 게일어에서 가져왔다. 16세기에는 50여 종의 언어로부터 단어를 차용했다고 한다.[5] 영어 차용어 중 침략과 공존 역사가 담겨있는 바이킹어와 프랑스어의 예들을 중심으로 살펴보겠다. 각 차용어들의 예는 부록 2에 별도 제시하였다.

바이킹이 남긴 영어 유산

바이킹은 9세기와 10세기 동안 영국의 일부 지역을 습격하여 정착한 스칸디나비아의 뱃사람들이다. 바이킹은 수백 년동안 끊임없이 영국을 침략하고 영토를 확장하면서 영국에 남긴 유산은 차용어 약 400개 정도였다. 특히 바이킹 차용어들은 현재 지명에 많이 남아 있다. 예를 들어 Brimtoft, Eastoft, Langtofr, Lowestoft, Appelgarth, Arkengarthdale, Hallikeld, Trinkeld, Grimsby, Rugby, Thoresby 등이다.

바이킹 후손 윌리엄왕 잉글랜드 정복

영어를 한 마디도 못했던 바이킹의 후손 윌리엄왕 시대부터 프랑스어가 영국의 중심 언어 역할을 했다. 이 시기 영어는 노동자들의 언어였으며 1100년 – 1300년 사이 영어로 쓰인 기록물은 거의 없었다[6]고 한다.

윌리엄 1세 이후 왕족, 귀족들은 영어 대신 프랑스어를 사용하였다. 이 시기 행정기관(assembly, parliament, policy), 법률(judge, justice, plaintiff, verdict), 군사(army, battle, enemy, march, navy), 학문(grammar, volume, study), 교회(miracle, saint, sermon) 관련 용어 등이 대거 차용되었다.

---

5 위의 책, P. 122.

6 D.G. Scragg, 『A history of English spelling : 영어철자의 역사』, 김명숙 & 문안나 역, 한국문화사, 2014, P. 25.

또한 많은 프랑스어 고급 어휘가 영어에 차용되었다. 동물 이름은 영어, 당시 앵글로색슨어로 표기되었고 요리되어 식탁 위에 오르면 프랑스어로 바뀌었다. 예로 cow(소) - beef(쇠고기), calf(송아지) - veal(송아지고기), pig(돼지) - pork(돼지고기), sheep(양) - mutton(양고기), deer(사슴) - venison(사슴고기) 등이다. 따라서 나는 돼지고기를 좋아한다고 할때 'I like pork.'라고 하지, 'I like pig'라고 하지 않는다. 이밖에도 집은 영어로 house, 프랑스어에서 유래된 동일한 단어는 home, 좋은 집은 mansion이다. 현재 30% 이상을 차지하는 프랑스어 차용어는 영어 어휘를 광대하게 팽창시켰으며 수많은 혼성어와 이중어, 동음어의 수가 증대하여 영어의 다양성에 기여를 한 반면 오늘날 영어 학습자들에게는 공부 분량이 많아졌으니 고통으로 여겨질 수 있다.

7. 현대에도 인기 있는 라틴어

글을 쓸 때 마지막 등의 의미(etc.), 죽은 시인의 사회(Dead Poets Society)에서의 키팅 선생님의 명언 "Carpe diem", 로마군인들이 원정에서 승리를 거두고 시가행진을 할 때 외쳤다는 "Memento mori" 등은 우리에게도 익숙한 라틴어 표현들이다. 15세기 말 서구 세계를 휩쓸고 지나갔던 학문에 대한 위대한 부흥운동 르네상스는 고전 그리스어와 로마의 문명에 대한 새로운 관심과 이해를 중심으로 이루어졌다. 고전에 매료된 사람들은 르네상스 초기 50년 동안 그리스어와 라틴어야말로 '고대인'들의 손을 거친 세심한 도구들이라며 그리스어와 라틴어만을 선호하고 자신들의 모국어는 의식적으로 거부했던 작가들과 학자들이었다. 그리스어와 라틴어는 복합어와 파생어를 만드는 능력이 있었기에 새로운 용어를 필요한 만큼 생성할 수 있었다. 즉 자신들의 모국어가 제공해주지 못하는 그리스어와 라틴어의 융통성, 명확성 그리고 질서에 매료되었다. 따라서 16세기 라틴어를 읽고 쓰는 능력은 학문을 위한 기본적인 전제조건이었다.[7]

영국의 문예부흥기에 인기 있던 라틴어

라틴어는 앵글로색슨인들이 서기 449년 영국에 들어오기 이전 410년 로마의 현 영국 영토 지배가 막을 내릴때까지 400년 넘게 영국 땅을 지배하며 거대한 성벽, 목욕 시설, 원형극장 등 그 흔적을 남겼지만, 당시 언어에는 큰 영향을 남기지 못했다. 하지만 16세기 영국에도 문예부흥(English Renaissance)이 일어나면서 라틴어가 고급 문화의 상징이 되었다. 박영배(2013)의 책에서 특히 엘리자베스 1세는 외국사절단들과 구사할 줄 아는 6개 국어 중 라틴어로 환담 나누기를 즐겼다고 한다. 올리버 크롬웰(1599-1658)은 시인 밀턴을 라틴어 비서로 채용할 정도였다.[8] 이 시기 라틴어와 그리스어 차용도 늘어나고 신조어들도 많이 생겨나서 이때 만들어진 단어가 1만 개가 넘었다고 한다.[9] 그 당시 영국 학교에서는 라틴어와 그리스어가 영어보다 우위에 있었다. 아래 예는 라틴어의 영향을 받아 생겨난 몇몇 영어 단어들의 예이다.

---

7   위의 책, pp. 84-85.
8   박영배, 『영어의 세계속으로』, 경문사, 2013, P. 242.
9   채서영, 『영어는 대체 왜? 그런가요』, 사회평론, 2021, P. 243.

라틴어의 영향을 받아 생겨난 영어 단어들[10]

의미	영어	독일어	라틴어	라틴어에서 유래한 영어 단어들
새	bird	Vogel	avium	avian, aviator, aviation
귀	ear	Ohr	auris	aural, audit, auditorium
이빨	tooth	Zahn	dens	dental, dentist
지구, 땅	earth	Erde	terra	terrestrial
별	star	Stern	stella	stellar, inter-stellar
달	moon	Mond	luna	lunar
얼음	ice	Eis	glacies	glacial
집	house	Haus	domus	domestic

8. 대영제국의 발판을 마련한 엘리자베스 1세

영화 "엘리자베스 1세(Elizabeth I)"

25세에 여왕으로 등극하여 45년 동안 많은 업적을 남긴 엘리자베스 1세(Elizabeth I, 1533-1603)는 정치, 경제, 외교, 종교, 문화 등 오늘날 영국의 기반을 마련한 군주로 칭송받고 있다. 프랑스어, 이탈리아어, 스페인어 등 외국어에도 능통하여 통역 없이 외교사절과 직접 소통을 하면서 외교적 리더십을 발휘했다. 영화 "Elizabeth I"에서 프랑스 왕자가 막말을 한 것을 알아듣고 지혜롭게 처신하는 장면이 나온다. 그렇게 45년의 엘리자베스 여왕의 강력하지만 유연한 리더십을 통해 영국은 유럽뿐 아니라 세계에서 가장 강한 국가가 되는 기틀을 마련한 것으로 평가된다.

---

10 위의 책, P. 238.

동인도회사 설립으로 아시아 상업혁명 선도

엘리자베스 1세는 1600년에 동인도회사를 설립하여, 동양에서의 무역과 영국의 영토를 확장시켜나갔다. 이를 통해 영국은 세계적인 무역 국가로 발전하게 되었으며 무역 활동 시 영어 사용이 많아짐으로 영어 확장에도 큰 기여를 했을 것으로 여겨진다. 또한, 영국인들과 동양 지역 사람들 간의 문화 교류를 촉진함으로써, 영어가 다양한 문화와 지역에서 사용될 수 있는 언어로 자리 잡을 수 있도록 기틀을 마련했다.

9. 전 세계 영어 확장에 기여한 셰익스피어

세계인에게 영향을 주고 있는 셰익스피어 작품들

영국이 낳은 세계 대문호 셰익스피어 작품은 공적 사이트 EBSe에도 탑재되어 있다. 그의 영향이 얼마나 크면 그가 살았던 영국의 생가 또한 관광지로 크게 인기를 끌고 있다. 필자도 그가 살아 숨 쉬던 2층 집, 400년 전 그의 모습을 상상하면서 그가 거닐던 거리를 거닐어 보았다. 그의 작품은 너무 방대하다. 영국의 장미전쟁을 배경으로 한 역사극인 리처드 3세(1592), 로마의 극작가 플라우투스의 작품을 번안한 실수연발(1592), 피를 피로 갚는 로마의 잔혹한 복수극인 티투스안드로니쿠스(1593), 드센 여인을 아내로 맞아 정숙하게 길들인다는 내용의 익살극인 말괄량이 길들이기(1593), 로미오와 줄리엣(1594), 리처드 2세(1595), 한여름 밤의 꿈(1595), 베니스의 상인(1596), 헨리 4세(1597), 뜻대로 하세요(1599) 등은 현대에도 우리나라를 포함하여 전 세계에서 수시로 공연되는 작품들이다. 윌리엄 셰익스피어는 엘리자베스 1세와 약 40년 간

동시대를 살았다. 김동섭(2016)의 책에서 여왕은 셰익스피어의 연극을 좋아했으며, 셰익스피어는 연극 작품을 통해 영어를 문학어로 부활시켰다. 그는 영어 어휘와 표현을 통해 셰익스피어 영어를 만들어 냈다는 점에서 의의가 크다고 했다. 셰익스피어 당시 영국에서는 공문서, 학술서, 영어 문법책 조차 라틴어로 되어 있었던 상황에서 영어가 프랑스어에서 벗어나 위대한 문학의 매개어가 된 것이다. 엘리자베스 1세의 신흥 강국 영국이 셰익스피어와 같은 위대한 작가를 갖게 되면서 영어가 국제 공용어가 되기 위한 출발이 시작되었다.[11] 그가 만들어 낸 신조어들을 살펴보자.

1760개의 셰익스피어의 신조어(Shakespearean neologisms)

빌 브라이슨(2021)의 책에서 셰익스피어는 작품 전체에 1만 7677개의 단어를 사용했는데 그 중에서 최소한 1/10은 그 전까지 한 번도 사용되지 않은 것이라고 한다. 예를 들어 barefaced, critical, leapfrog, monumental, castigate, majestic, obscene, frugal, radiance, dwindle, countless, submerged, excellent, fretful, gust, hurry, lonely, summit, pedant 등 그가 창조한 대다수의 단어와 숙어들이 현대에도 사용되지만 셰익스피어 초기 연극에서 사용되던 어휘와 표현 중 200-300개는 다시 사용되지 않았다[12]. iMBC캠퍼스 독학학위제 연구소(2020)에서는 셰익스피어는 다양한 방법으로 어휘를 만들어냈는데 그 중 하이픈(hyphen)을 사용한 복합어들 "fancy-free, lack-lustre, arch-heretique, ill-tuned, sinne-conceiving, bare-pickt" 등을 만들어

---

[11] 김동섭, 『영국에 영어는 없었다』, 책미래, 2016. pp. 164-169.
[12] 빌 브라이슨(2021), pp. 127-128.

내기도 했다. 이밖에 그의 작품에서 유래된 현대영어에서 사용되는 많은 관용어구와 숙어의 예들은 "coign of vantage(유리한 위치), tower of strength(힘이 되어주는 옹호자), sound and fury(세상살이의 혼란스러움), salad days(풋내기 시절), it's Greek to me(아무것도 모르겠다), dance attendance(비위를 맞추다), beggars all description(형용할 수 없다), a foregone conclusion(뻔한 결과)" 등이다. 셰익스피어는 많은 새로운 영어 어휘를 만들어내면서 당시 자신을 과시하기 위해 일부러 어려운 단어들을 오용하는 상류층 사람들을 조롱하기도 했다고 한다.[13]

10. 영어성경(KJV)이 영어 확산에 미친 영향

영국을 만들었다는 KJV 성경

프랑스 시인이자 극작가인 빅토르 위고(Victor Hugo)는 'England has two books, the Bible and Shakespeare. England made Shakespeare, but the Bible made England.'(영국에는 성경과 셰익스피어 두 권의 책이 있다. 영국은 셰익스피어를 만들었지만 성경은 영국을 만들었다.)[14]라고 할 만큼 현대에도 KJV 성경의 가치를 높이 인정하고 있다.

엘리자베스 1세가 결혼하지 않고 죽게 되자 스코틀랜드 왕이던 제임스 1세가 동시에 스코틀랜드 왕과 잉글랜드 왕을 겸하게 되었다. 영화 "Outlaw King"에 나오는 스코틀랜드의 독립투사 로버트 부루스의 후손인 제임스 1세는 영국 국교를 통해 스코틀랜드를 통합하고자 시도했으나 가

---

13 iMBC캠퍼스 독학학위제연구회(2020), P. 153.
14 고지인, 『영국 영어 이렇게 다르다』, 안나푸르나, 2019, P. 200.

톨릭교와 영국 국교 간에 갈등이 지속되었다. 1517년 종교 개혁 이후 영어로 쓰여진 성경을 읽을 수 있는 환경으로 바뀌었지만, 각각의 번역본이 특정 집단이나 종교적인 입장을 반영하고 있었기 때문에, 종교 갈등을 조장하는 원인이 되었다. 제임스 1세는 이러한 혼란을 해소하고자 영국 전역에서 통용될 수 있는 표준 영어성경을 만들기로 결정했다. 그가 저명한 신학자들로 구성된 위원회를 설립하여 6년에 걸쳐 KJV(King James Version) 성경을 만들어 낸 지 410년이 넘었다. KJV 성경은 당시 영국 국민들 간에 종교적인 단결을 도모하고 영국 교회의 통일을 촉진하는 데에 큰 역할을 하였다. 고지인(2019)의 책에서 현재까지 수많은 학자가 킹 제임스 성경의 영어표현을 연구하고 그 우수성에 대한 논문을 발표할 만큼 제임스 성경에 대한 영국인의 자부심이 대단하다고 다음과 같이 밝히고 있다.

런던 킹스칼리지의 앨리스터 맥그레스(Alister McGrath) 교수는 자신의 저서 『In the Beginning: The Story of the King James Bible and How It Changed a Nation, a Language, and a Culture』(킹 제임스 성경이 한 나라, 언어, 문화를 바꾼 이야기)에서 KJV 성경이 없었다면 『천로역정』, 『헨델의 메시야』, 『흑인 영가』 그리고 게티즈버그 연설은 없었을 것이라고 밝혔다. 이처럼 KJV 성경은 문학뿐 아니라, 음악, 정치 분야에도 막대한 영향을 주었다.

또한 미국 기독교 역사학자인 마크 놀(Mark Noll)의 책 『A World without the King James Version』(킹 제임스 성경이 없는 세상)에서 adoption, beautiful, glory, horror, mystery 같은 단어들은 KJV성경 이전부터 사용되었지만 KJV 성경에 사용되면서 본격적으로 영어에 자리 잡았다고 한다.

문학가 찰스 디킨스는 KJV 성경이 세상에 알려진 최고의 책이라고 했다. 스코틀랜드와 빅토리안 문학 교수인 이안 캠벨은 『실낙원』에 대해 존 밀튼이 그 언어 일부를 어디서 가져왔는지 생각해보지 않고서는 그 책을 읽을 수 없다고 했다. 심지어 반기독교적인 작품들을 저술한 진화생물학자 리처드 도킨스조차도 KJV 성경의 언어적 탁월성을 인정했다.[15]

다음은 KJV성경에 나오는 일상적인 표현에 자리 잡은 숙어들의 예들이다.

God save the king(국왕 폐하 만세), All things must come to pass(모든 일이 반드시 일어나야 한다.), Apple of one's eys(눈에 넣어도 아프지 않은 존재, 눈동자), At one's wit's end(어찌할 줄 모르다), Dust to dust(먼지는 먼지로, 땅으로 돌아갈 때까지), Go the extra mile(한층 더 노력하다), A law unto oneself(자기 자신의 행동의 기준을 정하는 사람), No peace for the wicked(사악한 자들에게는 평화가 없다), Set one's teeth on edge(이를 악물게 하다), Reap what you sow(뿌린대로 거두다), Sour grape(신포도, 못 먹는 감), Sign of the times(시대의 표적), Put words in one's mouth(말을 유도하다), The salt of the earth(빛과 소금), The spirit is willing but the flesh is weak(영혼은 영원하지만 육신은 연약하다), Scapegoat(희생양), Two-edged sword(양날의 검)[16] 등이다.

11. 영국 기술, 과학, 예술의 발전과 영어의 확장

1차 산업혁명으로 인한 여러 발명들은 영어 사용 확장에 큰 역할을 했

---

[15] 위의 책, pp. 203-205.
[16] 위의 책, pp. 206-210.

다. 이 시기에 산업 혁신과 기술 발전으로 인해 영어 단어와 표현이 새롭게 창출되고 사용되게 되었다. 또한, 1차 산업혁명은 교통 분야에서도 큰 변화를 가져왔다. 철도의 발명과 함께 새로운 운송 수단이 출현하게 되었고, 이에 따라 철도와 운송관련 기술 용어도 많이 생겨나게 되었다. 더불어 지하철, 교통 신호등, 레이더 등의 발명과 함께 영어 단어와 표현도 새롭게 생겨났다.

최초 철도 개통

영국은 우리나라보다 400년 전 1624년 특허법이 제정된 이래 기술자들이 자발적으로 개발에 적극 참여한 발명의 나라였다. 1차 산업혁명의 발원지인 영국은 세계 최초로 만든 것들이 다양하다. 1825년 9월 27일 최초로 상용화된 영국 스톡턴-달링턴 구간(Stockton and Darlington Railway)에 철도를 개통하였다. 영국의 고전 영화에 자주 등장하는 세계 최초의 상업용 철도가 운행되면서 이후 철도를 통한 교통망 구축과 함께 철도 산업은 큰 발전을 이루었다. steam engine(증기기관), spinning jenny(지니바퀴), power loom(동력배틀), telegraph(전신장치), carriage(마차), train(기차), steamship(증기선) 등의 영어 단어들은 이 시기 영국에서 생겨났을 것이다.

지역마다 다른 지하철 영어 용어

영국 런던에서 1863년 세계 최초 지하철을 운행하기 시작했다. 몇 년 전 필자는 150년 이상 되었다고 믿어지지 않는 런던 한복판에서 아직 운행되고 있던 지하철을 탄 적이 있다. 그 지하철은 '언더그라운드(Underground)' 또는 '튜브(Tube)'로 불린다. 튜브 모양으로 생겼다고 붙여진 이름이다. 런던은 템스 강 하류의 연약한 지반에 위치한 도시이기 때문에 터널 자체를 철제 구조물로 구성하는 튜브 구조가 불가피했기 때문이다. 반면 축구경기 규정이 탄생된 과정을 그린 영국 영화 "English Game"에 나오는 북부 스코틀랜드의 글래스고 지하철은 우리나라와 비슷한데 공식적으로 서브웨이(Subway)라는 이름을 사용한다. 그리고 버밍엄, 뉴캐슬, 맨체스터 등의 주요 지방 도시 철도는 메트로(Metro)라는 용어를 사용한다.

영국 드라마 "English Game"

얼마 전 넷플릭스에서 영국 시리즈 "English Game"를 보았다. 실화를 바탕으로 한 드라마이다. FA(Football Association) 컵과 관련된 이야기가 주를 이루는데 1870년대 드라마에서 그들은 순탄하지는 않았지만 비합리적인 축구 규정을 개정해 나간다. 영화 속 다음 대사가 인상적이었다. "대영제국이 만든 경기 규정은 다른 국가에도 영향을 줄 것이기 때문에 당장 불리하고 불편하더라도 제대로 규정을 만들어야 한다." 그 당시 만들어진 규정은 '대영제국'의 전성기였기 때문에 영국의 상인, 군인, 유학생들을 통해 근대 축구는 빠르게 전 세계로 보급되었을 것 같다.

영국은 근대 스포츠의 발상지라고 할 만큼 축구 이외에도 테니스, 럭비 등의 탄생국이다. 스포츠 생중계 시 우리말이 아닌 영어로 생중계를 하는 것에 의문을 가져본 적이 있는가? 많은 스포츠 용어들이 영국으로부터 전 세계로 퍼져 현대 스포츠 언어가 된 것이다.

아이작 뉴턴(Issac Newton)

아이작 뉴턴은 만유인력법칙 등을 발견하여 현대 물리학의 기초를 다지는 데 큰 역할을 했다. 뉴턴의 고전 물리학 이론은 현대 과학과 기술의 기반이 되었으며, 이를 표현하기 위해 새로운 영어 용어와 표현들이 만들어졌다. 예를 들어 centrifugal(원심의), centripetal(구심의)[17] 등의 용어는 뉴턴의 이론과 관련하여 등장하였다. 이러한 용어들은 과학, 공학, 물리학 등의 분야에서 널리 사용되고 있다.

영어 교과서에 등장하는 비틀즈

1960년대에 활동한 비틀즈는 전 세계적으로 사랑받는 밴드로, 나를 포함 70-80세대 많은 사람들에게 영어 공부에 동기를 부여했다. 90년대 이후에도 영어 교과서에도 등장하는 비틀즈(The Beatles)의 대표적인 노래 "Let It Be", "Yesterday"를 수업 시작 전 학생들과 함께 불렀던 기억이 난다. 현재도 영어 팝송을 통해 영어 실력을 쌓으려는 학습자에게 비틀즈의 노래는 여전히 인기를 누리고 있다. 60년이 지난 지금도 영어교육 유튜버 덕분에 비틀즈의 팝송을 들으며 영어공부를 하는 70-80 세대들이 있을 것 같다.

12. 미국 전기, 자동차의 등장

영국이 특허법을 일찍이 제정해 기술자들 사이에 발명 분위기가 있었던 것처럼 미국도 그 영향을 받았다고 생각한다. 1991년 미국을 방문했을 때 자동화된 미국 가정의 가전제품은 우리 연수생들의 부러움을 사기

---

17 빌 브라이슨(2021), P.129.

에 충분했다.

에디슨의 전기 전자 분야 영어 확장 기여

토마스 에디슨(Thomas Edison, 1847-1931)은 1,000개 이상의 다양한 발명품과 특허를 보유하고 있다. 에디슨은 팀플레이로 발명의 방식을 바꾸었다. 지금이야 팀별로 일하는 방식이 일반적이지만 그 당시엔 혁신적이었다. 현대 연구 중심 대학과 기업체나 공공연구소에 정착돼 있는 체계적인 연구개발 방식의 시대를 연 것이다. 그의 대표적인 발명품으로는 전구, 그래프오폰, 무대마이크, 전화기 등이 있다. 에디슨은 전구를 발명함으로써 가정이나 공장 등에 전기를 사용할 수 있게 되어 삶의 질을 향상시키는 기술적 혁신을 이룩했다. 우리가 잘 알고 있는 전구 발명은 미국뿐만 아니라 전 세계 인류의 편리성에 크게 기여했다.

그 시기에 생겨난 영어 용어들은 electric bulb(전구), telephone(전화기), phonograph(포노그래프), electric motor(전동기), electric power distribution(전력 분배), incandescent lamp(백열등), electric switch(전기 스위치), electric power plant(발전소) 등 일 것이다. 우리가 사용하는 많은 전자제품 중 TV, 토스터 등 영어를 그대로 사용하고 있는 제품들도 상당하니 이 또한 영어 사용 확장에 기여한 것이다.

자동차를 대중화 시킨 헨리 포드

헨리 포드(Henry Ford, 1863-1947)는 자동차의 대중화를 가능케 한 자동차의 왕으로 평가되고 있다. 당시엔 자동차 생산 과정을 전문적인 부문으로 나누어서 일하는 분업의 개념이 없었던 때였다. 공장에 분업 체계를 만들어 자동차 산업을 근대화하고 대량생산 체계를 만들었다. 이러한 자동차 대량생산 시스템은 최초로 20세기 초 미국에서 성공적으로 구현된 것으로 알려져 있다.

　이 시기에 생겨난 영어 용어들은 automobile(자동차), assembly line(조립 라인), mass production(대량 생산), model(모델 t), fordism(포디즘), automotive industry(자동차 산업), car dealership(자동차 딜러), car manufacturing(자동차 제조), engine horsepower(엔진 마력), gasoline(가솔린), steering wheel(핸들), brake pedal(브레이크 페달), accelerator pedal(액셀러레이터 페달), gearshift(기어 변속기), dashboard(계기판), headlights(헤드라이트), turn signal(신호등), windshield(앞유리), air conditioning(에어컨), cruise control(크루즈 컨트롤) 등 일 것이다.

항공 관련 신종 영어 용어

　전쟁 후 군사용으로 쓰이던 비행기는 민간 항공기로 전환되었다. 우리가 세계 여행 시 당연시 여기는 항공 여행은 1백년 역사 동안 이루어진 것이다. 이 시기 생겨난 비행기 관련한 신종 영어 용어는 airplane(비행기), aviator(비행사), aerial warfare(비행기 공격), dogfight(공중 전투에서 적과의 격돌), bomber(폭격기), fighter(전투기), wingman(지원 비행사), dive bomber(수직 급강하), reconnaissance plane(정찰 비행기), strafing: air superiority(공중 우위), formation flying(여러 비행기가 일정한 배열로 함께 비행), airframe:(비행기의 기체 구조), cockpit(비행기의 조종석), tailspin(수직 회전), ejection seat(탈출 좌석), glide ratio(이동거리 비율), stall(균형을 잃고 추진력을 잃어 떨어지는 상황) 등 일 것이다.

13. 미국의 경제력과 최다수 노벨 수상자

친 특허 정책으로 세계 IT 기업 선도

도날드 레이건 대통령(1981-1989)은 특허 제도를 약화시켜왔던 정책을 친 특허(Pro-Patent)정책으로 방향을 바꿨다. 그 후 세계에서 특허권자의 천국, 특허권자에게 유리한 판결과 보상을 주는 국가로 반도체, 컴퓨터 프로그램, 생명과학 같은 첨단사업의 발달을 가져왔다. 1980년대부터 현재까지 친 특허정책은 지속적으로 이어 왔으며 그 혜택을 받은 발명가는 마이크로소프트사의 빌 게이츠를 비롯하여 스티브 잡스, 저커버그, 애플, 페이스북 등 IT 기업인들이다. 이들 빅테크의 등장으로 새로 생겨난 영어 용어와 표현들의 일부는 익숙한 용어들이지만 여전히 낯설다. 나이가 들어감에 따라 우리는 새로운 것에 대한 관심과 학습 노력이 없다면 점점 더 이해되지 않는 용어들로 둘러싸여져 있을 것이다.

빅테크 사업으로 생겨난 영어 용어

다음은 학생이나 젊은 세대는 말할 것도 없고 누구나 익숙해져야 하는 용어들이다. internet of things(iot, 사물인터넷), virtual reality (vr, 가상현실), augmented reality(ar, 증강현실), cloud computing(클라우드 컴퓨팅), artificial intelligence(ai, 인공지능), cryptocurrency(암호화폐), 3d printing(3d 프린팅), personal computer(pc, 개인용 컴퓨터), smartphone(스마트폰), wi-fi(와이파이), e-commerce(전자상거래), social media(소셜 미디어), gps(global positioning system, 위성 위치결정 시스템), streaming(스트리밍) 등이다. 이러한 기술 혁신 관련 신종어들은 미국에서의 연구, 개발, 상업화 등의 과정에서 만들어진 것으로, 영어의

세계화에도 큰 영향을 미쳤다.

다양한 분야 노벨상 수상자들

미국은 노벨 경제학상과 노벨상 수상자의 수에서 1위를 차지하고 있다. 노벨 경제학상의 경우, 수상자의 70% 정도가 미국인으로, 거의 독점 수준이다. 미국의 노벨상 수상자들은 그들의 연구, 문학 작품, 경제 이론 등을 영어로 발표하고 출판하여 전 세계적인 영향력을 행사해왔다. 이로 인해 그들의 아이디어와 발견은 영어 사용자들 사이에서 널리 퍼지고 영향을 미쳤으며, 영어의 세계화에 도움을 주었다. 예를 들어, 알버트 아인슈타인은 물리학 분야에서 노벨 물리학상을 수상하였으며, 그의 연구는 영어로 발표되고 널리 읽히며 막강한 영향력을 주고 있다.

14. 캐나다, 이민 가고 싶어하는 국가

캐나다는 미국보다 영토가 넓으며 인구는 3,845만으로 지속적인 이민 정책을 펴고 있다. 이민자가 몰리면서 캐나다의 전체 인구 중 생산가능인구(15-64세)가 차지하는 비중은 65%로 G7 중에서 최상위권이다.

미국처럼 캐나다도 이민자의 나라인데 특성이 조금 다르다. 미국은 용광로 이론을 주장하면서 다양한 문화를 가진 해외 이민자들에게 미국 사회로 무조건적으로 동화되기를 기대하고 강요하는 측면이 존재한다. 반면에, 캐나다가 주장하는 모자이크 이론은 다양한 인종과 문화가 상호 공존하는 가운데 한 사회의 전체 문화를 이루는 것을 핵심으로 한다. 모자이크 미술 작품처럼 각자의 다양한 색깔이 어우러져 하나의 멋진 작품을 만드는 것을 추구하는 것이다. 캐나다는 세계적으로도 인권 의식이 가장 높은 국가이자 다문화주의의 성공적인 선례가 되었으며, 캐나다인들 스스로도 국가적 정체성을 다양성으로 정의하고 있다. 우리나라에서 초중고 학생 영어캠프, 교사연수, 대학생 어학연수, 조기유학, 이민 희망 등 영어 사용 국가 중 선호하는 국가이다.

프랑스 같은 몬트리올

21세기 캐나다는 안정적인 사회와 경제 성장을 유지하는 세계적인 선진국으로 거듭났다. 또한 기존의 영국-프랑스계 간의 언어, 문화 평등을 법적으로 보장하여 한 국가 내 영어와 프랑스어가 공용어로 사용된다. 딸아이 첫 직장이 몬트리올이어서 방문한 적이 있다. 그곳에서 영어가 잘 통하지 않음을 몸소 경험했다. 공항부터 철도 이용 등 대중교통을 이용할 때 영어와 프랑스어가 나란히 쓰여져 있지만 안내원은 프랑스어를 주로 사용했다. 간단한 회화에서도 영어로 하지 않고 프랑스어를 사용하고, 식당이나 건물 등 캐나다의 벤쿠버, 오타와 등 타 지역과는 느낌이 달랐다. 필자는 프랑스를 가보지 않았지만 프랑스를 잘 아는 사람들은 몬트리올에서는 마치 프랑스에 와있는 것 같다고 했다.

1주간의 학교 관찰 경험

20년 전 충북교육청이 캐나다 교육청 간 MOU를 체결 하기 전 사전 답사 형식의 출장으로 캐나다에서 1주간 머물렀다. 토론토에 있는 초등학교에서 학생들이 부모와 함께 등하교를 하는 모습이 필자에게는 낯설게 느껴졌다. 자녀 둘 다 초등생일 때 고교 교사였던 나는 늘 자녀들보다 먼저 출근했기 때문이었던 것 같다. 애국가를 전교생이 교실에서 부른 후 첫 수업을 시작하는 것도 인상적이었다. 필자는 예전 국민교육헌장을 반드시 외워야만 했던 60년대 초등학교 시절이 생각났다. 수업 내내 학교 건물을 잠가놓고 학생의 안전을 위해 외부인 출입을 통제하는 것도 익숙치 않게 느꼈다. 교실에서 벗어나 다른 교육 공간으로 학생들을 인솔하는 교장, 초등부터 제2국어인 프랑스어를 배우는 장면, 교실에서 자연스럽게 어울리는 다인종 학생들 등 초등학교 교육을 세밀하게 관찰할 기회를 가졌다. 가장 인상적인 것은 경쟁심으로 눈이 반짝반짝 빛나는 것보다 여유있어 보이는 교실 문화였다.

15. 호주, 해외 유학생이 가장 많은 나라

눈부시게 좋은 자연환경

10여 년 전 호주 출장에서 가장 인상에 남은 것은 맑은 공기, 파란 바다, 깨끗한 거리 환경이었다. 시드니의 오페라하우스에서 음악 감상은 하지 못했지만 아름다운 조각상만 보아도 힐링이 절로 되었던 기억이 있다. 호주 면적은 전 세계 6위로 우리나라의 78배, 인구는 2,574만(2021년)이다. 유럽인이 호주에 본격적으로 정착하기 시작한 것은 영국에서 1788년 1월 31일 죄수 736명과 하급 관리들을 태운 배 13척이 건너가, 척박한 땅을 일구어 오늘날 세계에서 가장 살기 좋은 나라, 손꼽힐 번듯한 나라로 만들었다. 호주는 금광이 지하 깊숙하게 묻혀 있지 않아서 금을 찾는 것이 쉬웠다고 한다. 1850년대의 골드러시로 이민자가 60만으로 호주 인구는 폭증하기 시작했다고 한다. 또한 호주 남부(애들레이드 등)에서의 따뜻한 기후는 와인 생산이나 농장 운영에 적합했기 때문에 이민자들이 몰려들었다. 현재의 호주는 영국계 호주인 등 백인들이 다수를 차지하며, 아시아계 이민자들이 그 뒤를 잇는 나라다.

실리적인 호주

1990년대 초반 동료 교사가 명퇴를 하고 호주로 이민을 갔던 것을 떠올려 보며 어떻게 정착하고 살고 있을까? 궁금해진다. 호주는 영어가 모국어인 국가로써 그 혜택을 톡톡히 보고 있는 것 같다. 우리나라에서도 학생들의 장단기 영어캠프, 대학생 연수, 성인 장단기 어학연수 등의 목적으로 방문이 쇄도하고 있다. 교육청 장학사들과 함께 출장 시 단위학교 방문을 하면서 그 학교에 사람 수 만큼 계산된 방문 비용을 지불했던 기억이 난다. 재정이 어려운 학교를 정해서 지원하는 호주 현지 교육청의 전략이 참 실리적으로 느껴졌다. 그런 전략으로 외국인에게 방문 비용을 지원하라고 할 수 있는 우리나라 공무원은 아마 없을 것이다. 역사가 짧은 나라들이 잘 사는 이유를 세밀하게 들여다보면 남다른 구석이 있다.

16. 뉴질랜드, 가장 살기 좋은 나라

네덜란드의 지명인 질랜드(Zealand)에 뉴(New)를 붙여 만든 '뉴질랜드(New Zealand)'라는 이름이 국제적으로 통용되었다. 나라 이름의 유래에서 이 영토 소유국은 네덜란드였다는 것을 알 수 있다. 우리나라에서 세계의 낙원으로 인식되어 이민 희망 국가이다. 영토는 우리나라의 1.2배, 인구는 5,185천명이다. 1840년 2월 6일 영국정부는 마오리족 추장들의 사유 재산을 인정해 주는 대신 뉴질랜드 주권을 양도받는 조약을 체결한

뒤, 식민지 개척을 본격적으로 시작하였다. 뉴질랜드는 1907년 영국의 자치령(Dominion)이 되었다가 1931년 영연방 국가 정식 회원국(British Commonwealth)이 되었다. 뉴질랜드는 1947년 뉴질랜드 의회를 통과함에 따라 영국 의회로부터 완전히 분리되었다.

다른 나라의 원주민과 격이 다른 마오리족 원주민

뉴질랜드는 영어 사용 인구가 96%, 마오리어가 4%이지만 둘 다 공식 언어이다. 미국, 호주, 캐나다의 경우 원주민들은 이민자들의 정착 초기엔 공존했지만 여러가지 이유로 살던 영토에서 멀리 쫓겨났다. 반면에 원주민 마오리족은 타국의 원주민들과 위상이 다르다. 뉴질랜드인과 동등한 자격과 권리를 가지고 있으며, 언어, 정치, 재산 등 다양한 영역에서 인정과 보호를 받고 있는 것으로 알려져 있다.

뉴질랜드는 우리나라에서도 단기 영어캠프를 비롯하여 학생 및 교사 영어연수 등 영어 공부 비용을 많이 지불하고 있는 국가이다. 뉴질랜드 영어 발음이 호주 못지않게 난해하기로 유명하지만, 그래도 호주 영어에 비하면 본토 영국 웨일스계 발음에 조금 더 가까운 편이라고 한다.

17. 아일랜드, 영국보다 더 잘 살게 된 나라

외국인이 우리나라 남북한의 사정을 모르고 북한 이야기를 우리 앞에서 하는 것처럼 아일랜드인 앞에서 영국 이야기를 할 때 조심해야하는 부분이 있다. 영국과 아일랜드는 지리적으로 가까이 위치해 있으며, 역사적으로 많은 연관성이 있다. 현재 북아일랜드는 영국의 영토에 속해있지만,

북아일랜드 내의 일부 세력들은 북아일랜드를 아일랜드에 편입시키고자 한다. 그러나 이 문제는 아일랜드와 영국 양측 모두에게 복잡한 정치적, 역사적, 경제적 이슈들이 얽혀있어서 해결이 쉽지 않다. 현재로서는 이 문제에 대한 명확한 해결책이 없지만, 양측 모두 평화적인 대화를 통해 이 문제를 해결하고자 노력하고 있다.

90년대 이후 부자나라

주식이던 감자 농사의 흉년으로 아일랜드 전 국민의 1/3이상이 미국으로 이민을 갔어야 했던 이야기는 역사적으로도 잘 알려져 있다. 미국 대통령들 중 조 바이든, 빌 클린턴, 존 F 캐네디, 리처드 닉슨의 조상이 아일랜드 출신이다. 70-80년대 아일랜드를 배경으로 한 영화 "벨파스트"의 배경이 우리나라 1960년-70년대로 보일 정도로 궁핍한 도시 환경에 놀라웠다.

그러나 1990년 이후에 고소득 국가로 성장하고 국제적으로 인정받는 경제적 허브로 발전하였다. 특히 정보 기술, 제약, 금융 등의 성장 산업 분야에서 외국 투자가 크게 이루어졌으며, 이는 새로운 일자리 창출과 경제 성장을 견인했다. 현재 아일랜드의 1인당 GDP는 자국을 식민 통치하였던 영국보다 높으며 유럽에서 가장 부유한 나라들 중 하나로 발돋움했다.

영어 전공자가 가고 싶은 나라

아일랜드는 제임스 조이스, 조지 버나드 쇼, 오스카 와일드, 윌리엄 예이츠 등 영문학사에 중요한 수많은 작가를 배출하기도 했다. 1970년대 영어영문학을 전공한 사람이라면 노벨 문학상을 수상하기도 했던 아일랜드 출신 예이츠의 시 '이니스프리 호수 섬': 나 일어나 이제가리, 이니스프리로 가리. 거기 윗가지 엮어 진흙 바른 작은 오두막을 짓고, 아홉이랑 콩밭과 꿀벌 통하나 벌 윙윙대는 숲속에 나 혼자 살으리. 거기서 얼마쯤 평화를 맛보리…를 기억할 것이다.

부록 I. 영어 단어의 유래[18]

1. 실수로 만들어진 단어

본래 뜻		현재 의미	
buttonhold	단추 붙잡개	button-hole	단추 구멍
sweetard	어리석은 사람	sweetheart	애인
dotard	노망든 사람	dullard	둔한 녀석
sparrow-grass	참새풀	asparagus	아스파라거스
shamefast	단단히 자리 잡다	shamefaced	부끄러워하는
cerise	진한 붉은색	cherry	체리

2. 단어는 그대로인데 의미만 바뀐 경우

	본래 뜻	현재 의미
brave	비겁함	용감한
enthusiasm	광신적	열심
crafty	솜씨가 좋다	교활한
garble	정돈하다	혼동하다, 왜곡하다
harlot	소년	매춘부
manufacture	손으로 만든 물건	기계 대량생산
girl	남녀막론한 젊은이	소녀
politician	사익을 위해 공무에 참여하는 사람	정치가
obsequious	유연한	아첨하는
notorious	유명한	악명높은
nice	어리석은, 바보같은	좋은
deer	동물	사슴
forest	사냥을 위한 시골	숲
worm	기어다니는 생물	지렁이

---

18 빌 브라이슨, 『언어의 탄생』, 박중서 역, 다산북스, 2021, pp. 118-135.

부록 2. 차용어 예들[19]

1. 프랑스어 차용어[20]

종교

mercy	religion	evangelist	sermon	sacrament
baptism	prior	prayer	paradise	theology
miracle	homily	charity	confession	passion
penance	chaplain	communion	grace	archangel
clergy	pastor	parson	procession	nativity
cell	legate	dean	vicar	friar
hermit	abbess	devotion	pity	crucifix
patience	lectern	image	comfort	cloister
abbey	saviour	faith	heresy	redemption
anguish	conscience	purity	sanctity	salvation
immortality	mystery			

법정

judgment	crime	inquest	prison	accrue
fine	acquit	summons	bar	proof
bail	assize	imprison	arrest	pardon
trespass	plea	arson	larceny	fraud
estate	plead	justice	tenant	heir
feoff	equity	suit	plaintiff	defendant
petition	indictment	jury	felon	evidence
ransom	verdict	sentence	decree	forfeit
punishment	bill			

---

19 iMBC 캠퍼스 독학학위제 연구소, 『영어발달사』, 지식과 미래, 2020, pp. 261-262.
20 김동섭, 『영국에 영어는 없었다.』 책미래, 2016, pp. 211-216.

행정기관

parliament	court	crown	empress	state
reign	council	royal	sovereign	assembly
legate	tax	office	government	majesty
mayor	prince	authority	prerogative	tyrant
usurp	statute	treaty	duke	marquis
squire	oppress	rebel	treason	exile
liberty	chancellor	chamberlain	minister	viscount
constable	lady	lord	noble	peer
princess	courtier	sir	madam	mistress
servant	duchess	baron		

군사

war	battle	arm	army	navy
enemy	peace	defense	soldier	sergeant
lieutenant	captain	armour	battle	castle
war	siege	sortie	lance	dart
banner	sally	guard	spy	troops
vessel	officer	archer	moat	rank
admiral				

요리나 음식물의 이름도 프랑스어에서 차용되었다. 동물 이름은 앵글로색슨어로 되어있는데 요리되어 식탁에 오르게 되면 프랑스어로 바뀐다. cow는 암소이지만 요리된 쇠고기는 beef이다. 그 밖의 다른 예들이다.

cow-beef	calf-veal	sheep-mutton	pig-pork	deer-venison
cuisine	dinner	supper	feast	mesh
victuals	sauce	boil	fry	mackerel
bream	salmon	sardine	oyster	porpoise
roast	toast	pastry	soup	jelly
sausage	dainty	loin	gravy	pottage
biscuit	cream	sugar	olive	salad
lettuce	almonds	raisin	fig	date
grape	orange	lemon	cherry	confection
spice	mustard	vinegar	stew	platter
poultry	fruits	taste	appetite	plate

예술, 문화, 학문

gown	dress	apparel	robe	coat
costume	garment	collar	garter	boots
fur	jewel	curtain	cut hair	screen
habit	attire	cape	cloak	chemise
petticoat	towel	basin	parlor	closet
pantry	lace	embroidery	buckle	button
chamber	ceiling	cellar	porch	luxury
satin	adorn	sable	ermine	ornament
ivory	enamel	sapphire	pearl	diamond
crystal	ruby	brooch	chandelier	cushion
blanket	couch	amusement	leisure	dance
chase	chess	music	leash	falcon
sport	recreation	minstrel	fool	juggle
checkers	conversation	cards	dice	partner
trump	ace	deuce	stallion	rein
trop	stale	spaniel	kennel	scent
partridge	pheasant	quail	heron	forest

pavilion	warren	art	painting	sculpture
poetry	prose	study	grammar	title
volume	paper	pen	copy	beauty
color	figure	arch	tower	cathedral
palace	castle	chamber	chimney	pillar
vault	porch	column	aisle	choir
transcript	chapel	cloister	poison	manor
painter	romance	story	chronicle	tragedy
prologue	logic	geometry	noun	clause
gender	physician	surgeon	apothecary	malady
pain	palsy	gout	plague	pestilence
anatomy	stomach	pulse	remedy	ointment
balm	arsenic	sulphur		

사회계층, 신분

crown	sovereign	price	duke	duchess
count	marquis	squire	sir	

일상

people	use	air	noise	travel
cost	suppose	fault	satisfy	pair
remember	piece	obey	sound	marry
seem	excuse	chief	enjoy	firm
cover	large	complain	nice	carry
poor	allow	real	usual	safe
sudden	sure	special	change	single
close	second	cry	precious	move
perfect	please	honest	pass	gentle
pay	easy	push	double	quit

eager	rob	wait	envy	fame
hour	person	cruel	frank	mean
grief	damage	point	ocean	action
advantage	age	affection	bushel	business
carpenter	cheer	coast	courage	courtesy
coward	debt	deceit	dozen	error
folly	force	grain	gum	harlot
honor	jest	malice	manner	metal
mountain	number	opinion	order	peril
poverty	powder	quality	reason	seal
sphere	strife	substance	sum	tailor
tavern	tempest	unity		

2. 그리이스어 차용어[21]

problem	idea	method	theorem	theory
diagram	system	astronomy	arithmetic	philosophy
geometry	rhetoric	logic	grammar	astrology
geography	physics	mathematics	pharmacy	

3. 라틴어 차용어[22]

초기 라틴어 차용어들의 예

anchor	marketplace	cheese	kettle	kitchen
dish	trader	mile	coin	pepper
pound	sack	street	wall	candle
city	chest	alter	apostle	balam
circle	crystal	verse	mass	martyr
temple				

---

[21] 박영배, 『영어의 세계속으로』, 경문사, 2013. P. 243.
[22] iMBC 캠퍼스 독학학위제 연구소(2020), pp. 263-264.

라틴어를 통한 희랍어 차용어들의 예

abdomen	area	compensate	data	decorum
delirium	denominate	digress	editor	fictitious
folio	gradual	imitate	janitor	jocose
lapse	medium	notorious	orbit	peninsula
querulous	quota	resuscitate	series	sinecure
strict	superintendent	transient	ultimate	vindicate

과학 분야의 라틴어 차용어

| aleatoric | circadian | credo | dissolve |
| digit | equator | orbit | militaria |

라틴어를 경유한 그리스어 차용

butter	pain	council	toll	shoe
monk	monastery	crystal	purse	meter
song	theatre	rose	phoenix	idol
paradise	library	mechanical	philosopher	school
giant	agony	allegory	chao	cycle
echo	ethic	hero	history	pirate
pole	plague	prune	siren	sphinx
theme	thesis	demon	abyss	comedy

4. 스칸디나비아어 차용어[23]

at	awkward	bag	band	bank
booth	brink	bull	cake	call
cast	cow	crawl	come	cosy
die	drop	dirt	egg	fellow
flat	fog	freckle	give	gear
gate	geyser	guest	gap	hear
hit	ill	ink	kid	knife
leg	loan	lift	low	loose
man	odd	ugly	race	root
window	knife	let	scatter	went
take	thrive	raise	rid	rotten
score	seat	sister	skill	skin
skirt	sky	smile	slave	steak
thrift	twin	though	till	trust
tight	weak	wrong	muggy	rug
ski	slag	scrub	troll	rune
saga	window	winter	wife	

5. 켈트 차용어[24]

Avon	Cornwall	Devon	Dover	London
bratt 'cloak'	brocc 'badger'	torr 'peak'	galore	tory
clan	bog	slogan	whiskey	crag

---

23 위의 책, pp. 259-261.
24 위의 책, pp. 265-267.

6. 기타 언어에서의 차용[25]

독일의 교육

| kindergarten | seminar | semester |

이탈리아의 예술 및 음식

stanza	concerto	sonata	piano	soprano
temp	fresco	studio	opera	cappuccino
spaghetti	pasta	pizza		

네덜란드의 상업

deck	cruise	scoop	smuggle	sketch
skipper	yacht			

스페인의 해상 및 풍물

| armada | cargo | embargo |

중세 아랍어의 학문

| algebra | alchemy | alkali | zero | cipher | zenith |

히브리어의 종교

amen	cherubim	seraphim	shibboleth	armageddon
jubilee	Satan			

---

[25] 위의 책, P. 266.

일본어

zen	karaoke	ninja	geisha	sushi
judo	futon			

중국어

ginseng	ketchup	typhoon	kungfu	tao
yin	yang			

아프리카

banana	safari	gorilla	tam	zebra

한국어[26]

kimchi	hangul	makkoli	taekwondo	chaebol
aegyo	banchan	bulgogi	chimaek	daebak
dongchimi	fighting	galbi	japchae	k-drama
kimbap	manhwa	mukbang	noona	oppa
unni	pc bang	samgyeopsal	trot	

7. 미국 영어의 차용[27]

스페인어

mustang	tortilla	barracuda	cockroach	coyote
canyon	guerilla	marijuana	rodeo	ranch

---

[26] "'daebak' 등 26개 한국어, 올해 옥스퍼드 사전 등재… 45년치 보다 많아", 동아일보, 문화뉴스, 2021.10.4.

[27] iMBC 캠퍼스 독학학위제 연구소(2020), pp. 210-211.

cork	mosquito	silo	tomato	canyon
plaza	caramel	cigar	guitar	bonanza
cafeteria	cannibal	negro	alligator	potato
chinchilla	turtle	vanilla	barbecue	chocolate
cocoa	domino	cargo	comrade	parade
poncho				

독일어

delicatessen	frankfurter	pinochle	Mickleham	Birmingham
Hampton	Greenwich	Wallingford	noodle	pretzel
hamburger	poodle	edelweiss	ablaut	umlaut
schwa	stein	semester	kindergarten	seminar
zigzag	vermouth	protein	blitz	

네덜란드어

boss	dope	patron	Yankee	sleigh

프랑스어

bureau	depot	prairie	shanty	gopher
pumpkin	cent	dime		

인디언어

Karma	Yoga	Guru	Avatar	Nirvan
Mantra	Chakra	Tantra	Namaste	Dharma
Raja	Shakti	Ayurveda	Jiva	Samsara
Om	Ahimsa	Ashram	Moksha	Sadhu
Veda	Vedanta	Hatha	Shiva	Vishnu

Ganesh	Kama	Rishi	Sutra	Kirtan
Prana	Bhakti	Jnana	Kundalini	Shanti
Mahatma	Guru	Swami	Asana	Pranayama
Mudra	Mandala	Satsang	Puja	Upanishad
Tapas	Dhyana	Darshan	Kumbh Mela	Mahabharata
Ramayana				

부록 3. 미국 영어와 영국 영어 차이[28]

1. 발음 비교

영어는 26개 알파벳, 모음 5자 A, E, I, O, U와 자음 21자로 구성되어 있다. 미국 영어는 41개, 영국 영어는 44개 발음기호로 더 많은 소리 값이 있다. 즉 90%가 동일 발음기호를 사용하고 있고 10% 정도가 다른 발음기호를 사용한다.

케빈 강(강진호) & 윤훈관(2019)은 미국 영어와 영국 영어 발음의 차이를 다음과 같다고 한다.

1. 영국식 발음은 r 발음을 하지 않는다.
2. 미국식 발음이 혀를 더 굴린다.
3. 영국식 발음이 스펠링대로 또박또박 발음한다.
4. 미국식 발음에서 연음이 더 많이 일어난다.
5. 영국식 발음의 모음이 더 짧다.
6. 영국 영어에서 '아'를 아로 발음하고 미국 영어에서 '애'로 발음한다.

---

[28] 케빈 강(강진호) & 윤훈관, 『미국 영어와 영국 영어를 비교합니다』, 사람 In, 2019, pp. 46-62.

can't(영국 칸트) vs (미국 캔트). 영국 영어에서 알파벳 a 뒤에 [s, f, θ, nt, ns]같은 소리가 따라나올 때는 '애'가 아닌 '아'로 발음해야 한다. "after, banana, half, calf, laugh, plant, ask, pass, last, pastor, aunt, dance, ranch, bath, path, rather, France, answer, branch"

미국 영어에만 있는 발음기호 3개 [ər]: teacher, future, doctor, dollar 등, [ɜːr] : herb, urban, bird, earth 등, [ou] : go, alone, show, boat, dough, toe 등.

발음이 동일한 예들: ad, bat, badge, cat, cash, cap, gag, gang, have, has, jam, mat, match, mad, pan, pal, rat, sat, tack 등.

미국 영어에서 [a]로 영국 영어에서는 [ɔ]로 발음하는 예들: box, stop, God, top, bottom, got, hot, lot, doctor, rock, body, common, conflict, nod, novel, shot 등.

/d, t, n, s/뒤에서 오는 모음이 미국 영어에서는 [u]로 발음되나 영국 영어에서는 [ju]로 발음되는 예들: attitude, avenue, dew, due, duty, duo, deuce, knew, neutral, nuance, new, news, pursue, produce, suit, student, super, stew, stupid, suit, stewardess, student, nude, studio, stupid, Tuesday, tutor, Youtube 등.

미국 영어와 영국 영어가 동일하게 [ju]로 발음되는 예들: few, beauty, cue, music, pure, human 등.

미국 영어에서는 [i] or [ə]로 발음되나 영국 영어에서는 [ai]로 발음되는 예들: agile, civilization, characterization, docile, fragile, fertile, futile, generalization, hostile, mobile, missile, sterile, specialization, tactile, versatile 등.

미국 영어에서는 [ai]로 발음되나 영국 영어로 [i]로 발음되는 예들: simultaneously, advertisement, dynasty 등.

반대로 미국 영어에서 [i]로 발음되는데 영국 영어에서는 [ai]로 발음되는 예들: either, neither 등.

미국 영어에서 [ei]로 발음되지만 영국 영어로 [i]로 발음되는 예들: advocate, candidate, delegate 등[29].

---

[29] iMBC 캠퍼스 독학학위제 연구소(2020), P. 220.

2. 문법 비교

현재 및 현재 완료 시제 표현의 차이[30]

I <u>have</u> good idea.(미국 영어) I <u>have got</u> a good idea.(영국 영어)
I <u>don't have</u> the answer to the question.(미국 영어) I <u>haven't got</u> the answer to the question.(영국 영어)
<u>Do you have</u> any problem?(미국 영어) <u>Have you</u> got any problem?(영국 영어)
I <u>just ate</u> dinner with Tom.(미국 영어) I <u>have just eaten</u> dinner with Tom.(영국 영어)
I <u>didn't visit</u> Japan yet.(미국 영어) I <u>haven't visited</u> Japan yet.(영국 영어)
I <u>have got(gotten)</u> a headache.(미국 영어) I <u>have had</u> a headache.(영국 영어)
I <u>have to go</u> home now.(미국 영어) I <u>have got to go</u> home now.(영국 영어)
I would suggest that Tom <u>should(생략)</u> go to the conference.(미국 영어) I would suggest that Tom <u>should</u> go to the conference.(영국 영어)
I would like to <u>take</u> a bath.(미국 영어) I would like to <u>have</u> a bath.(영국 영어)
You can go <u>and(생략)</u> take a rest now.(미국 영어) You can go <u>and</u> have a rest now.(영국 영어)
People <u>don't need to</u> pay any money for the concert.(미국 영어) People <u>needn't</u> pay any money for the concert.(영국 영어)
I <u>will</u> be there on time.(미국 영어) I <u>shall/will</u> be there on time.(영국 영어)
I <u>will</u> not play on the stage tonight.(미국 영어) I <u>shall/will</u> not play on the stage tonight.(영국 영어)

---

[30] 케빈 강(강진호) & 윤훈관(2019), pp. 312-319.

3. 기타(전치사, 관사, 시간, 요일) 비교 예들[31]

미국 영어	영국 영어
He knocked on the door.	He knocked at the door.
I live on the street.	I live in the street.
He is on the team.	He is in the team.
I met him Thursday.	I met him on Thursday.
His mother was in the hospital	His mother was in hospital
He has the pneumonia.	He has pneumonia.
My son is at the university.	My son is at university.
It's seven thirty.	It's half past seven.
It's five forty five.	It's a quarter to six.
What day is today?	What day is it today?

4. 동일 의미 어휘비교[32]

미국 영어와 영국 영어 500개 이상이 일상생활에서 많이 사용하는 단어 중 일부의 예들이다.

미국 영어	영국 영어	미국 영어	영국 영어
ad	ad, advert	gas	petrol
aliment, sickness, illness	illness	grade	form, class, standard
apartment	flat	grocery	grocer's
attorney, lawyer	solicitor	hallway	passage
baggage, luggage	luggage	hood	bonnet
bar, tavern	pub	incorporated	limited
bill	note	line	queue
bus	coach	long distance	trunk call
candy	sweets	mail-box	letter-box

31　iMBC 캠퍼스 독학학위제 연구소(2020), P. 225.
32　위의 책, P. 223.

canned	tinned	mailman, postman	postman
carousel	merry-go-round	MC	compere
check	bill	movie	film, picture
check in	book in	movie theater, house cinema	cinema
check out	leave	newsstand	kiosk
clerk	shop assistant	parking lot	car park
coed	female student	patrolman	constable
cracker	biscuit	pitcher	jug
depot	bus/train station	radio	wireless
dessert	sweet	railroad	railway
detour	road diversion	schedule	timetable
diaper	nappy	fall(get) sick	fall ill
dormitory	student hall	telephone booth	call box
druggist	chemist, pharmacy	ticket agent	booking
elementary school	primary school	traffic circle, rotary	roundabout
elevator	lift	truck	lorry
faculty	staff	tuxedo	dinner jacket
first name	Christian name	undershirt	vest
trunk	boot	vacation, holiday	holiday
repair	fix	vomit, throw up	be sick
chops	French fries	pants	trousers
ground floor	first floor	soccer	football
first floor	second floor	third floor	fourth floor
jumper	sweater/sweatshirt	eraser	rubber
indicator	blinker, turn signal	tire	tyre
bonnet	hood	bumper, fender	wing
windscreen	windshield	license plate	number plate

5. 철자비교[33]

미국 철자를 더 간소하게 만든 결정적인 역할은 웹스터의 'The American Spelling Book'(1783)과 'An American Dictionary of the English Language'(1828)이다. 다음은 일반적으로 영국 영어보다 더 단순한 철자를 사용하는 예들이다.

미국 영어	영국 영어	미국 영어	영국 영어
honor	honour	favor	favour
color	colour	labor	labour
behavior	behaviour	gynecology	gynaecology
humor	humour	maneuver	manoeuvre
emphasize	emphasise	esthetic	aesthetic
organize	organise	archeology	archaeology
analyze	analyse	cider	cyder
criticize	criticise	cipher	cypher
generalization	generalisation	theater	theatre
fulfill	fulfil	whiskey	whisky
organization	organisation	siren	syren
center	centre	skillful	skilful
meter	metre	installment	instalment
liter	litre	defense	defence
license	licence	practise	practice
offense	offence	check	cheque
disk	disc	draft	draught

---

[33] 위의 책, pp. 218-219.

6. 숫자, 날짜, 약자 표기법 차이[34]

미국 영어	숫자	영국 영어
five thirty-five	535	five three five
five thousand, six hundred seventy eight	5,678	five thousand, six hundred and seventy-eight
fifty six seven-eight	5678	fifty six seven-eight
nine thousand eight hundred seventy-six	9,876	nine thousand, eight hundred and seventy-six
zero, oh	0	zero, nought, oh, nil
three to nothing	3대 0	three-nil
November 25th	11월 25일	25th of November
12/24/2023	2023.12.24	24/12/2023
Mr.	남성존칭	Mr
Ms.	여성존칭	Ms
Dr.	의사, 박사	Dr
UK	영국	UK
U.S.A.	미국	USA
Ph.D.	철학박사	PhD
M.D.	의학박사	MD

---

[34] 케빈 강(강진호) & 윤훈관(2019), pp. 349-353.

2장
영어 공교육 정책 이해는 영어교육의 첫 단추

　일반적으로 역사를 공부하는 이유는 과거의 사건들을 바탕으로 현재의 상황을 이해하고, 미래를 예측하는 것이 가능하기 때문이라고 한다. 본 장에서 필자가 학창 시절부터 퇴직까지 약 50년간 겪은 영어 공교육 정책을 포함하여 137년의 영어 공교육 역사를 살펴보려고 한다. 기성세대가 겪은 과오를 후손이 되풀이하지 않도록 정부, 부모와 사회는 책임을 느낄 수 있을 것이다. 또한 그동안 영어 공교육에 관해 무조건 부정적 시각을 가졌던 독자가 정부, 학교의 노고에 응원을 보낼 수도 있을 것이다. 이 장은 과거 영어 공교육의 변천사를 돌아봄으로써 현재 및 미래 내 자녀 또는 내 학생이 가장 효과적인 영어 공부 방향을 선택할 수 있도록 돕기 위함이다.

1. 일관성을 갖기 어려웠던 조선 영어 공교육

보빙사절단과 갑신정변

1882년 미국과 수교를 맺은 후 조선 고종은 1883년 7월 미국의 공사 파견 조치에 감사를 표시한다는 명분으로 민영익, 홍영식, 서광범, 유길준 등 근대적 문물에 밝은 개화파 인사들을 대거 발탁하여 미국에 보빙사절단을 파견했다. 보빙사절단은 유럽 국가보다 미국이 경제적·군사적으로 우월하다고 판단하였다. 특히 홍영식 등 개화파는 우호적인 미국관을 갖고 근대적 개혁을 적극 추진하고자 했으며, 청과의 속국 관계 청산을 절감하게 되었다. 그러나 민영익은 귀국 후 서구식 정치제도의 도입에 부정적인 견해를 가지면서 미국을 함께 다녀온 보빙사절단과 맞서게 되었다. 이러한 견해차는 갑신정변을 일으키는 중요한 요인이 되었다.

최초 영어 공교육을 시작한 육영공원

1886년 설립된 육영공원은 미국인 교사를 최초로 고용하여 서양의 언어와 지식을 적극적으로 도입해서 대내외 정치 외교에 활용하고자 세운 국립기관 영어 학교이다. 조선 최초 영어 공교육 기관인 육영공원에서의 영어교육 방식은 최근 지향하고 있는 말하기, 듣기 등 의사소통 중심 교육이었다. 육영공원의 학생 대부분은 양반 고관의 자제였으나 일부는 중인 출신도 있었다. 이들은 영어뿐만 아니라 산업기술, 서양 지식, 정치, 법률 제도 등을 영어로 배웠다. 현재 극히 일부 학교에서나 가능한 영어 몰입교육이었다. 육영공원은 설립된 6년 째에 운영상의 문제가 생겨 폐원되었고 1907년 한성외국어학교로 통합되었다. 그러나 한성외국어학교도 79명의 졸업생을 배출하고 1910년 폐교되었다.

영어 교재 아학편 영어 발음

한성외국어학교는 육영공원의 영어교육 방향을 이어받았다. 당시 영어 교육과정의 목표는 지금처럼 의사소통능력 향상이었다. 발음 또한 원어민 교사로부터 제대로 배울 수 있었다. 이 시기 일본은 산업화된 영국의 영향을 받아들이기 위해 영문 자료를 자국어로 번역해서 공유하는 것을 우선시했다.

조선시대 영어 R/L 발음

〈Otree/브런치, 유튜브〉

당시 영어 교재 중 하나가 아학편(1908)인데 R 발음 시 앞에 '으'를, l 앞에 '을' 붙이라는 거다.[1] 예를 들어 red는 으레드, receive는 으레씨브, report는 으레포트, law는 을러우, love는 을러브, lavish는 을라뷔쉬 등인데 학교 정규 수업 시간에 이런 발음으로 배운 독자가 있다면 참 행운이라는 생각이다. 필자는 중고를 거쳐 대학교의 전공 시간에서도 들어보지 못한 방법이다.

---

1 정약용 원작, 지석용 & 전용규 편집, 『조선시대 영어교재 아학편』, 베리북, 2018, pp. 39-59.

35년간 일본인 영어 교사 발음은 최악

영어교육의 비극은 1910년 한일합병으로 시작하여 1945년 이후까지 지속되었다. 이 기간 동안 조선에서 영어교육은 교육 정책의 변화, 일제의 교육 제도 강제 적용, 국제적 환경 변화 등의 영향을 받았다. 김태영(2019) 논문에서 일본은 우리보다 28년 앞선 1858년 외국 서적 연구소를 설립하고 서양 지식의 급속한 보급을 위해 영어교육을 시작했다. 현재의 의사소통중심 언어교육 방식과 거리가 있는 문법적 지식과 광범위한 어휘 지식에 입각한 정확한 번역이 일본 영어교육의 핵심이었다. 당시 유럽 전역에서 문법-번역방식 방법을 통한 라틴어와 고대 그리스어의 교육과도 일맥상통했기에 일본인들은 이 문법-번역방식 수업이 효과적이라고 믿어왔다.[2] 일제의 영어교육방식은 우리나라 영어교육에 크게 영향을 주었으며 특히 일본인 영어 교사의 발음은 최악이었다. 영어를 가르쳤던 미국 선교사가 추방되고 그 자리를 일본인 강사가 일본어식 발음으로 '다꾸시'(택시), '구리무'(크림), '네꾸다이'(넥타이)하면서 영어교육이 이루어진 것이다. 해방 후 한동안 일본어식 영어교육을 받은 교사가 후손들을 교육했으니 그 또한 피해이다.

2. 해방이후 학교 영어교육 개요

최초 영어교육과정

우리나라 최초 영어교육과정은 해방 이후 과도기를 거쳐 1954년 제정되어 1963년까지 유지되었다. 1945년 일제강점기로부터 해방되자마자

---

2 김태영, 「일본의 영어교육-역사적 변천과정과 현황」, 한국교육문제연구 37(1), 2019, pp. 187-211.

5년 후 6.25전쟁이 터졌으니 정치적인 혼란으로 교육과정을 손볼 겨를도 없었다. 최초 영어교육과정에서 표준영어를 규정하지 않았으나, 정치적인 영향 때문에 영국 영어와 미국 영어의 차이가 있을 때 미국 영어를 택하도록 했다.

초중고 영어교육과정의 기본사항

현재 초중고에서 사용되는 영어 교과서는 9번의 개정을 거친 2015개정 영어교육과정을 바탕으로 만들어진 것이다. 학교급별 영어 교육과정의 기본사항은 아래 표와 같다.

초중고 영어교육과정 기본 개요

종류	초등학교	중학교	고등학교
목표	· 기초적 의사소통 · 외국의 문화이해 · 흥미와 자신감	· 기본적 의사소통 · 영어사용 자신감 · 외국문화와 정보이해 · 우리문화 영어로 소개	· 영어사용능력 신장 · 목적과 상황에 맞는 의사소통능력
시수	· 3-4학년 주 2시간 · 5-6학년 주 3시간	· 주 3-4시간	· 주 3-5시간
내용	· 자기 주변 일상생활 주제	· 친숙한 일상생활 주제	· 친숙한 일상생활 주제, 일반적인 주제, 다양한 주제
어휘수	· 500개 단어	· 750개 낱말 내외 · 누적 1250단어	· 공통영어 550개 · 누적 1800단어 · 일반선택: 영어I 2000단어, 영어II 2500단어
문장길이	· 3-4학년 7개 단어 이내 · 5-6학년 9개 단어 이내	· 9개-15개 단어	· 15개-28개 단어

평가	·듣기, 읽기, 말하기, 쓰기 4개 영역의 수행평가 및 과정중심 평가	·1학년 1학기, 2, 3학년 지필평가 학기당 1-2회 ·1학년 2학기, 2,3학년 4개 영역의 수행평가 및 과정중심 평가	·지필평가 학기당 1-2회 ·4개 영역의 수행평가 및 과정중심평가

초등학교 영어교육과정

영어교육 목표는 영어 학습에 흥미와 자신감 기르기, 자기 주변의 일상생활 주제에 관하여 기초적인 의사소통, 영어 학습을 통한 외국 문화 이해이다. 수업 시수는 3-4학년은 주 2시간, 5-6학년은 주 3시간으로 학교에서 약간의 증감이 가능하다. 초등학교에서 총 어휘 수는 500개 낱말 내외로 자기 주변의 일상생활 주제에 관한 것이다. 수업 방법은 영어의 4영역 듣기, 말하기, 읽기, 쓰기를 연계하여 가르치며 노래, 챈트(chant), 게임, 역할놀이 등 활동 중심 수업을 지향한다.

중학교 영어교육과정

중학교 영어의 교육 목표는 초등학교에서 배운 영어를 토대로 친숙한 일상생활 주제에 관하여 기본적인 의사소통, 외국 문화와 정보를 이해하고 우리 문화를 영어로 간단히 소개하는 것이다. 1학년은 주3시간, 2학기에는 자유학기(주제선택)을 포함하여 주3시간, 2학년 주3시간, 3학년 주4시간 수업을 한다. 수업 방식은 4가지 기능을 통합하여 가르치는 것을 기본으로 하며 강의식 수업과 활동 중심의 참여형 수업을 혼합하여 실시한다.

고등학교 영어교육과정

  고등학교 영어교육 목표는 중학교에서 배운 영어를 토대로 친숙한 주제, 일반적인 주제 및 다양한 주제에 관한 영어 사용 능력 신장이다. 영어로 다양한 정보를 이해하고 진로에 따라 필요한 영어 사용 능력을 기른다. 우리 문화와 외국 문화에 대한 관심과 올바른 이해를 바탕으로 각 문화의 고유성을 존중하는 태도를 기른다. 고등학교 수업은 학년당 평균 주 3-5시간이며 고1 공통과목 영어는 필수과목에 해당된다. 나머지 과목은 일반선택, 진로선택, 전문교과 등으로 나뉘어 선정한다. 고등학교에서의 수업 방법은 교과서를 기본으로 하고 수능영어 대비를 위해 부교재를 많이 활용한다. 수능과 관련된 영어 지문과 수능 문제 유형을 준비하기 위함이다. 많은 학교에서 부교재로 EBS 수능 연계 교재를 활용하고 있다. 공통영어의 총 어휘수는 1,800개 내외로 규정하고 있고 전문 교과 중 '심화영어독해 II'의 경우 어휘수가 3,500개 이내이다. 일반 선택을 영어II로 할 경우 2,500단어이다.

3. 영어 학습 이론 발달과 국내 영어교육의 발전

TESOL 과정 등 1960년대 개설

  2차 대전 후 영어가 유엔 공식 언어에 포함되었으며 미국이 초강대국이 되면서 영어는 계속 가장 힘센 언어로 자리매김을 했다. 그러나 당시 미국을 포함한 영국, 캐나다 등 영어권 국가에서 제2언어 또는 외국어로써 영어 학습자를 위한 이론, 자료 등을 제공할 여력은 없었던 것 같다. 1960년대가 되어서야 미국은 ESL(English as a Second Language)환경의 언어 습득에 관심을 갖기 시작했다. 이 시기에 University of California, San Diego(1960), University of Illinois at Chicago (1965) 등 많은 미국 대학들이 ESL, TEFL(Teaching English as a Foreign Language), TESOL(Teaching English to Speakers of Other Languages) 등의 프로그램을 개설하였다. 미국의 이런 분위기는 60년대 국내 대학 및 중등 영어 교육에 영향을 주지 못했다. 당시 국내에는 그런 이론을 받아들여 올 인적자원이 부족할 수 있었을 것 같다.

1960년대 영어 교수법

60년대 미국에서 청각 구두 교수법과 인지주의 교수법이 양대 산맥을 이루었다. 이 교수법이 20년 후에 국내에 영향을 주었다는 것이 의미가 있다. 어찌 보면 유행 지난 교육 트렌드를 따랐던 것은 아닌가라는 생각이다. 여하튼 80년대 교사를 시작한 필자 세대에게 반복과 모방으로 언어를 습득한다는 행동주의를 근거한 이론은 국내에서 교육학이나 영어 교수법에서 등장했던 단골 이론이었다.

4. 1970년대 학교 영어교육 환경

필자는 70년대 중·고·대학 시절을 보냈다. 그 당시 예비고사를 합격해야 대학 본고사를 응시할 자격이 있었다. 예비고사 영어 시험은 어휘, 문법, 독해 등 객관식 형태였고 대학 본고사 영어 시험은 주관식 작문, 문법, 번역 등이 출제되었다. 대입 준비를 위해 당시 수학은 정석, 영어는 빽빽한 많은 영어 문장들, 간간히 등장하는 명언들이 담긴 고등학교 필독서인 정통종합영어 책을 공부하는 것이었다. 중고, 대학에서 영어 전공 수업 시간에는 일본식 발음이 체화된 선생님들로부터 문법과 번역을 강조하는 영어 수업을 받았다. 영어 원어민 발음의 카세트 보급이 안 되던 시대라서 오로지 영어 선생님으로부터 나오는 소리에 의존해야 했다. 중학교 1학년 당시 영어 선생님의 발음이 아직도 귀에 생생히 들리는 거 같다. 필자가 흠모했던 영어 선생님의 발음이 당시에는 몰랐지만 이상적인 것은 아니었다. That is a desk(땓 이즈 어 데스크으). 당시 단어장의 발음도 그렇게 쓰여 있었다. 아마도 처음 영어를 대하는 학생들을 배려하여 쉽게 발음하도록 그렇게 가르침을 받았는지도 모른다. 최근에도 이웃 초등 영어 교사들이 영어 발음을 지도할 때 영어 부진아를 위해서 한글로 영어 발음을 써준다고 한다.

영어 단어 중시 여겼던 중학교 영어

영어 원어민 발음을 들을 기회가 넘쳐나서인지 요즘 영어 단어 발음을 강조해서 가르치는 분위기는 아닌 것 같다. 그래서 쉬운 영어 단어 발음을 엉뚱하게 하는 경우가 왕왕 있다. 70년대 교실에서는 영어 사전의 발음기호에 의존하여 공부한 결과 그래도 결정적인 실수는 피할 수 있던 것 같다. 필자가 중학생이었을 때 아침 등교 길에 한 손에는 무거운 가방을, 한 손에는 영어 회전 단어장을 들고 외우면서 1시간을 걸었다. 옆에 함께 걸어가는 동급생들은 전혀 눈치 채지 못할 정도의 주먹 안에 쏘옥 들어갔던 회전 단어장이었다. 되돌아보면 그 시간이 유일하게 영어 공부를 했던 시간이었다.

현재 영어교육과정에서 영어 발음을 미국식과 영국식으로 나누어 가르치지는 않는다. 미국식, 영국식 발음을 배웠던 필자의 학창 시절과 달리 교사 시절에는 미국식을 따르도록 바뀌었다. 그래서 영국을 포함한 영연방 국가들에서 요구하는 영어 시험을 준비할 때 발음을 포함하여 영국식과 미국식 차이에 대해 별도로 학습해야 하는 부담이 있다. 지금은 인터넷 영어사전에서 단어를 찾아 영국식, 미국식 발음까지도 들을 수 있다. 파파고 번역기에 말로 대화를 나누며 물어봐도 발음을 들을 수 있다. 요즘 학생들은 이런 환경이 당연하게 여겨질 것이다. 하지만 70년대 당시엔 원어민의 목소리로 발음을 들어볼 수 있던 환경이 아니었으니 영어 교사의 발음이 학생들에게 얼마나 큰 영향을 주었는지 추측이 될 것이다. 최근 영어 발음의 중요성이 다소 약화되기는 했어도 잘못된 영어 발음은 영어 듣기 능력에 큰 장애가 된다는 사실을 간과하지 말아야 한다.

5. 우리나라 대학교 영어과 개설 폭증

　대한민국 최초의 영어과이자 외국어과는 1905년 개설된 연세대학교이며 이어서 서울대학교, 이화여자대학교, 숙명여자대학교, 충남대학교, 경북대학교 등이다. 1960년대 국내에서는 중고등학교 영어 교사 양성을 위한 국립대학교 사범대학교의 영어과 개설이 지속적으로 증가되었다. 이 시기에 공주사범대학교, 부산대학교, 강원대학교에서 영어과들이 개설되었고 성신여자대학교, 서강대학교, 중앙대학교, 한양대학교, 고려대학교, 한국외국어대학교, 삼육대학교 등 서울 지역 사립 대학교들의 영어과 개설이 이어졌다. 이 시기 특히 영어교육에 대한 관심이 높아졌으며, 국가적인 재건과 경제발전을 이루려면 교육이 중요하다는 인식이 팽배했던 것이다. 당시 우리나라는 경제개발 5개년 계획으로 수출 사업을 장려하면서 영어를 잘하는 사람들은 일자리를 구하기가 수월했다. 이러한 국내 경제 및 사회 환경 속에서 대학교 영어과 개설이 폭증했다.

1970년대에도 계속 증설되던 대학교 영어과

70년대 후반 대학에서 영어 전공 교과목 중에서 영어 의사소통 능력을 향상시키는 실용영어 과목은 거의 없었다. 미국 대학에서 50년대 가르치던 전통적인 방식, 예를 들어 문학 작품을 읽고 분석하기, 번역서로 음운론 등을 배웠다. 60년대에 이어 70년대에도 충북대학교, 제주대학교, 경상대학교에서 영어과가 개설되는 등 서울 수도권은 물론 지방 사립 대학교 영어과 개설이 폭증했던 시기였다. 영어학 박사 졸업생 수가 부족해서인지 70년대 후반 필자의 대학 시절 대다수 대학 교수는 최종 학위가 국내 석사 출신이었던 것으로 기억한다.

1980-1990년대 영어과 개설 증가

80년대에도 안동대학교, 순천대학교, 한국교원대학교 등 국립대학 사범대 영어교육과 개설은 이어졌다. 게다가 졸업 후 임용고사를 통과해야 국공립 교사가 될 수 있는 국립대인문대학교와 사립대학교에서도 영어과 개설이 계속되었다. 또한 1990년대 초반부터 중반부까지도 대학교 개교 열풍이 이어져 총 58개의 대학교가 개교되었다. 1990년대 초반에는 약 200개교였던 대학 수가 1999년에는 약 330개교까지 증가했다. 2022년 기준으로 대학교의 총 숫자는 336개교이다.[3] 그리고 대학 개설과 맞물려 계속된 영어학과 개설은 영어 졸업생 수 폭증으로 이어졌다.

---

3 "대학교 수", KOSIS 국가 통계포털, 2022. 9. 17.

1980년대 영어 교사 수요 둔화

반면 1970년대 초반 학교 경영의 어려움 등으로 폐교되는 사립 중등학교가 증가되어 중등영어 교사 채용 경쟁률이 치열해졌던 것은 예고된 것이었다. 즉 대학교 증가로 영어과 졸업생은 증가했지만 교사 수요는 둔화되었던 것이다. 그러나 필자는 졸업하던 해부터 취업이 어려워지는 상황을 직면하고 나서도 영어과 졸업생 폭증이 낳은 결과라는 것을 전혀 인지하지 못했다. 70년대-80년대 당시 정부 관계자는 이런 결과를 예측하고서도 영어과 개설을 계속 승인해주었는지, 많은 정보가 공유되는 지금 시대 같았으면 가능했을까?

1991년 「국립사범대 졸업자 우선채용 위헌」 결정

영어 교사 양성을 위해 설립된 사범대 졸업생조차 지역에서 수용하지 못하는 지경까지 가게 되니 사립대학교 영어과 출신들의 취업문은 더 좁아지게 되었다. 이런 조짐은 필자가 80년대 중후반 서울 학교 근무 시에도 나타났다. 지방 국립대학 사범대학 영어과 졸업생들이 해당 지역 교사 수요가 없어서 대거 서울 국공립학교로 배정되었던 것이다. 필자가 1990년 9월 충북으로 도간 전출할 때까지 이런 현상은 계속되어 교무실에서조차 지방 국립대학 출신 교사들을 바라보는 눈초리가 곱지 않았던 것을 기억한다. 정부에서 대학 개설 시 꼼꼼히 따져보지도 않고 무조건 승인을 해준 결과라고 생각한다.

6. 1980년대 달라진 학교 영어교육

1980년대는 필자 개인적으로나 사회적으로 영어 공교육에 많은 변화가 있던 시기였다. 우선 학생 신분에서 영어 교사가 되었다. 최근에는 자녀가 교사 임용고시에 합격한 것을 매우 축하해주는 분위기이다. 어려운 시험에 합격했다는 것을 모두 공감하는 시대가 되었다. 몇 번째냐고 물어보는 것이 더 이상의 실례가 아닌 상황이다. 필자도 3번째 임용고사에서 합격했다는 사실을 더 이상 숨길 일이 아니게 되었다. 40년 전 서울 순위고사(교원임용고시)의 경쟁률도 요즘 못지않게 치열했다. 3번의 영어 교사 임용시험을 여의도중학교와 윤중중학교 2곳에서 보았다는 것, 줄이 너무 길어서 맨 앞과 뒤가 어디인지 구분이 되지 않았던 것을 기억하고 있다.

생활영어 위주의 중학교 영어교육

1988년 서울 올림픽 개최는 영어교육에 새로운 바람을 일으켰다. 실제 말하고 듣는 생활영어의 중요성이 부각되기 시작했던 것이다. 올림픽 후 선보인 다양한 문화 프로그램들이 전 세계에 방영되면서 대한민국의 문화와 역사에 대한 이해를 높였으며 국제적 입지 강화에 기여했다. 또한 1983년부터 전국 학교에서 영어 듣기평가를 방송으로 일제히 할 수 있는 환경이 마련되었다. 일본에서 2006년 처음으로 듣기 문항이 포함된 영어 시험이 치러진[4] 것에 비하면 빠른 도입이었다. 중학교 교과서 구성이 대화 형태로 바뀌었고 말하기와 듣기 중심이었다. 영어 수업 시간에 카세트

---

[4] 김태영(2019), P. 205.

녹음기로 영어 원어민 발음을 들려줄 수 있게 되었다. 수업 시작종이 치면 교사들이 일제히 복도를 걸어갔다. 선생님들의 뒷모습으로도 덩치 큰 카세트를 들고 다녔던 영어 교사는 금방 알아차릴 수 있었다. 이 시기 중학생이 배우는 교과서의 내용은 4차 영어교육과정이었으며 생활영어 방식이었다.

콩나물시루 교실에서도 가능했던 반복과 모방학습

필자가 80년 후반 근무했던 삼선중학교는 학급별 학생이 70명이었다. 교실에서 영어 소그룹 활동은 할 수 없었지만 환경을 탓할 처지가 아니었다. 학생 시절 교실에서 들어보지 못한 영어 원어민 목소리를 당시 학생들에게 들려 줄 수 있다는 것도 대단하게 여겨졌기 때문이다. 영어 테이프를 듣고 전체 따라 하기, 분단별 역할 놀이, 옆 짝과 대화하기, 분단별 대표가 교단 앞에 나와서 대화하기 등 한 시간 내내 교사와 학생들의 입이 참 바빴다. 당시 영어 교과서의 양이 적기도 하고 대화체로 되어 있어 익히는 것이 수월하여 대다수 학생들은 배운 내용을 줄줄이 말하고 쓸 수 있게 되었다. 교실 공간이 부족해 복도에 의자를 놓고 1-2명씩 말하기를 해보게 했다. 말하기를 빨리 마친 학생들은 쓰기까지 가능했다. 현재 과정 중심 평가에 해당되는 것이었다. 당시에는 그런 방식의 평가 잣대는 없었고 그저 교사와 학생이 즐거워하면서 공부했던 기억이다. 교실이 활기찼고 학생들은 딴 짓 할 겨를이 없었다. 대부분 학생들이 말하기를 끝낼 시간에 몇몇 우수한 학생들은 영어 쓰기를 마칠 수 있었기 때문에 꽤 만족스러워했다. 당시 그런 방법이 최선이었다고 여겼던 필자 또한 보람찼던 시기였다. 당시 학생들은 '과외금지조치' 때문에 오롯이 학교 공부에 의존할 수밖에 없었다. 교사는 교과서와 함께 배부된 교사용 지도서를 매뉴얼, 전과(全科)처럼 활용해야 했던 시기였다. 필자는 초년 교사답게 교과서와 교사용 지도서를 충실하게 활용하였다. 그리고 당시 행동주의 학자들이 제시한 반복, 암기, 패턴 연습 등이 최적의 영어 교수법인 줄 알았다.

연계되지 않았던 중고등학교 영어교육

필자의 이야기이다. 1987년 5월 스승의 날 삼선중학교 졸업생 제자들 방문이 있었다. 고등학교 생활 등 여러 이야기 중 황OO 학생이 한 말이 지금도 생생하게 기억이 난다. "중학교에서 생활영어 위주로 배우는 동안 수업시간이 재미있었는데요. 고등학교에서는 영어 수업을 따라가기 힘들어요." 그 학생은 수업 태도도 양호했고 성실했던 학생이었다. 한마디로 중고등학교 비 연계 영어교육의 문제점을 지적한 것이다. 고등학교 영어 선생님의 교수법이 구태의연할 수도 있었는데 필자는 즉석에서 중고 영어교육의 비연계임을 알아차렸다. 생활영어 방식으로 바꾸려면 고등학교 교과서는 물론이고 대학영어시험도 달라졌어야 했다. 달랑 중학교 교과서를 쉬운 회화 방식으로 바꾸었던 것이다. 더욱이 교사 초년시절 필자는 교사용 지도서에 나온 교수법을 참고하여 교과서만 충실하게 가르쳤던 것이다. 문제는 영어 교사로서 고등학교에 진학할 학생들을 위해 고등학교 교육과정과 교과서를 살펴보아야 했다는 것이다.

그 이후 중학교 근무동안 고등학교 교과서를 살펴보는 것은 물론 대입 영어 시험의 방향을 염두에 두게 되었다. 이 시기에 학창 시절을 보낸 세대는 특히 영어 공교육의 희생양이라고 여긴다. 직접 겪은 공교육에 대한 불신감이 자녀들 영어교육에 큰 영향을 주었을지도 모른다는 생각에 50대가 되었을 제자들에게 더 미안한 맘이 든다. 현재 중학교 교장으로서 근무교의 영어 교사와 학생들에게 참고가 될 수 있다는 생각으로 초등학교와 고등학교 영어 교과서를 도서관에 비치해놓았다. 고등학교 교과서는 학생들에게 인기가 있고 초등학교 교과서는 영어 교사들이 찾는다고 사서선생님이 전하는 말이다.

7. 1990년대 영어 공교육의 다변화

6시간 더 근무했던 면 소재 중학교

1990년 필자는 육아의 어려움으로 양가 부모가 계시는 충북 지역으로 도간 전출을 신청하였다. 면 소재지였던 덕산중학교로 발령을 받았는데 서울과 학교 근무 환경이 달라도 너무 달랐다. 육아 사정이 통하지 않았고 업무가 막중한 3학년 담임을 맡게 된 것이다. 출근 시간이 오전에 1시간 빨라졌고 오후에는 밤 9시까지 매일 야간자율학습 감독을 해야 했으니 근무시간이 6시간 늘어난 셈이었다.

영어 공부 동기부여를 위한 교육 활동들

학년 별 15개 반으로 2-3명의 교사가 학 학년을 맡았던 서울의 근무교보다 덕산중학교에서는 한 학년을 통째로 맡으니 필자 맘대로 결정할 수 있는 것들이 있어 좋았다. 학생들의 영어공부 동기부여를 위해 전체 수업 전 5분씩 방송 생활영어를 시도했다. 교육청이 학교에 배부했던 교재와 오디오 테이프가 있었다. 또한 영어 수업 이외 교육청 주관 영어 경시대회, 영어 말하기대회는 선택의 여지없이 무조건 참여해야 했다. 반면 전국 영어연극대회는 선택적으로 참여할 수 있었다. 성적이 그리 뛰어나지 않은 학생이 영어경시대회 우수상을 받았던 것이 마중물이 되었는지 전국 영어연극대회 참가를 희망하는 학생 8명을 신청 받는데 어려움이 없었다. 그 중 영어 성적이 의외로 낮은 학생들도 있었지만 가급적 쉬운 대사를 맡기는 등 전혀 문제가 되지 않았다. 열정만으로 필자는 소요될 예산도 신경 쓰지 않고 시작해서 하나씩 해결해 나갔다. 필요한 연극 소품을 살 경비가 없어서 필자의 자녀들과 자주 관람하던 극단을 찾아가 소품 대여를 요청했다. 소품을 빌리는 것은 물론 대회 직전 공연장의 무대에 서 보는 경험도 할 수 있었다. 주말에는 학생들을 필자의 집에 데려와 연습을 시켰다. 아파트 욕실을 고장내 가족들의 눈살을 찌푸리게도 했다. 학생들은 연습 중 너무 즐거워했으나, 학교의 강당, 당직실 등 겨울 추위를 피해서 연습하다보니 일부 교사들의 눈총을 받기도 했다. 대회 당일, 학교는 남교사 1명과 소품을 실을 봉고차를 지원해주었다. 전국에서 모인 타교 학생들의 영어 실력, 화려한 가발 등의 소품은 압도적이었지만 연극 극단에서 대여해 준 장구가 단연 일품이었다. 시작 전 또는 중요한 사건 앞 뒤에서 둥둥둥 쳐대는 장구 소리는 프로급이었다. 전국에서 1등인 특상을 받아 학교는 문체부 장관 패를 받아 지금까지도 학교에 보유하고 있으며, 참가한 모든 학생들은 영어 사전을 받았다. 학부모들, 동료 선생님들, 교육청 장학사까지 학교 이름을 빛냈다고 모두 흡족해 했다. 필자는 교사 인생에서 잊지 못할 순간이었지만 아쉽게도 영어 연극 대회 참가 경험이 실제 영어 공부의 동기부여가 되었을지 확인하지 못한 채 고등학교로 인사 이동되었다.

설레던 미국 캘리포니아 치코대학 연수

1988년 해외여행 자율화 이후 놀랍게도 충북교육청은 서울보다 빨리 영어 교사의 교실영어 사용 권장을 위한 미국 연수를 추진했다. 미국 치코대학교 프로그램 연수가 중단될 것이라는 소문 때문에 필자는 출산으로 늦어진 1정 연수를 받아야 될 상황이었음에도 미국 연수를 신청해서 5번째 치코 대학 연수생이 되었다. 필자를 포함하여 대다수 영어 교사들은 시차로 피곤할 법도 한데 그저 영어 배움이 즐겁기만 했다. 필자를 포함하여 대다수 영어 교사들은 미국 아니 외국을 처음 가보는 것이었다. 장소 불문하고 어디서든 영어 원어민을 발견하면 연수생인 우리는 한마디라도 더 해보려고 영어 원어민을 두고 쟁탈전을 벌이기도 했다. 주말에는 사진으로만 보았던 자유여신상, 캘리포니아 골든브리지, 디즈니랜드, 그랜드 캐년, 나이아가라폭포 등을 보며 감동은 끝이 없었다.

국외 연수 후 10년 영어회화 동아리 활동

필자에게는 처음이자 마지막 해외 연수였던 미국 연수 효과는 1,000%였다고 말할 수 있다. 연수를 마친 후 학생들 앞에서 미국에 관한 내용이 나오면 마치 미국의 50주를 다보고 경험한 사람처럼 신이 나서 하는 미국 이야기에 학생들은 눈을 반짝이며 상상의 나래를 펴는 것 같았다. 하지만 인문계 고등학교로 이동된 이후 수능 영어를 염두에 둔 수업을 하게 되어 지시어, 간단한 표현 등 나의 교실영어 사용은 매우 제한적이었다.

미국 연수 효과가 점점 퇴색되어갈 즈음 미국 치코대학 연수 시 코디네이터였던 Fran 선생님이 한국교원대학에서 근무하게 되었다는 소식을 접했다. 영어회화 공부가 갈급했던 교감, 교사 총 7명이 'English Forum'이라는 이름으로 동아리를 조직했다. Fran 선생님과 함께 매주 영어 듣기,

말하기 훈련을 하고, 주말이나 방학을 이용하여 서울 경복궁, 박물관 등을 방문하기도 했다. 수년 간 그 모임 덕분에 영어 의사소통 능력이 상향된 것은 아니어도 입이 녹슬지 않을 정도로 유지한 결과 영어 전문직 선발 시험 시 영어 원어민과의 인터뷰를 거뜬히 통과할 수 있었던 것 같다.

1994년 대학수학능력시험 도입

1994년 대입 영어 시험이 대폭 바뀌었다. 학력고사에서 독해와 듣기 위주의 시험 형태로 전환된 것이다. 제6차 교육과정기(1992-1997)에서는 1994년 대학수학능력 영어시험으로 변경한 것이 가장 큰 이슈였다. 대다수 국민들이 공교육에 대한 이야기를 비판적으로 시작한다. 현 수능 영어에 대해서도 예외는 아니다. 그러나 새 정책이 도입되던 당시 배경을 제대로 알고 있다면 무조건 비난의 화살을 날리지는 않을 것 같다. 예비고사와 함께 보았던 대학본고사를 폐지하고 명칭만 변경하는 정도의 1982년부터 1993년까지 대학입학학력고사는 예비고사와 유사하게 문법 문제도 출제된 4지 선다형의 시험이었다. 그러나 1994년 탈 문법, 독해와 듣기 위주의 대학수학능력시험으로 변경하여 지금까지 29년 동안 유지되고 있다. 대학수학능력시험에서 영어 말하기와 쓰기 평가를 포함하지 않고 영어 독해와 듣기 위주의 문제로 구성된 배경에는 여러 요인이 있었다. 당시 시대적인 배경을 살펴보면 영어 말하기와 쓰기는 평가 과정이 상대적으로 주관적이고 복잡하다고 여겼기 때문이다. 특히 영어 말하기의 경우, 대화 상황을 시뮬레이션해서 평가해야만 하기 때문에 평가 과정이 매우 복잡하고 공정하게 진행하기 어려웠다. 따라서 이러한 문제들을 피하기 위해 말하기와 쓰기 평가를 포함하지 않은 것으로 보인다. 또한 1994년 당시에는 기술적인 제약도 있었다. 세계적으로 인정받는 토플, 토익, 아이엘츠 등 미국과 영국이 주관하는 시험도 2006년 이후에야 말하기와 쓰기 평가가 추가되었다.

토플 점수만으로 대학을 갈 수 있었던 1990년대

90년대 중반 청주외국어고등학교 제자들 중 미국에서 초중학교를 졸업한 학생 2명은 677점이 만점이었던 토플 PBT 시험에서 660점 이상의 성적을 얻었던 것으로 기억한다. 필자는 박사학위 취득 조건으로 토플 560점 이상 성적표를 제출해야 했는데 수차례 응시하여 박사과정 1년차 동안 목표 점수를 얻었다. 거의 만점을 받은 2명의 학생만 생각한다면 토플을 가르칠 용기조차 생기지 않았을 텐데 수업 시간에 토플을 가르쳤다. 당시 학생들과 협의는 했으나 동교과 동료 교사나 학부모의 동의를 구하는 것은 생각하지 못했다. 동교과 선배 교사 중 너무 어려운 것을 가르치는 것이 아닐까? 염려를 했던 기억이 난다. 현재 상황이라면 어림도 없는 일이다. 운이 좋게도 90년대 후반 경희대학을 비롯해 몇몇 대학에서 토플 등 공인인증영어 성적만으로 대학 입학이 가능했었던 입시 전형을 발표하면서 영어만 잘하는 학생 몇몇은 득을 보게 되었다. 반면 그 당시 다른 외국어 우수자에게 주는 제도는 마련되지 않았었다. 독일을 다년간 다녀왔던 학생은 한국어 부족으로 안타깝게도 대학 입학을 하지 못했다.

1997년 초등 3학년 영어 도입

1997년 초등학교 3학년부터 영어를 정규교과로 도입한 배경은 영어교육을 중요한 국가 전략으로 인식, 국제교류 활성화 등 영어교육을 강화하여 학생들의 국제적 시각을 넓히고자 함이었다. 그밖에도 사교육비 증가, 조기 영어교육의 폐해 등의 이유도 있었다. 초3 정규교과로 영어를 도입한지 27년째, 학생들의 국제 감각이 넓혀졌을 것이며 국제교류 또한 확대되고 있다. 그러나 당시 우려했던 사교육비, 조기 영어교육 등의 폐해를 줄였는지 그 효과를 단언하기는 어려워 보인다.

중초교사 단기적인 임용제도 시행

필자가 유일하게 알고 있는 하노이한국국제학교에서 함께 근무했던 중초교사가 있다. 서울 H 대학교 영어과를 졸업하고 회사를 다니다가 초등 영어전담교사가 된 경우이다. 중초교사란 중등교원자격증 소지자 중 임용고시를 통과한 초등 교사이다. 이 제도는 일시적으로 부족한 초등 교사의 자리를 보완하고자 실시했던 정책으로 2년 후 폐지되었다. 그 후 10여년 전 초등 영어 교사 수요 부족으로 현 영어회화전문강사 제도가 새롭게 도입되었고 이 또한 중단될 상황에 처해 있다.

8. 1970-2020년대 정부의 사교육 경감 정책들

중학교 무시험제 → 고교평준화 정책 → 대학본고사 폐지

해방 이후 전 정부들이 사교육비 경감 정책들을 내놓았으나 장기적인 실효성을 거두지는 못했다. 박정희 정부는 1970년대 사교육비 경감을 위해 정책들을 내놓았지만 사교육 대상이 바뀔 뿐이었다. 1971년 필자가 6학년 때 '중학교 무시험제 전환'을 시도했던 이유가 사교육비 절감이라고 했다. 그 후 사교육비가 고교입학을 위한 것으로 이동되어 1974년 '고교평준화 정책'을 시행했다. 이것은 대학 입시 과열로 다시 사교육이 성행하여 전두환 정권은 1980년 '과외금지조치'를 선포했다. 주관식 형태였던 대학 본고사 시험이 없어진 것이다. 과외전면금지 정책은 학생이 위반할 경우 무기정학, 부모는 직장해고, 사교육 기관은 형사입건 등으로 처벌의 수위가 높았다. 그러나 이런 상황은 10년 이상 지속되지 않았다. 당시 지방에 살았던 학부모들은 사교육을 시킬 여유나 주변 인프라도 거의 없던 시절이라 정부의 사교육 경감 정책에 공감을 하지 못했을 것 같다.

1980년 '과외금지조치'는 양날의 검

필자의 대학 시절 중고등학생들을 가르치며 용돈벌이를 했을 때였다. 그 당시 학비를 벌어야만 했던 친구들은 찻집에서 일을 하거나 가게에서 물건을 파는 일도 했다. 지금이야 그런 일을 하는 것이 흔하지만 당시엔 여대생이 커피 잔을 나르는 일은 평범하지 않았다. 필자는 대학 졸업 후 무역 회사에 취업하자마자 사표를 던지고 나온 상황이라 부모님께 용돈을 받아 쓸 처지가 아니었다. 영어 과외가 불법이었기 때문에 한동안 알량한 피아노 실력으로 교습소를 운영하기도 했다. 학생 신분이나 취준생 입장에서 과외를 못하게 된 필자는 용돈을 줄여써야 하는 불편함을 감수해야했다. 그러나 교사가 된 이후에는 '과외금지조치' 덕분에 학생 지도의 수고가 줄었고 학교생활이 즐겁고 보람찼다.

1980년대 후반부터 과외 부분 허용

노태우 정부는 1988년 학교 보충수업 전면 부활을 허용했으나 필자가 근무했던 서울 소재 중학교들은 보충수업을 아예 실시하지 않았다. 이웃 학교 고교생들도 정규수업만 하고 하교하는 모습을 어렵지 않게 볼 수 있었다. 1989년 대학생 과외 허용, 방학 중 학원 수강 등 정부 규제를 완화하기 시작했으나 필자의 근무교에서는 학생들의 수업 태도 변화를 크게 느끼지 못했다.

1990년대 사교육 경감 정책

김영삼 정부가 1997년 초등3학년 영어를 도입한 배경 중 하나도 영어 사교육비 절감이었다. 앞서 언급했듯이 사교육비 경감 효과를 긍정적으로 보기는 어렵다. 김대중 정권도 사교육 경감 대책으로 '사교육 특별위원회'를 구성하여 고액과외 특별단속 대책반을 운영하기도 했으나 실효성이 없었다.

2000년 '과외금지 위헌'의 파장

김대중 대통령 집권 시기 과외금지가 위헌으로 판결이 나면서 학생들이 학원 등 사교육에 의존하며 교실 붕괴를 초래한 계기가 되었다. 교실 붕괴란 밤에 학원이나 과외 공부를 위해 학교 교실 책상 위에 엎어져서 잠을 자는 것을 의미했다. 1990년대 초까지 필자가 근무했던 서울 소재의 중학교에서 교실 붕괴는 없었다. 더욱이 90년대 초부터 2000년 초반까지 근무교인 충북 지역 덕산중학교, 진천고등학교, 청주외국어고등학교, 중앙여자고등학교 학생들은 학교 수업에 의존하는 문화였다. 90년대 후반 중앙여고 영어 교사 시절 한국교육개발원 양OO 박사에게 연락을 받았다. 서울을 비롯한 대도시에서 교실 붕괴는 익숙한 상황이니 중소도시 교실 붕괴에 관한 이야기를 해달라는 거였다. 필자는 '이곳에서 교실 붕괴는 먼 나라 이야기입니다.'라고 답했다. 당시 필자의 근무 학교는 수업 시간에 자는 학생이 한 명도 없었다. '과외금지 위헌' 이후 10년 이상 동안 정규 수업, 학기와 방학 중 보충수업(방과 후 수업), 고3의 특별수업까지 맡아서 수업을 해야 했다. 수업 시수가 많아 지치고 힘들었지만 보람 있는 학교생활이었다. 그 당시 특히 수도권 지역 학교는 심각할 만큼 학생들이 학교 수업을 등한시해도 대학 가는데 크게 지장을 주지 않는다는 인식이 팽배했지만 이러한 인식이 중소도시까지 영향을 주는 데는 시간이 걸렸다.

2007년 방과후학교 활성화 정책

노무현 정부에서 사교육비를 절감하기 위해 외부 강사의 학교 방과후 수업 허용 등을 시도 했으나 단기적이었으며 실효성을 거두지 못했다. 학교 영어교육과 방과후학교 활성화는 상당히 깊은 관련이 있다. 2007년 필자의 첫 번째 근무 부서였던 교육부 방과후학교 정책과는 구성원이 8명이었는데 그 중 절반이 파견 또는 지원근무였다. 노무현 정권 말년에 방과후학교 성공 결과를 공개하기 위해 전국 단위 행사를 준비하는 등 분주하기 짝이 없었다. 행사 자료를 준비하기 위해 귀가를 하지 못하고 사무실에서 밤을 꼬박 새웠던 적도 있었다. 당시 16개 시도 교육청이 보내준 자료를 수합한 통계에 따르면 방과후수업으로 사교육비가 줄었다는 내용이 있었다. 그러나 이명박 정권으로 바뀌면서 두 사람의 담당자만 남기고 팀을 해체하면서 방과후학교 정책 업무를 완전 축소시켰다. 그 후 방과후학교 업무가 되살아난 적도 있었지만 수년 내 방과후 업무를 담당하던 팀도 사라졌다. 학교 현장에 와보니 중고등학교에서 방과후 운영이 지지부진해진 것이 10년 이상 되었다고 한다. 전 유은혜 교육부 장관도, 현 이주호 장관도 방과후학교를 활성화시켜 사교육비를 잡겠다고 발표했지만 학교 현장은 어떤 변화도 느끼지 못하고 있다.

2010년 교육부 사교육대책 팀 신설

역대 대통령 중 사교육 경감 대책을 가장 강하게 추진했던 이명박 정부는 최근 다시 생겨난 교육부 내 사교육대책 팀을 개설 운영하였다. 영어 공교육 강화 정책도 사교육비 중 1/3을 차지했던 영어 사교육비를 절감하려고 했던 것과 맥을 같이 했다. 그러나 다른 정부처럼 단기효과가 있었을 뿐 장기적으로 실효성이 없었다.

학교 영어교육의 장애물 『공교육정상화법』

'빈대 잡으려다 초가삼간을 태운다'는 옛말이 있다. 일부 학교의 선행학습을 막기 위해 박근혜 정부에서 2014년 2월부터 『공교육 정상화 촉진 및 선행교육 규제에 관한 특별법』 일명 『공교육정상화법』을 시행했다. 영어 교사들이 이구동성으로 말하는 학교 영어교육 시 애로사항이다. 『공교육정상화법』에는 사교육 기관이 선행교육 광고 등의 선전을 금지하는 내용은 포함됐지만 강력한 규제는 없다. 하지만 이법을 어긴 공교육 기관인 학교와 교사는 인사 징계, 재정 지원 중단 등의 중징계를 받게 되니 수업 시간에 가르치는 내용이 현 학년 수준에 포함되는 내용인지를 늘 염두에 두어야 한다.

예를 들어 영어 3형식의 수동태를 가르친 후 EBSe사이트와 연계한 과제를 냈다고 하자. 『공교육정상화법』 제정 전 만들어진 사이트 콘텐츠에는 4, 5형식의 수동태가 포함되어 있다. 과제가 선행학습을 유발하는 행위로 간주되어 법을 위반하는 행위로 고발 당할 수 있다는 것이다. 그래서 이 법이 오히려 사교육 조장을 하고 있다고 이구동성으로 말하는 것이다.

2018년 수능 영어 절대평가로 전환

문재인 정부에서 2017년 이후 사교육비 관련 지표가 지속적인 증가 추세를 보이는 상황을 해결하고자 사교육 경감대책으로 수능 영어를 절대평가로 전환했다. 기존 수능시험에서 변별력을 갖추기 위해 난이도가 높은 문제를 출제하는 경향이 나타나, 불필요한 학습 부담과 사교육비 부담이 초래된다는 이유였다. 하지만 영어 절대평가로 전환한 이후 각 대학이 입시에서 영어 반영 비중을 줄이는 결과를 얻었지만 사교육비는 줄지 않고 오히려 영어에서 수학, 국어 등 타 교과로 이동되었다. 또한 영어 난이도 조절 실패로 학생들은 혼란에 휩싸였다. 영어 성적 반영 방식이 복잡해지고 대학이 영어 교과 보다 타 영역 반영 비율을 높였다. 그 결과 특정 과목 성적에 따라 입시 결과가 좌우되는 폐단도 발생했다.

2023년 대입수능 킬러문항 배제로 사교육 경감 가능할까?

윤석열 현 정부도 사교육비 절감 대책을 발표했다. 공교육과정에서 다루지 않는 내용은 출제를 배제하도록 공정수능 평가주문위원회, 공정수능 출제점검위원회를 신설하여 사교육 시장과 유착을 방지하겠다[5]고 발표했다. 이러한 집중 관리시스템으로 킬러문항 배제는 현실적으로 가능할 듯 보인다. 교육부가 제시한 최근 킬러문항 예시 "변호사 수임료 체계"처럼 지나치게 전문적인 주제, 어휘가 배제될 것으로 기대된다. 그러나 대학수능 영어영역에서 킬러문항이 배제되어도 대다수 학생들은 영어 사교육을 계속할 것으로 보인다. 실제 공교육이 회복되려면 학생들이 사교육을 받는 이유를 철저하게 분석할 필요가 있다. 부모의 불안감 및 경쟁심을 완화할 방안, 사교육이 주는 장점을 공교육에서 받아들이려는 자세, 학교 현장을 정확하게 파악한 실효성 있는 방안 제시 등이 필요하다.

---

5 "사교육 경감대책", 교육부 보도자료, 2023.6.26.

9. 영어 교사 퇴출을 시도했던 국회 제안 입법

이명박 정부는 영어를 국제적인 의사소통의 핵심 언어로 인식하고 학생들이 국제 무대에서 능숙한 영어 소통 능력을 갖추도록 함으로써 국가의 경쟁력을 강화하고자 했다. 당시 영어 공교육의 주요 문제를 영어 교원의 역량 부족으로 여겼으며, 영어 교사의 의사소통 능력 향상을 위해 국내 및 해외 연수확대를 추진했다.

국회에서 다음과 같은 법안을 발의하여 영어 교사 퇴출을 운운했다는 것만으로도 당시 영어 교사들이 받았을 스트레스가 이만저만이 아니었을 것이다. 2006년 『영어교육진흥법안』, 2007년에는 2개의 법안 『영어교육지원특별법안』, 『영어교육진흥특별법안』이 발의된 바 있다. 2007년 발의된 법안의 내용에 "영어 교원에 대하여는 다양한 형태의 연수를 우선적으로 실시하도록 하거나 특별연수를 의무적으로 실시하도록 함, 실적이 우수한 교원은 인사 상 우대하며 저조한 교원은 영어교육 수업을 담당할 수 없도록 함" 등이 포함되어 있었다. 2010년에는 여론을 감안하여 영어 교사 퇴출에 관한 내용은 없어진 『영어공교육강화특별법안』이 발의된 바 있다.[6]

2010년대 영어교사들의 생존을 위한 회화 공부

필자는 2007년 상반기까지 5년 이상 단재연수원에서 영어 교사 의사소통 능력 향상을 위한 연수를 기획하고 운영했다. 많은 예산과 노력을 기울여 영어 원어민한테 받는 고급 연수임에도 당시 연수생 참여율이 저

---

6   박준언, 『영어 공교육 시스템개선』, 숭실대학교 출판국, 2013, pp. 26-32.

조했다. 그리고 오래지 않아 그 이유를 알게 되었다. 그 당시 5년 이상 경력이 된 영어 교사 대다수는 영어 말하기와 듣기가 원활하게 되지 않는 것에 자극을 받고 각자 영어 공부를 하는 분위기였다. 지역에서 뻔히 아는 선후배 교사 간 버벅대는 모습을 보이기가 쑥스러웠던 것이다. 그래서 사비를 들여서 다른 방법을 찾아 공부를 하고 있었던 것이다. 생존을 위한 자율연수라고 말하기도 했다. 요즘은 연수 형태가 다양해졌다. 4-5명이 팀을 구성하고 연수를 신청하면 원어민 교사가 연수생들과 교재를 협의해서 정한 후 수업을 진행한다. 반드시 영어 교사들이 아니어도 수준에 맞고 맘에 드는 사람들끼리 편안한 맘으로 공부할 수 있는 것이다. 20년 전에는 상상도 못했을 일이었다.

2020년대 영어 교사들의 의사소통 능력

이제 학교 현장의 영어 교사들은 영어 의사소통 능력이 부족해 수업 진행의 어려움을 느끼는 경우는 거의 없어 보인다. 3곳의 중학교에서 함께 근무한 영어 교사들의 평균 연령이 마흔이 넘지 않는다. 이들 교사들은 학교 원어민 영어교사와도 자유자재로 대화를 나눈다. 교실에서 영어로 수업하는데 큰 불편을 겪지 않아 보인다. 영어교사 임용고사 평가의 일부분으로 영어 수업 실연, 영어 인터뷰 등 여러 형태로 영어 의사소통 능력을 평가한지 30년이 넘었다. 교사로 임용 후 대다수 영어교사들은 교육부 또는 교육청에서 실시하는 1개월 해외 연수, 6개월 국내외 연수에 최소한 1회 이상을 참여했다. 이제 이들이 영어 실력을 유지할 수 있도록 해외 연수가 아니라 공인인증영어시험 응시, 화상 영어, 전화 영어, 자율 연수 등 다양한 방법의 연수 형태를 지원하는 일이 필요하다.

10. 교육부가 주관했던 영어 교사 연수

『교원 등의 연수에 관한 규정』제12조(특별연수계획)를 근거로 영어교사 대상 '영어 심화연수'를 추진했던 교육부의 취지는 모든 영어교사로 하여금 영어 소통 능력을 갖춰 영어 수업이 제대로 이루어지도록 하고자 했던 것이다. 교육부 주관하에 국내 연수와 국외 연수를 융합한 몇 가지 연수 형태로 운영되었다. 2010년대 영국, 미국, 캐나다 지역 현지 학교에서 실습하는 연수 형태로 운영해 오다가 코로나 19로 대폭 축소, 중단되고 이제 교육청에서 운영중이다. 초중등 영어 교사의 수업 전문성 신장 지원을 위해 3+3, 4+1, 5+1로 나누어 실시했다. 3+3이란 국내연수 3개월, 해외연수 3개월, 4+1은 4개월은 국내연수, 1개월은 해외연수, 5+1은 5개월은 국내연수, 1개월은 해외연수를 뜻한다. 국내 연수기관은 교원대 연수원, 영국문화원, UCC 센터였다. 해외 연수 국가는 미국, 영국 및 캐나다였다. 영어 교사는 영어 의사소통 능력을 향상시킬 기회 뿐 아니라 북미 또는 영국의 교육 시스템을 경험할 수 있었다. 영국 또는 북미 현지 학교의 수업부터 학생 지도, 학생을 대하는 자세 등을 경험할 수 있다. 더불어 외국 교사들과 영어 교수법 및 학생 지도에 관한 토론 기회를 가졌다. 이 연수 과정을 마친 국내 영어 교사들은 영어 소통 능력은 물론이고 교실영어 수업의 달인이 되는 정도이다.

사례 1 영국 초중고에서 수업 실습

필자는 교육부 영어 교사 연수 담당자로서 2016년 영국 현지 학교 Townley Grammar School, Waldergrave School, St Mark Church of England Primary School, Harris Academy, St Magdalene

Academy, Cranford Community College를 방문했다. 영어 교사들이 교실에서 수업을 참관하는 모습을 본 후 학교에서 겪었던 어려움을 듣게 되었다. 영어 소통 때문에 어려움은 없었으며 현지 교사들과 협업이 잘되고 있다고 했다. 그러나 방문 초기에 겪었던 애로사항을 다음과 같이 공유했다. 외부인이 학교 건물 안에 들어가기 위해서 일일이 인증을 했다. 학교 안에 들어가도 화장실, 교실 등에 함부로 들어갈 수 없도록 인증하는 카드를 소지해야 했다. 우리 교사들이 인증을 받기까지 화장실 사용 시 며칠 동안 동료 교사의 인증카드를 빌려 사용해야만 했다고 했다. 안전 문제 등으로 영국 학교와의 교류를 시작하는 것이 쉽지 않았다는 것이 국내 영어교육 기관 관계자의 말이다. 우리나라도 이제 봉사 지킴이분들이 외부인 출입을 통제하는 시스템으로 바뀌어가고 있지만 당시 우리에게는 낯설은 문화였다.

사례 2 북미지역 초중고에서 수업 실습

2010년 중반 교육부 담당자로서 영어교사 연수를 맡고 있던 미국 ITTI(International Teacher Training Institute)와 캐나다 PIEA(Peel International Education Alliance)를 방문하여 우리 영어 교사들이 영어 심화연수를 받는 현장 이야기를 듣게 되었다. 미국 학교의 특징은 학교 행사에 학부모들의 참여율이 높은 것이었다. 반면 캐나다 교육청은 현지 영어 연수 기관을 적극적으로 지원하는 것이 인상적이었다. 양 국가에서의 우리 영어 교사들의 연수 태도는 진지하고 열심이었다. 몇몇 교사는 영어 소통, 문화 차이 등 새로운 환경에서 어려움을 호소하기도 했다. 미국에서의 영어 교사 연수생의 어려움은 미국 현지 학교에서 적응의 어려움보다는 재미동포들로부터 민원이 발생하는 일이었다. 일부 재미동포는 정부 예산을 지원받는 연수생들의 일거수일투족을 비판적인 시각으로 바라보는 점도 있었다. 일부 연수생들이 과다 노출 복장 등에 대해서 대한민국의 국격을 떨어트린다고 대사관에 민원을 제기했었다고 전해 들었다.

교사 연수 방향을 바꿔야 할 때

이제 연수 방향을 바꿔야 할 때이다. 학생의 영어 의사소통 능력, 독해력 등을 키우기 위해 어떻게 동기유발을 시켜주어야 하는지? 교사와 학생이 함께 팀을 짜서 하는 연수 형태를 개발, 공유하고 확산해야 할 때라고 여긴다. 해외 연수까지 꼭 필요한지도 검토해야 할 것이다. 필자는 교원대연수원에서 영어 교사 연수 운영 책임자로서 캐나다 벤쿠버에 위치한 Simon Fraser 대학교에 점검 차 갔었다.

대학 측 연수 매니저는 여러 이야기 중 우리나라처럼 영어 교사 연수 비용을 국가에서 전적으로 지원하는 나라는 드물다고 했다. 그 당시 Simon Fraser 대학교에서 일본 교사들이 사비를 들여 연수를 받는 중이라고 했다. 전액 연수 비용을 지원받고 있는 우리나라 영어 교사 해외 연수에 관해 생각해 볼 계기가 되었다. 교육부 주관 이외에도 전국 시도교육청의 해외 영어 교사 연수는 확대되었고 다양해졌다. 운 좋게 두세 차례나 해외 연수를 다녀온 교사도 있다. 교육청 담당자로부터 대다수 영어 교사들이 연수를 받았기 때문에 연수생 모집이 어렵다는 이야기를 듣기도 했다. 이제 영어 교사의 해외 연수에 관해서도 재고할 때가 된 것 같다. 수십년 째 영어 교원 임용고시에서 영어 전공 지식, 독해력, 영어 수업 실연, 영어 인터뷰 등 다각적인 방법으로 영어 의사소통 능력을 검증받고 있다. 교원 임용 후 교사의 영어 실력을 유지·향상시킬 수 있도록 해외 연수가 아닌 전화영어, 화상영어, 공인인증영어 시험 응시 등 다양한 형태의 연수 지원을 할 때라고 생각한다. 영어 교사가 독해력, 구사력, 청취력, 작문 실력이 있다고 반드시 학생들이 영어를 잘하도록 유도하는 능력을 갖춘 것은 아니다. 하지만 영어 실력이 없는, 열정이 부족한 영어 교사가 학생들을 잘 지도하기는 불가능하다. 이제 영어 의사소통 능력이 안되는 영어 교사는 임용이 어렵다. 영어 교사 역량 강화에서 학생 역량 강화를 위한 지도 중심으로 영어 교사 연수방향이 바뀌어야 할 때이다.

11. 원어민 영어보조교사 확대

이명박 정부는 영어 공교육 강화 사업 중 하나로 원어민 영어보조교사 수를 확대하였다. 영어보조교사 수는 2000년도 전국 146명에서 2010년 8,546명의 정점을 찍었고, 점차 줄어서 2022년에는 4,279명이다.

원어민 교사의 효율성에 관해서는 논란이 있어도, 학부모나 학생들은 영어를 잘하는 한국인 영어 교사보다 원어민 교사를 영어회화 선생님으로 선호하고 있다. 따라서 정서상 원어민 교사를 더 줄이기는 쉽지 않은 상황인 것 같다. 그들이 학교에 배치되고 잘 적응하여 교육 효과를 극대화시키는 것이 정부의 역할이다. 10년 이상 동안 교육부와 교육청은 전국 원어민 교사들을 교육시키고 안착시키는데 크게 기여하였다.

2010년 이전 원어민 영어보조교사 근무 실태

교육부가 1997년부터 원어민 영어 보조교사 초청·활용에 관해 주도적으로 관여하기 시작 전 90년대 학교에서 원어민 영어보조교사들을 만날 수 있었다. 그들은 케네디 대통령 시절 만들어진 미국 평화봉사단

(Peace Corps) 소속의 청년, 1992년부터 한미교육위원단의 풀브라이트(Fulbright) 미국 원어민이거나 교육청과 학교가 직접 초청한 경우였다.

원어민 영어교사에게 매달 지급하는 임금을 제외하고도 체류에 관련된 제반 시설 제공 및 초청에 소요되는 교통비 등 상당한 비용이 소모되는 사업이다. 예산은 국비 지원이라 해도 숙소 찾아주기 부터 시작되는 원어민 영어보조교사 서포트 업무도 만만치 않다. 그럼에도 20-30년 전 학교 원어민 영어보조교사의 배치는 참 반가운 일이었다. 중소 도시는 더욱 영어 원어민을 만날 기회가 없다보니 학생들에게는 물론 교사들 입장에서 그들의 활용 가치가 높았다. 90년대 초반 외고 근무시절 필자는 평가계 업무와 원어민 교사 관리 업무를 맡게 되었다. 그 당시는 원어민 교사 관리 업무를 일종의 혜택이라고까지 여기던 문화였다. 필자에게는 실제 원어민 영어보조교사에게 한국어 가르치기, 주말 결혼식장 데려가기 등 영어소통을 할 수 있는 기회가 많아 유익했다.

필자가 원어민 영어보조교사를 처음 접한 것은 90년대 초반 일반 고등학교에서이다. 그 당시에는 적응 교육, 교육과정 소개도 없이 공항에서 오자마자 바로 학교로 투입되었던 시절이다. 어떤 원어민 영어보조교사는 1달도 채우지 못하고 떠났고, 6개월 이상을 근무했던 경우가 드물었던 기억이다. 교육청이나 학교에서도 그들의 적응을 도울 어떤 준비도 없었고 2000년대까지도 원어민 영어보조교사의 근무는 안정적이지 않았던 것으로 기억한다. 2000년대 초반 단재교육연수원 영어 담당 연구자로서 원어민 영어보조교사와 함께 연수를 기획, 운영하기 위해서 리더십을 발휘해야 했다. 도내 원어민 영어보조교사 8명, 교사 도우미 4명과 함께 연수원에서 숙식을 제공하는 캠프 형태의 연수를 운영했었다. 20년이 지난 지금도 생생하게 기억나는 재미교포 원어민 교사가 있다. 외모도 준수하고 스마트하게 보였던 재미교포 Kim은 소속 학교 교장과 갈등을 겪고 있었다. 1년의 학교생활 동안 불편했던 이야기들을 전해 듣게 되었다. Kim 원어민과 대화를 나누며 교장이나 직원들과 불편하게 지낼 수밖에 없던 이유를 금방 알아차렸다. 본인이 기분이 나빠질 때에도 고급 영어를 사용했다면 그냥 넘어갔을 텐데, 그는 어중간한 한국어를 사용했다. 필자에게도 대화 중 '놀고 있네!' 같은 말을 아무렇지도 않게 쏟아냈다. 한국 TV에서 어정쩡하게 익힌 표현일 것이다. 그의 처신으로 보아 미국에서 의대 재학생이라는 것이 믿어지지 않았다. 후담으로 그가 한국을 떠날 때 재직 학교에서 빌린 노트북을 반출하다가 공항 직원한테 제지당했다고 들었다. 그 원어민 영어보조교사의 소속 학교 직원들 실망감이 어느 정도였을지 가늠이 되었다. 그 원어민 영어보조교사 역시 학교 근무 내내 안정감을 찾지 못하고 고국에 좋지 않은 인상만 갖고 떠난 것이 참 안타까웠다.

2010년 이후 원어민 영어보조교사 근무 안착

2010년대 원어민 영어보조교사 관리 및 지원 시스템이 안정적으로 바뀌었다. 교육부 직속 기관인 국립국제교육원에서 원어민 영어보조교사 선발부터 관리 및 지원 업무 일체를 안정적으로 운영하고 있다. 전국 교육청 담당자 회의를 개최하여 원어민 영어보조교사 선발 지원 자격, 고용 조건, 비자 발급 등 원어민 영어보조교사 관리 및 지원 매뉴얼을 만들어 안내한다. 각종 다양한 질의응답 사례까지 담겨있으니 교육청에서 참고하기는 더할 나위 없었다. 농산어촌 수당 지급 등 교육청마다 약간씩 다른 점이 있으나 이렇게 표준화된 가이드북 덕분에 전국 학교 현장도 더 이상 혼란스러워 하지 않게 되었다. 또한 원어민 영어보조교사 업무 중 성공적이었던 다른 하나는 전 시도교육청의 우수 사례를 발굴하여 교육청 간 공유하는 장을 마련한 것이었다. 현재 원어민 영어보조교사의 적응과 학교 수업 효과를 돕기 위해 교육청의 특성을 살린 문화 체험, 모여 살 수 있는 원어민 숙소 건립, 지역별 원어민 영어보조교사 커뮤니티, 학교 교사들과 함께하는 동호회, 협력 교사와 수업 우수 사례 발굴 공유, 원어민 교사 간 수업 공유 기회 등 다양한 것들이 전국적으로 비슷한 수준으로 운영되고 있다.

12. 지지부진한 영어 수준별 수업

이명박 정권 시절 영어 공교육 활성화 방안으로 막대한 예산을 투입하여 당시 초등학교에 영어전담교사 부족을 채우기를 위한 목적과 중고등학교에서 수준별 수업 실시를 위한 영어 교사 충원을 위해 '영어회화전문강사 제도'를 도입하였다. 또한 학교 교실, 공간 확보를 위해서는 '교과교실제: 교과마다 특성에 맞는 교실을 구성하여, 학생의 적성과 수준을 고려한 수준별 교육과정 실시'를 도입했다.

사교육 기관에서 영어 수준별 수업은 O.K

교육부가 시도했던 전국 수준별 수업 사업은 정책 축소로 일단락되었다. 학교는 성적만 중요한 것이 아니라 학생들의 인성 교육 또한 중요하기 때문이다. 학생이나 부모들은 수준별 수업 효과보다 정서적 불편에 비중을 두는 경향이 있다. 필자가 2010년 초반 교육부 근무할 때 수준별 수업 업무 담당은 아니었지만 야근 중에 수준별 수업과 관련한 민원 전화를 받게 되었다. 한 시간 이상 통화를 한 학부모의 주장은 자녀가 공부를 좀 못해도 괜찮다는 것이다. 하반에 들어가 열등의식을 느끼며 학교에 가기 싫을 정도로 정서적으로 힘들어하는 것이 자녀나 부모가 더 힘들다는 내용이었다. 중 하반에 해당하는 다른 부모들도 대부분 이렇게 생각하는 것 같다. 학교 수준별 수업이 이런 부작용을 최소화하고 학교 현장에 안착되기 위해서는 단순하게 성적의 우열반이 아니고, 학생들이 수준별 수업을 직접 선택할 수 있는 시스템, 수준별로 다르게 치러야 할 학교 시험 등이 선행되어야 할 과제라고 한다.

하지만 우리나라 사교육 시장에서는 중고학생은 물론이고 초등학생, 심지어 유아들도 학원의 레벨 테스트를 거쳐 등록하고 다닌다. 상위 레벨에 등록하기 위해 별도로 과외를 받거나 학원을 다니기도 한다. 공교육과 달리 사교육 기관에서 수준별 수업을 하는 것은 학생이나 부모는 당연시 받아들이는 분위기이다.

지나간 정부가 남긴 흔적

수준별 수업을 하기 위해 전국의 일부 학교에서만 1+1 시스템, 1개 반을 2개 반으로 나눈 형태로 아주 제한적으로 교과교실제를 수년 째 운영하고 있다. 필자의 근무교였던 Y학교는 교육부로부터 교과교실제 운영을 위한 예산을 지원받았다. 그 예산으로 2명의 영어 시간강사를 채용하여 분반 수업 시 하반 수업을 맡겼다. 한 학년을 대상으로 실시했으며 부모나 학생의 큰 민원이 없었다. 정규 영어 교사들은 상반을 맡으니 수업 진행이 수월한 유익함이 있었다. 예산의 일부를 교과 수업 지원비로 활용하고 있다. 그래서인지 매년 실시하고 있는 교과교실제에 관한 교사들의 만족도도 높으니 한동안 유지될 것 같다. 학생들 수준 차이 때문에 가르치기가 힘들다는 많은 영어 교사들은 1+1 시스템의 형태가 아니어도 수준별 수업을 무척 바라고 있다. 그러기 위해서는 선행되어야 할 과제들이 있다. 현재처럼 동일한 수업 내용, 같은 시험 문제, 강제 분반의 문제점을 해결하기 위해 학생, 부모, 교사, 정부의 합의가 선행되어야 할 것 같다.

13. 담임을 맡길 수 없는 영어회화전문강사

대다수 영어회화전문강사(이하: 영전강)는 학교에서 직원들과도 조화를 이루어 잘 근무하고 원어민 영어보조교사 못지않게 수업도 잘 이끌어 가고 있다. 영전강은 교사자격증 없이도 영어회화 실력이 출중할 경우 지원이 가능한 계약직 한국인 강사로서 원어민 영어보조교사에 준하는 기준이 적용되었다. 그러나 1년마다 재계약을 했던 학교 구성원 중 교육 실무사, 행정 실무사, 전문 상담사, 영양사, 사서 등 다른 계약직 직원들이 대거 무기 계약직으로 전환되면서 영어회화전문강사는 불만이 생길 수 있는 상황이다. 고용 불안이 따르니 무기 계약직으로 전환을 주장하지만 정교사들은 대다수가 반대하는 분위기이다. 중고등학교에서는 수준별 수업 시 영어회화전문강사가 주로 하반을 맡고 있는 등 문제점도 드러나고 있어 직원 간 상호 갈등이 증폭되고 있는 학교들도 있다. 학교에 원어민 영어보조교사가 배치되면 원어민 관리 교사의 업무가 늘어나는 것처럼 영전강 배치 또한 그런 부담으로 여기고 있다. 왜냐하면 법령에 따라 영어회화전문강사에게 담임을 배정할 수 없으며 영어 업무만 하도록 되어 있기 때문이다. 이해관계가 첨예하게 대립되어 있는 이런 갈등 상황을 학교 측과 교육청이 효율적이고 매끄럽게 해결하는데 한계점이 있다. 앞으로도 영전강이 정규교사도 시간강사도 아닌 어중간한 위치에서 이들의 갈

등 상황이 수그러들 것 같지 않다.

14. 지역 격차 해소를 위한 영어 공교육 사업

동포 학생들과 상생하는 농산어촌 TaLK 사업

「정부초청 영어봉사장학생」프로그램(TaLK: Teach and Learn in Korea)은 2009년 영어 공교육 강화 정책 중 하나로 원어민 배치가 어려운 지역에 원어민과의 영어 학습기회를 제공함으로써 도시와의 교육격차를 해소하기 위한 목적으로 시행되었다. 사업 주요 내용은 1년 또는 6개월간 농산어촌 초등학교에 배치하여 내국인 대학생과 영어 원어민이 한 팀이 되어 주 5회(방과후교실), 1일 평균 3시간, 주당 15시간 봉사 활동을 한다. 초창기에는 서울, 대전, 광주를 제외한 전국 시도를 대상으로 사업이 이루어졌다. 필자가 교육부 업무 담당자였을 2010년 중후반부에는 7개 시도교육청에서만 희망하여 운영했지만 농산어촌 지역에서의 반응이 좋아서 이 사업을 중단하지 않고 지속했었음을 기억하고 있다. 그러나 코로나 등으로 교육부 지원 TaLK 사업은 중단되었고 2023년 현재 한 교육청에서만 유지하고 있다.

15. 야심차게 시작한 EBSe

교육부는 2009년 도시와 농산어촌 간의 영어 학습력 격차를 줄이기 위해 EBS 영어 방송과 공적사이트 EBSe를 구축했다. 현재 교사는 물론 학생들이 이용할 수 있는 콘텐츠들이 넘쳐난다. 그 시기에는 국내 1타 강사들의 강의와 초중고 학교급별로 다양한 프로그램을 무료로 제공하여 학생들 사이에서 인기였다. EBSe 공적사이트에서 자기주도 학습란에 초등학생을 대상으로 파닉스, 어휘, 초급에 해당되는 문법, 읽기, 회화, 듣기 등의 콘텐츠를 보유하고 있다. 중고등학생을 위해서도 중급, 고급에 해당되는 영어의 4기능 말하기, 듣기, 읽기, 쓰기, 어휘 등 혼자서도 공부할 수 있는 콘텐츠가 풍부하다.

시들해진 EBSe 사이트

최근에는 안타깝게도 교사와 학생들은 이 사이트를 거의 이용하지 않고 있다. 필자가 만나서 물어보았던 수십 명의 영어 교사들은 수업과 연계해 활용할 콘텐츠들이 대거 있다는 정보도 모르고 있는 것 같다. 필자와 상담했던 대다수 학생들도 초등학교에서 방학 과제로 이용해보고 중학교 3년 내내 접속해 본 적이 없다고 대답했다. 교사들이 사용하지 않는 이유는 교과서를 발행한 출판사에서 제공하는 교사용 콘텐츠로 만족하고 있기 때문이라고 했다. EBSe 사이트는 접속하기가 불편하다는 이유를 들었다. 또한 쉽게 빠른 접근이 필요한데 사이트 전체 콘텐츠를 파악하고 있어야 한다는 것이 불편하다는 것이다. 14년 전과 달리 요즘은 키워드만 입력해도 원하는 곳으로 바로바로 안내해주는 사이트에 익숙해진 것이다. 현재 EBSe 사이트 대다수의 콘텐츠는 사용 시 일일이 찾아 들어가야 한다.

16. 국가영어능력평가시험(NEAT: National English Ability Test)

추진 배경

이명박 정부가 주도해서 국가영어능력평가시험(NEAT, 이하 NEAT라 한다)을 추진(2008-2012)했던 배경은 해외 영어 시험(토익 등)[7]에 대한 의존도(2006): 한국(76%), 일본(39%), 중국(2%), 대만(30%)[8]를 낮추고 영어 의사소통 능력 신장 및 대입, 취업, 승진 등에 NEAT를 활용하고자 했다. 고영종(2017) 논문에서는 토플 대란(2006) 후 국회, 주요 신문 매체에서 정부가 개입해서 토종 영어 시험을 만들어야 하는 이유를 밝혔다.[9]

또한 1994년 바뀐 대학수능 영어 영역에 영어 말하기와 쓰기 평가를 추가해야 하는 필요성도 한몫했을 것이다. 종합해 보면 학계, 정치, 언론, 사회에서 정부가 개입한 토익, 토플을 대체할 토종 영어 시험을 만들어야 하는 것에 한 목소리를 내었던 상황이었다.

대학수능 영어와 차이점

NEAT는 일반인과 대학생 대상으로 평가하는 1급 시험과 고등학교 3학년 학생들을 대상으로 연 2회의 기회를 주며 2급과 3급 중 선택할 수 있게 했다. 대학 수능 영어영역에 없는 인터넷 기반 시험(IBT, Internet

---

[7] 교육부가 국가영어능력평가시험(NEAT)에 관한 보도자료에서 토익, 토플, 아이엘츠 등 시험을 해외 영어 시험으로 표기한 것을 따르되, 4장에서 필자는 이 시험들을 기축영어시험으로 표기했다.

[8] "한국형 토익 개발을 위해 정부-대학-기업이 손을 잡다", 교육부 보도자료, 2012. 9.17

[9] 고영종, 「국가영어능력평가시험(NEAT)의 정책과정에서의 정책 오차와 발생원인 분석」, 고려대학교 박사학위 논문, 2017, P. 121.

Based Test)으로 말하기·쓰기 평가를 추가한 것이다. 대학수능 영어는 9등급 상대평가인데 NEAT는 4등급의 절대평가로 바꾸려고 했다.

NEAT 사업 추진 내용(2008 - 2012)

교육부는 2008년 NEAT 사업 기본 계획을 수립한 후 NEAT 평가 틀 완성을 위해서 2009년부터 예비시험을 치르기 시작했고, 2010년에는 2회, 2011년에는 3회의 예비시험을 거쳐 2012년에 NEAT 평가 틀을 갖추었다.[10] 2013년에는 36개 대학에서 2014년도 대입 수시모집 특기자 전형 등에 NEAT를 활용할 것이라고 발표했다.[11] 또한 교육부는 2014년 공무원 국외 훈련 대상자 선발에 NEAT 1급을 반영하기로 결정하는 등 사업의 진척을 보였다.[12]

전산 오류 확인으로 NEAT 사업 중단 계기

그러나 교육부 감사총괄담당관실이 2013년 6월 20일부터 25일까지 NEAT 관련한 실태 조사를 한 결과, 전체 응시 인원 1,116명 중 전산 오류 발생 가능 인원 225명, 시스템 접속 로그인 시 오류 발생 48명, 2교시(읽기) 중 자신이 기입한 입력 답안이 보이지 않는 현상 발생 등 58명을 확인하였다고 발표했다.[13]

---

[10] 위의 논문, pp. 129-130.
[11] "2013년 국가영어능력평가시험(2,3급) 시행 계획 발표", 교육부 보도자료, 2013.4.5.
[12] "2013년 제3차/제4차 국가영어능력평가시험1급 실시", 교육부 보도자료, 2013.7.13, 9.14
[13] "국가영어능력평가시험」관련 실태조사 결과 발표", 교육부 보도자료, 2013.7.3.

교육부는 '2017 대입 제도 확정'에서 현행 수능 체제 유지 등을 발표[14]하면서 영어능력평가시험(NEAT)에 관한 직접적인 언급은 없었으나 대학수능 영어를 NEAT로 대체하지 않기로 한 것이다. 이 시기는 박근혜 정부가 들어선지 10개월 째였다. 고영종(2017)의 논문에서 NEAT 사업을 중단할 수밖에 없었던 이유가 전산 오류만의 문제점이 아닌 것으로 밝히고 있다. 교육부는 2012년 2월 구성된 NEAT 자문위원회 의견, 시험 장소 구축에 소요될 지속적인 과다 비용, 서울 수도권 대학교의 불신, 학교 현장의 준비 미흡, 사교육비 증가 우려, 박근혜 대통령직 인수위원회의 의견 등을 고려해 볼 때 대학 수능 영어를 NEAT로 대체할 수 없었던 것이다.[15]

TEPS를 활용할 시도는 하지 않았을까

사교육비 경감, 외화 유출 방지를 위해 일본이나 대만, 중국도 자국민을 위한 영어 시험을 개발, 활용하고 있다. 1963년부터 시행하고 있는 일본 자국민 대상 영어능력 시험 'EIKEN'은 미국, 호주, 캐나다의 400개 이상의 대학과 고등학교 입학 요건으로 인정하는 시험이라고[16] 한다. 우리나라는 TEPS(Test of English Proficiency Seoul National University, 이하 텝스)가 그 역할을 해온 것이 아니었나 싶다. 텝스가 1997년 처음 시행했을 그 당시 토익, 토플 등을 대체하려는 정부의 노력이 어느 정도였는지 알고 있다. NEAT 사업을 시작하기 전 텝스를 보완하여 활용하려는 시도는 없었는지? 필자만 궁금해지는 사항은 아닐 듯 싶다.

---

14 "2017학년도 대입제도 확정", 교육부 보도자료, 2013.10.25.
15 고영종(2017), pp.104-110.
16 교육부 보도자료(2013. 9.14)

NEAT 사업 중단 후 달라진 학교 영어교육

NEAT 사업 중단 후 10년째 학교 영어교육이 어떻게 달라졌을까? 2006년 이후 토익, 토플 등 해외 영어 시험이 말하기와 쓰기를 추가로 평가하기 시작했고 이것은 국내 영어교육에도 영향을 미쳤다. 학교 평가 방향도 말하기, 쓰기 역량을 높이고 그것을 평가할 수 있는 과정 중심 평가 비율이 높아졌다. 대학수능 영어 영역에 말하기와 쓰기 평가가 포함되지 않았지만 학교 현장에서는 영어 말하기와 쓰기 역량을 높이고자 하는 분위기가 조성되고 있다.

17. 영어전용교실 구축 및 활용

도내 유일했던 청주외국어고등학교 영어전용교실

90년대만해도 충북에서 유일하게 청주외고에 설치한 영어전용교실이 있었다. 교실 안에는 각종 영어적 환경을 만드는 자료들이 집합되어 있었다. 그리고 학교 복도, 코너, 운동장 옆 어디고 English Zone이 있었다. English Zone은 영어로 말해야 하는 장소라는 것을 학생들과 약속하고 실제 그곳에 서면 누구라도 영어로 말하기를 시도했다. 청주외고 English Zone에는 스피커까지 설치해놓고 영어 말하기를 유도했다. 계단을 오르락내리락 하면서 무의식중에라도 영어 속담, 명언 등에 익숙해지라는 목적으로 영어 문장을 붙여놓았다. 필자의 영어 교사 시절인 90년대에는 그런 환경이 영어 학습의 동기유발에 꽤나 효과적이었다. 요즘 학생들한테 물어보니 계단, 화장실 등 학교 내 공간에 부착된 영어 표현들에 관해 학생들은 그다지 신경쓰지 않는다고 한다.

대다수 학교가 보유한 영어전용교실

　지금은 교과교실제와 연계되어 많은 학교들이 영어전용실을 보유한지 10년이 넘었다. 영어전용실은 모둠수업 공간 테이블, 벽면을 활용하여 영어 도서관 안에 꽂혀 있는 영어 동화책들, 벽에 부착되어 있는 영어 속담, 명언이 담긴 영문으로 된 다양한 컬러 포스터, 리딩 체크 시스템 등을 갖추고 있다. 2010년대 초반 근무했던 재외한국학교인 하노이한국학교도 영어전용실을 보유하고 있었다. 청주외고 근무 시 보았던 영어전용교실이 대다수 학교에 구축된 것이다. 그러나 영어전용교실 활용은 활발하지 않은 것 같다. 영어 교사들이 수업 시 필요한 도구인 컴퓨터, 모니터, TV가 교실에도 있기 때문에 영어전용실의 필요성을 느끼지 못하기 때문이라고 한다. 따라서 현재 영어 수업보다는 영어전용실이 타 교과 회의, 간담회 시 사용되는 공용 공간이 되었다. AI를 활용하거나, ChatGpt를 활용한 영어 수업, 타교과와 융합 수업, 자유학기제 주제 학습 시간, 토론 수업 등 영어전용교실의 장점을 살린 수업이 등장하여 다시 활발하게 사용하는 공간이 되길 바랄 뿐이다.

18. 중학교 자유학기제

　자유학기제란 중학교에서 한 학기 동안 지필고사를 보지 않고 소질과 적성을 키울 수 있는 다양한 체험활동을 중심으로 교육과정을 운영하는 제도를 말한다. 자유학기 활동은 주제 선택 활동, 동아리 활동, 진로 탐색 활동, 예술, 체육 활동으로 구성된다. 토론, 토의, 프로젝트, 거꾸로 수업, 실습 등 학생 활동 중심으로 수업이 진행된다. 이런 활동을 통해 자신의 진로와 꿈에 대한 사고를 깊게 해볼 수 있는 취지는 교육적이다. 학생들의 학습과정을 관찰하여 평가하는 과정 중심 평가로 이루어지며 평가 결과는 학교생활기록부에 서술형으로 기록된다. 실제 부모나 학생은 점수를 확인할 수 없다. 생기부에 문장으로 기록된 내용을 보고 자녀의 수행정도를 가늠할 수 있다. 2013년부터 10년째 운영해오면서 42개 연구학교를 시작으로 2,551개교로 확대 시행해왔다. 한편 부정적 시각으로는 학생들의 체험의 폭이 넓지도 깊지도 않다는 점, 진로 체험이나 현장 체험들이 업체들이나 전문 인력의 협조를 받기 어려운 점, 전체 수업 일수가 줄어 진도를 빠르게 나가야 하는 부담, 지필평가를 보지 않음으로 불안한 학부모들의 사교육 의존 등이 문제점이다. 2023년 올해부터는 1학년 한 학기만 실시하고 3학년 2학기에 진로연계 학기로 바뀌게 되었다. 3학년의 경우 고입 시험이 종료된 이후 학교에서 정상 수업 운영이 어려운 상황이다. 각 학교별로 다양한 강사를 초빙하여 특강을 듣기도 하고 체험학습으로 외부에 나가기도 하면서 운영되어왔다. 그러나 국가 차원에서 좀 더 체계적인 교육 시스템으로 예산 지원과 함께 중 3학년 2학기 기말고사 후의 시간을 효율적으로 쓰겠다는 것이다. 학교마다 주먹구구식으로 해온 것보다는 효율적인 교육 콘텐츠로 알차게 운영될 것으로 기대한다.

자유학기제 영어 교과의 주제 수업

영어 교과의 경우 성적에 대한 부담과 스트레스가 없는 자유학기제는 영어의 읽기, 듣기, 말하기, 쓰기 능력을 고루 키울 수 있는 좋은 기회이다. 전국적으로 자유학기 운영 우수사례는 차고 넘치게 많다. 그밖에도 교사들이 활용할 자료는 유튜브, 인터넷, 책 등 다양하다. 영어 교사의 역량과 노력에 따라 학생들은 정규 수업 시간에 다루기 어려운 주제를 선택

함으로써 영어 공부에 더 큰 동기부여가 될 수 있다. 예를 들어 영어 연극, 영자신문, 세계 여행 시 필요한 영어 표현, 영미 주요 역사, 효율적인 영어 단어 공부 등을 자유학기 주제 시간에 배울 수 있다.

19. 대학 교수의 영어 강의

대학수학능력시험 영어영역에서 1등급 학생은 대학교에 입학해서 별도의 영어 공부를 하지 않고도 영어 강의를 듣고 원서를 무난하게 읽을 수 있어야 한다. 과연 그럴까? 절대 아니다. 현 수능 영어 공부만으로 대학교 영어 강의를 이해하고 적극적으로 참여하기 어렵다. 입학 전 몇 개월 동안이라도 실용 영어보다는 학술 영어 관련 어휘, 듣기, 독해 등 영어 공부가 필요하다.

대학 영어강의 개설 대학 증가 추세

한동대학교가 영강 비율이 높은 대학이며 수도권의 하위권 대학이나 지방대에서는 영강이 아예 없기도 하다. 그러나 대학교 영어강의 과목 숫자가 중앙일보 대학평가에서 중요하다고 하니 한국인 교수의 영어강의가 실효성이 없다 하더라도 영강 개설 대학이 증가될 수는 있어도 폐지될 가능성은 적어 보인다. 영강의 장점은 전공/교양 과목을 영어와 동시에 배우면서 영어 실력을 올릴 수 있다는 것이다. 세계적으로 학계에서 통용되는 언어는 영어이고, 한국어로 번역서가 다 나온 것도 아니기 때문에 학문을 깊이 파고들수록 결국 영어로 된 원서를 읽을 일이 많아지는 것이 현실이다. 그러나 영강을 하는 교수들 중 절대 다수는 한국에서 태어나서 자란 한국 국적을 지닌 사람들이다. 교수나 강사들이 외국에서 수년간 연구를 한 경험이 있다고 해도 모두가 전공 과목을 영강으로 편하게 할 수 있는 것은 아니다. 영어권 국가에서 중고등학교를 다닌 대학생의 인터넷 글(한국인 교수의 영강을 도저히 이해할 수 없다는)도 어렵지 않게 마주한다. 여하튼 학생들 또한 영강의 어려운 상황을 미리 인지한다면 대학 입학 전 준비할 일이 생겨날 것이다.

3장
조기 영어교육 시킬까? 말까?

M세대 내 자녀가 극찬하는 조기 영어교육의 관점이 적절할지 모른다. 부정적이었던 나의 조기 영어교육 철학이 현재, 미래에는 적절하지 않을 수 있다. 조기 영어교육에 관한 연구자들의 찬반 이론을 편견 없이 마주하며 조기 영어교육을 시킬지 말지, 필자를 포함하여 M세대 자녀, Z세대 조카들, 조기 영어교육에 관심 있는 누구라도 본 장을 읽은 후 '유레카'를 외친다면 참 좋겠다.

1. 60대 발동된 조기 영어교육 관심

 교사로 퇴직한 선배나 동년배들의 공통적인 이야기가 퇴직 이후엔 교육에 관해 관심이 전혀 가져지지 않는다는 것이다. 농사짓기 등 아마도 전혀 다른 분야에 관심을 갖고 학교를 완전히 벗어나고 싶어서 그러는 것 같다. 정년퇴직이 코 앞인 나 또한 그럴 수 있겠다는 생각을 해왔다. 그런데 왜 내가 조기 영어교육에 특별한 관심을 갖게 되었을까? 90년대 교사 시절 '조기 영어교육의 장단점'에 관한 연수과제 제출 후 까맣게 잊고 있었다.

 다시 조기 영어교육에 대한 관심을 다시 갖게 된 발단은 영어 교사로 명퇴한 지인 A씨와 긴 통화였다. A씨는 필자와 고등학교 교사로 두 번이나 같은 학교에서 함께 근무했다. 20년 전 고3 담임을 함께 하는 등 추억이 많은 지인이었다. 영어 교사로서 실력을 갖추었을 뿐 아니라 학생들과 눈높이를 맞춰가며 인기를 누렸던 A씨였다. 필자가 교육부로 이동하면서 소식이 뜸해졌다가 근래에 연락을 하게 되면서 A씨의 근황도 자연스럽게 알게 되었다. 다음은 A씨가 손자의 영어교육에 대해 며느리와 대화한 내용을 필자에게 전해준 이야기이다.

 "대전 6살 손자가 놀러 왔는데 영어 숙제를 도와주고 있어요. 내가 봐도 어렵게 느껴지고, 손자는 숙제하기를 싫어하는 거예요. 그래서 며느리한테 슬쩍 조기 영어교육에 문제점을 지적했더니, "그냥 돌봐주세요, 주변 아이들이 모두하기 때문에 해야만 해요."라고 해서 더 이상 말을 못했다오. 저야 아들 내외가 매달 150만원씩 직접 내고 있는데 무슨 말을 할 수 있었겠어요. 서울 목동 사는 나의 지인은 손자 영유(영어전문학원)[1] 비용을 매달 3백만원씩 대납한다고 해요."

와우! 필자가 처음 듣는 단어들 '영유, 300만원, 150만원'이었다. 쇼크를 받았다고 하면 과장된 표현일까? 이런 상황에서 다른 사람들은 어떻게 반응할까? 공감, 화남, 부러움, 불안…. 필자의 솔직한 반응은 '화남'이었다. 그 대상이 영유 비용을 대납하는 할머니인지, 사회인지, 필자 자신인지 확실하게는 모르겠으나 화가 났다. 아니 '부러움'인가? 노후 필자의 연금과 맞먹는 비용을 매달 지원할 수 있는 그 할머니가 부러운 것인가? 한편으로는 이런 상황을 무조건 비난하는 것이 적절한 것인가? '어떤 조부모든 자식에게 증여나 상속할 경제 여유도 있고, 자식이 간절히 원한다면 매달 수백만 원 비용을 지원해 줄 수 있겠다'는 생각도 들었다. 처음 화남에서 이해가 되는가 했는데 심정이 복잡해졌다. 만약 내가 이런 상황에 처한다면 'NO' 라고 할 수 있을까? 자신도 모르는 사이 조기 영어교육의 효과나 부작용보다 비용에 초점을 두고 있었던 것 같다. 결혼 적령기에 있는 아들의 조기 영어교육에 대한 관점이 궁금해졌다.

한순간 무너진 필자의 자녀 영어교육 철학

서울 M세대 아들에게 조부모의 학원 비용 지원 이야기는 빼고 미래 자녀에게 조기에 영어교육을 시킬 것인가에 질문을 했다. 아들은 결혼 후 생각해 본다든가 등의 주저함도 없이 마치 늘 생각해왔던 것처럼 다음과 같이 말했다. "저처럼 제 자녀가 영어로 고생하는 것을 원치 않아요. 어떤

---

[1] 영어유치원의 줄임말, 정식 유치원이 아닌 영어전문학원을 의미함

방법을 쓰더라도 어릴 때 영어교육을 적극 지원할 거예요." 감정이 격한 상황에서조차 늘 예의를 갖춰 말을 하는 아들이었다. 나는 놀랐고 당황스러웠다.

최소의 노력으로 참 잘한 거야

지금껏 주위 사람들로부터 두 자녀가 모두 영어 능력 발휘를 하고 있는데 특별한 영어교육 철학이 무엇이냐? 는 질문을 받는다. 그때마다 내 자녀 영어교육 방식을 서슴없이 전달하고 자부심 또한 느꼈었다. 두 자녀가 거의 학교 영어 공부만으로 영어 1등급을 받아서 대학에 들어갔다. 2000년대 당시에 대학생들에게 영어 어학연수는 유행병처럼 번졌다. 조카, 지인 자녀들 대다수는 수천만 원의 비용을 들여 영어 어학연수를 다녀왔다. 필자는 고비용 저효율이라는 확고한 생각 때문에 그 대열에 동참하지 않았다. 대신 군대 말년 시기 아들에게 교환학생을 신청하도록 권했다. 아들을 설득하는 데 시간이 좀 걸렸다. 그래도 군대 제대 전부터 필요한 것들인 토플 성적, 봉사 시간 등을 집중해서 준비하고 홍콩으로 6개월 교환학생을 다녀왔다. 아들은 대학의 교환학생 시스템 덕분에 영어 공부와 외국계 증권 회사 입사의 물꼬를 트게 되었다고 생각한다. 옆에서 보기엔 최소의 노력으로 원하는 것을 모두 손에 넣은 것처럼 보였는데 아마도 영어 공부 과정이 꽤나 힘들었나보다.

2. 영어교육 이론의 단초가 된 늑대 소녀 이야기

우리는 카말라와 아말라 늑대 소녀 이야기를 들어 알고 있다. 아말라(Amala, 1918-1921)와 카말라(Kamala, -1929년)는 인도 벵골 출신의 야생아이다. 인간 사회에서 자라지 않고 늑대 동굴에서 자라 늑대처럼 된 어린이들로 알려져 있다. 이들은 1920년 인도 벵골 지방의 산속에서 발견되었을 때 늑대와 같은 행동을 하면서 사람을 두려워했다. 교육을 통해 인간 사회에 적응해가는 것 같았으나 둘 다 일찍 죽었다. 동생 아말라는 발견된 지 채 1년이 안 되어, 병으로 죽었고, 8년 후 16세 언니 카말라도 45개 정도 인간의 언어를 사용하다 이질로 죽었다. 이 이야기는 교과서에도 나오는 내용으로 누구나에게 익숙하다. 인간 세계에서 8년간 습득한 것이 겨우 45개 단어밖에 되지 않았던 것은 언어학습에 결정적 시기가 있다는 가설을 뒷받침하기도 하고, 모방과 훈련의 기회가 부족해서라는 행동주의 이론의 토대가 되기도 한다.

늑대 소녀 이야기와 유사한 모글리 영화

필자는 늑대 소녀 이야기를 이해하고 공감하기 위해 영화「모글리(Mowgli)」를 보았다. 모글리(Mowgli)는 노벨 문학상 수상자 러드야드 키플링(Rudyard Kipling)의 소설 '정글북'(The Jungle Book)

에서 영감을 받은 디즈니의 영화이다. 인간과 동물이 함께 살아가는 정글에서 태어난 인간 소년 모글리의 성장 이야기를 다룬다. 늑대 가족에게 양육을 받으면서 자연과 동물들의 세계를 익히고, 인간과의 충돌, 자신의 정체성을 찾아가는 과정을 그린다. 모글리 영화에서도 언어 습득에 대한 시사점이 나타난다. 모글리는 동물들 사이에서 자라면서 동물들의 언어와 문화를 익히게 되며, 자연스럽게 동물들의 언어를 습득한다.

언어 이론 연구의 단초

학자들이 언어학습과 습득 나이를 연관 지어 연구를 하게 된 역사가 수백 년이 된 것은 아니다. 제2언어 습득·학습 이론의 역사는 아주 짧다. 미국에서 행동주의 이론이 1957년 시작되었으니 그때부터라고 해야 할 것 같다. 이 이론은 아기가 언어를 습득하게 되는 것은 백지 상태로 태어나 주위 사람들이 쓰는 언어를 모방하고, 강화 받은 것이 반복하여 이루어지는 기계적인 습관 형성 과정을 거치는 것이라고 한다. 처음 늑대 소녀들을 발견했을 때 동물 울음소리를 냈던 것은 태어나서 자란 환경이 늑대에 둘러싸여 늑대의 소리를 모방하고 훈련되었기 때문이라고 했다.

반면 이와 반대로 1967년 인지주의자들은 인간은 태어날 때 언어습득 장치 Language Acquisition Device(LAD)를 갖고 있기 때문에 늑대 소리만 냈던 늑대 소녀가 사람들 속으로 데려왔을 때 얼마의 시간이 지난 후 말할 수 있었다고 주장했다. 여하튼 늑대 소녀 이야기는 전세계 언어학자들의 언어 습득에 관한 연구에 단초를 제시했다는 것에 의의가 있다.

3. 조기 영어교육에 불을 지핀 레너버그 등장

1967년 레너버그(Eric Lennerberg)는 노암 촘스키(Noam Chomsky)의 언어습득장치(LAD: Language acquisition device) 이론을 바탕으로 언어 습득에 결정적 시기(critical period)가 있다고 주장한 대표 학자이다. 레너버그는 촘스키의 이론을 근거하여 언어학습 능력의 선천성을 지지하였으며 언어 습득은 유전적으로 이미 결정된다고 보았다. 그는 언어 습득에 결정적 시기(6-7세 이전)가 있다고 보아 세계적으로 조기 영어교육의 센세이션을 일으킨 근거가 되었다. 레너버그의 영향을 받아 조기 영어교육에 긍정적인 관점을 가진 연구자들은 Birdsong(1999), Hyltenstam & Abrahamsson(2003), Ioup(2005), Thomson(2000), Mayberry(2002), Scovel(2000), Singleton & Rhan(2004) 등이 있다. 국내에서는 70년대부터 널리 알려진 영어 전문가 민병철이 어릴수록 언어 습득 능력이 좋다고 했다.[2] 이 밖에 조기 영어교육의 효과성에 찬성하는 국내 연구자들은 최지영(2008), 박약우, 박기화, 최희경, 이의갑(2007)[3] 등이 있다.

결정적 시기 가설을 부정하는 연구자들

반면에 결정적 시기 가설을 부정하는 연구자들은 Friedrich (2001), Bongaerts 외(1995), Flege(1987), Gerstman(1986), Krashen, Long & Scarcella(1979), Long(2007), Macnamara(1973), Morries & Moyer(2004), Munoz & Singleton(2011) 등이 있다. 이병민(2014)의 책

---

2 민병철, 「하루 5분 베이비 영어」, 중앙북스, 2015, P. 10.
3 김하람, 「조기 영어교육의 개선방안 탐색연구」, 한국외국어대학교 석사학위논문, 2018, pp. 36-37. 재인용.

에서 조기 영어교육 효과가 거의 없다는 다양한 사례에 28쪽을 할애해서 설명하고 있다. 그중 캐나다의 프랑스어의 몰입교육의 효과성에 관해 다음과 같이 부정적으로 설명한다.

"캐나다에서는 프랑스어 공부 시간이 우리나라 영어교육 시간보다 10배가 넘는 총 약 6천-8천 시간이다. 그럼에도 프랑스어 구사 시 읽기를 제외하고 말하기, 쓰기는 오류가 많다. 무엇보다 어릴 때 프랑스어 공부를 시작한 학생과 중후기의 학생들과 큰 차이가 나타나지 않는다. 따라서 학교 언어교육 환경에서 나이는 크게 중요한 변수로 작용하지 않는다고 주장했다. 조기에 영어교육을 시작한다고 빨리 잘 배울 것 같지만, 실은 아이가 영어에 노출되는 환경에 따라서 전혀 다른 양상이 나타난다. (중략)"[4]

한 사람이 새로운 언어를 습득하는데 두 가지 중요한 변수가 있다면, 그것은 타고난 능력과 환경과의 상호작용이다. 나이가 어리다고 하는 생물학적 조건은 어린아이의 경우 이미 갖고 있는 능력이다. 그런데 언어를 배울 수 있는 타고난 능력과 함께 반드시 갖춰야 할 부분이 환경이다. 타고난 능력과 환경이 조화를 이룬다는 것은 하나의 언어 커뮤니티에서 산다는 것을 의미한다. … 수많은 연구와 논의를 종합해 보면, 영어권 국가가 아닌 우리나라와 같은 환경에서는 어리다고 잘 배우고, 빨리 배우고, 쉽게 배우는 것은 아니다.[5]

---

4   이병민, 『당신의 영어는 왜 실패하는가?』, 우리학교, 2014, pp. 187-188.
5   위의 책, P. 194.

두 개의 언어를 생활영어 수준을 넘어서 읽고 쓰는 능력까지 갖추는 경우는 거의 없다. 박진규(2012)의 책에서 외국어를 자연스럽게 할 수 있게 되면 우리말이 부자연스러워지는 경우가 많다. 특히 어린아이들의 경우 모국어의 부자연스러움이 더욱 빠르고 심하게 나타난다. 모국어를 지속적으로 배우지 않으면서 외국어를 배우게 되면 기존에 배웠던 모국어도 쉽게 잊어버리고 외국어로만 배운 개념들이 모국어를 잠식하는 일이 생긴다[6]고 했다. 이 밖에도 조기 영어교육에 부정적 시각을 가진 연구자들은 신동주(2004), 조진희(2008), 김종천(2012) 등이다.[7]

4. 촘스키의 언어습득장치(LAD)와 보편문법(UG)

레너버그가 조기 영어교육을 최초로 주장한 것이 촘스키의 이론을 바탕으로 이루어진 것이기 때문에 촘스키 이론을 살펴볼 필요가 있다. 촘스키 이론의 키워드는 언어습득장치(LAD: Language Acquisition Device)와 보편문법(UG: Universal Grammar)이다. 당시 행동주의 이론이 전 세계적으로 영향을 미치고 있었던 상황에서 인간은 누구나 언어습득장치(LAD)를 가지고 있다는 주장은 대단한 센세이션을 일으켰다. 촘스키는 행동주의 이론인 강화이론이 모국어 및 외국어 습득 시 설명하지 못한 부분을 파고 들었다. 모방과 반복 훈련하지 않은 단어와 문장이 아이 입에서 나오는 것을 어떻게 설명할 것인가? 게다가 행동주의 이론이 언어 습득의 빠른 속도를 설명하지 못하는 것도 지적했다.

---

6   박진규, 『영어의 바다에는 상어가 산다』, 형설라이프, 2011. pp. 62-63.
7   김하람(2018), pp. 39-40.

언어습득장치가 내재되어 있으므로 아이는 굳이 배우는 노력을 하지 않아도 각기 다른 품사를 구별하고, 자동적으로 단어를 순서대로 배열할 수 있는 언어 능력 즉 언어의 문법 틀을 갖추고 적절한 문법을 선택하는 방법인 언어 체계를 갖추게 된다는 것이다. 자신이 태어나고 자란 환경의 모국어에 관한 학습의 과정을 거치지 않아도 말하고 듣기는 무의식적으로 습득하는 것이 언어습득장치의 근거가 된다.

언어습득장치와 보편문법에 따르면 어떤 언어든 어휘와 문법 체계는 다르지만 모든 인간이 모국어를 성공적으로 습득하는데 생물학적인 이유가 있다는 것이다. 조직적인 훈련 없이도 어릴 때 언어 환경에 노출되기만 하면 성인보다 쉽고 빠르게 언어를 습득한다는 주장이다. 영유아에게 양적으로나 질적으로 불충분한 언어 자료를 입력해도 언어를 습득하고 처리하여 무한한 수의 문장을 생성할 수 있다.[8] 이러한 주장으로 언어학 발달에 혁명적 변화를 가져온 촘스키는 현대 언어학의 주류를 형성하고 영향을 미쳤다.

5. 행동주의 이론의 키워드 모방, 반복, 강화

레너버그의 결정적 시기 가설을 이해하기 위해 촘스키의 이론을 간단히 살펴보았다. 촘스키 이론 이해를 위해서는 그가 반박했던 행동주의 이론에 관한 이해가 필요하다. H. Douglas Brown(2019)에 소개된 바에 따르면 행동주의 이론의 바탕은 인간의 마음 상태를 백지상태에 비유하

8　Rod Ellis, 『제2언어 습득』, 선규수 역, 한국문화사, 2014, pp. 53-57.

고 지식 습득에서 후천적 경험과 교육의 중요성을 강조한다. 언어 습득은 백지상태로 태어난 영유아가 주위 사람들이 쓰는 언어를 모방하고, 강화 받은 것이 반복되어 이루어지는 기계적인 습관 형성 과정이라고 주장한다. 행동주의를 따르는 연구는 오직 객관적으로 관찰할 수 있는 반응들만이 연구의 대상이었다. 따라서 언어에 관한 관찰 불가능한 추측, 육감, 직관 등에 의존하는 것을 연구 대상으로 고려하지 않는다는 맹점이 있다.[9] 80년대 초반 우리나라 대학, 교사 임용고사 시험, 교수법에 이르기까지 온통 행동주의가 영어교육을 주름잡았다. 그 당시 체계적이고 일관된 이론과 방법론의 부재로 초년 교사였던 필자는 행동주의 이론을 바탕으로 한 영어 교수법이 완전하게 느껴졌다. 그 시기 영어 학습에 영향을 준 행동주의 학자들로는 교육학 공부할 때 들어보았던 스키너(B. F. Skinner, 1904-1990), 반두라(Albert Bandura, 1925-2018), 손다이크(Edward Thorndike, 1874-1949), 파블로브(Ivan Pavlov, 1849-1936)등이다. 이들의 주장했던 이론을 살펴보자.

캐나다 출신 Albert Bandura(반두라)는 1977년 "Social Learning Theory(사회학습이론)"에서 사회적인 영향과 상호작용이 인간의 행동과 학습에 어떻게 영향을 미치는지를 설명하고 있다. 사회학과 심리학 분야에서 활동한 학자로, 행동주의 이론을 바탕으로 인간의 행동을 예측하고 분석하는데 중점을 두었다. 이러한 이론은 영어 학습에서도 중요한 역할을 했다.

---

[9] H. Douglas Brown, 『언어학습과 교수의 원리』, 황종배 외 공역, Pearson Education, South Asia, 2019, pp. 10-12.

미국인 Edward Thorndike(손다이크)는 행동주의 이론의 창시자 중 한 사람으로, 학습자가 반복적인 연습을 통해 학습하는 것을 강조한다. 그의 이론은 영어 학습에서도 적용되어, 반복적인 연습을 통해 학습자가 영어를 습득하도록 돕는 학습법으로 많이 사용된다.

러시아인 Ivan Pavlov(파블로브)는 1900년경에 동물의 지능과 학습 과정을 연구하여 행동주의 이론의 이론적 기초를 제공하였다. 조건반사 이론을 발견한 학자로, 영어 학습에서도 조건반사를 활용한 학습법이 많이 사용된다. 이 이론에 의하면 일정한 자극에 반응하는 것을 조건반사라고 하며, 영어 학습에서는 단어나 문장을 반복해서 듣고 말하는 것을 통해 학습자가 조건반사를 형성하도록 한다.

미국인 B.F.Skinner(스키너)는 1957년 "언어적 행동(verbal behavior)"을 발표하여 아동의 언어 습득 이론을 발전시켰다. 행동주의 관점의 키워드는 경험, 환경, 모방, 훈련, 보상, 강화이다. 그의 언어학습 방법은 첫째 욕구 발화 반응으로 명령, 요청, 요구 등의 상황에서 나타나는 언어 반응이다.

행동주의 학자들은 언어학습은 자연발생적, 무작위로 일어나지 않으며 다른 사람들의 소리를 듣고 모방 및 관찰을 통해 일어난다고 했다. 따라서 정확한 언어적 표현에 대한 강화를 통해 언어학습이 이루어지기 때문에 부모가 매우 중요한 모델이라고 주장한다.

6. 촘스키의 언어습득장치를 부정한 피아제

조기 영어교육의 효과성을 주장하는 결정적 시기 가설의 바탕이 된 것이 촘스키의 이론임을 앞서 살펴보았다. 촘스키 이론이 등장하게 된 배경, 그가 반박했던 행동주의 학자들의 언어학습에 관한 주장도 살펴보았다. 이제 촘스키(Noam Chomsky, 1965)의 이론을 부정하는 학자의 이론을 살펴볼 차례이다.

언어습득장치(LAD) 부정

문장수(2013)의 논문에서 1970년대 스웨덴 출신 피아제(J. Piaget, 1896-1980)는 언어발달에 있어서 인지 과정을 강조하며 내적 능력에 의해 언어 습득이 가능해 언어 습득을 위한 특별한 장치가 따로 있지 않다고 주장했다. 1960년대 촘스키가 주장한 생득주의에서의 언어습득장치(LAD)와 보편문법(UG)를 부정한 것이다. 피아제는 인지발달을 4단계로 나누어 설명했다. 인지발달 정도에 따라 언어는 환경에 의한 것이나 생득적 특성이라기보다는 인지적 성숙의 결과로 획득되는 여러 능력 중의 하나라는 것이다.[10] 피아제는 인지발달을 다음과 같이 4단계로 나누고 인지발달이 언어발달의 원동력이 되며, 인지발달 단계가 언어발달 단계를 결정짓는다고 했다.

---

[10] 문장수, 「언어 능력, 생득적인가? 구성적인가?-언어 능력에 대한 촘스키와 피아제의 논쟁을 중심으로」, 대학철학논문집 제 126집, 경북대학교, 2013, P. 94.

J. Piaget 인지발달 4단계		
감각운동기	0-2세	· 감각 이용 · 반사행동에서 목적이 있는 행동 · 대상 영속성
전조작기	2-7세	· 상징적 사고 · 물활론적 사고, 인공론적 사고 · 자아중심성
구체적 조작기	7-11세	· 구체적인 상황에서 논리적 사고 발달 · 가역성, 유목화, 서열화 개념 · 사회 지향성
형식적 조작기	11세 이후	· 논리적으로 추상적 문제 해결 · 가설, 체계적 사고, 연역적 추리 가능 · 조합적 추리 가능

0-2세 감각운동기

보고, 빨고, 만지고, 듣는 감각을 이용하는 단계이다. 필자의 아이의 첫 장난감은 머리 위나 창문에 매달은 움직이는 나비였다. 그 다음 딸랑이, 우유 꼭지였던 것 같다. 이 시기 영유아의 초기 단어들은 엄마, 아빠, 밥, 물 등처럼 친숙한 사람이나 사물의 이름을 말한다. 장유경(1997)의 논문을 재인용하면 유아기 사용하는 초기 단어들 중 친숙한 사물이나 대상의 이름이 약 60-70%를 차지한다(Nelson, 1973).

2-7세 자기중심적 언어 사용

2세에서 7세까지 언어가 가장 급속도로 발달되는 단계이다. 자기중심적인 언어 사용, 독백 사용이 폭발적으로 증가하는 시기이다. 약 2세부터 하루 평균 10개의 새로운 단어를 습득하여 6세가 되면 14,000개 정도의 단어를 안다고 한다. 하지만 이 시기 아이는 인지적으로 미숙하여 자기중심적이다. 이는 타인의 생각과 자신의 생각을 혼동하고, 타인의 지각이나 감정을 자신의 것과 동일한 것으로 가정하는 것을 의미한다고 했다.

이러한 자기 중심성이 언어에도 나타나는데, 듣는 사람이 자신이 하는 말을 이해할 수 있는가의 여부를 고려하지 않고 혼잣말을 하듯이 대화를 하는 경우를 말한다.[11] 언어에 대해 배우는 것은 세상에 대해 그들이 이미 알고 있는 것에 의해 결정된다. 즉 인지발달이 먼저 이루어진 후 발달한 인지만큼 언어 습득이 가능하다는 주장이다. 돌이켜보면 이 나이 무렵 딸아이는 퇴근 후 집에 오면 필자 무릎을 차지하고 동화책을 읽어달라고 했다. '이거 뭐야?'를 쉼 없이 질문하면서… 2-3시간이 지난 후 필자가 지칠 즈음 아이도 지쳤는지 나의 무릎을 해방시켜주었던 기억이 난다.

7-11세 사회화된 언어 사용 시작

7세에서 11세까지는 자기중심적 세계관에서 벗어나 사회화된 언어를 사용하는 시기라고 했다. 피아제의 이론에 따르면 취학 전 영어 학습 수준은 자기중심적인 어휘, 문장 사용을 넘지 않을 것으로 여긴다. 즉 취학 전 아이의 영어 사용은 Child English일 수 있다.

초4-중3까지 영어 학습 적기

H. Douglas Brown(2019)에서 피아제는 11세부터 16세까지(초4-중3) 사회성이 발달하고 사용하는 언어도 추상적이고 논리적이므로 제2언어 습득에 가장 중요한 시기라고 했다.[12] 김태영(2018) 논문에서도 영어를 공부하고 있는 성인 187명을 대상으로 영어 공부 시작의 적기에 관해 설문조사 결과, 초등 3학년 이후가 가장 높았다. 그 이유는 아동의 신체적,

---

[11] 장유경, 「유아기의 언어 습득-인지 발달측면」, 새 국어생활 7(1), 1997, pp. 29-50.
[12] H. Douglas Brown(2019), P. 73.

정신적 성장을 고려한 것이라고 했다.¹³ 이들은 조기 영어교육 광풍에 반대하는 응답자들이라고 할 수도 있다. 종합해보면 11세 이전 즉 초3까지 매일 4시간 이상 영어 몰입 학습을 했더라도 자녀의 인지발달과 연관 지어 보면 자기중심적인 영단어, 영어 표현에 머물게 되며, Child English 일 뿐이라는 것이다. 1997년 영어교육 전문가, 아동발달 전문가, 심리학자 등이 수많은 자료를 근거하여 초3부터 영어를 정규교과로 도입하게 되었을 것으로 생각한다. 따라서 초3부터 학교 영어 수업에 맞춰서 내 자녀가 교사를 믿고 호기심에 가득 찬 영어 수업을 받을 수 있도록 해야 하지 않을까라는 생각이다.

7. 조기 영어교육 찬성론자가 좋아하는 비고츠키 이론

러시아 출신 비고츠키(L.Vygotsky, 1896-1934)는 개인으로서의 학습자에 초점을 두는 생득주의적 관점이나 인지적 관점과 달리 상호작용에 초점을 두고 있다. 언어를 타인과 협력하기 위한 사회 활동의 도구로써 바라본 것이다. H. Douglass Brown(2019)에 따르면 비고츠키 이론에서 키워드는 근접발달(ZPD, zone of proximal development)이다. 전문가 혹은 나보다 능력 있는 사람과의 상호작용으로 한 단계 더 발전할 수 있다.¹⁴ 엄마가 적절한 사회문화적 언어학습 환경을 마련해 주고 그 안에서 지속적으로 동기와 관심을 제공해준다면 아이는 성공적인 언어학습 성장

---

13 김태영, 「조기 영어교육의 개선방안연구」, 연세대학교 석사학위논문, 2008, pp. 35-38.
14 H. Douglas Brown(2019), P. 73.

을 이룰 수 있다. 비고츠키 연구는 20세기 초반을 지배했던 행동주의와 비교했을 때 당시엔 주목을 받지 못했다. 그러나 20세기 후반 심리학연구의 흐름이 사회문화적이고 정서적인 요인들에 관심을 둠에 따라 비고츠키 이론에 박수를 보내기 시작했다.

영유아 조기교육 찬성입장

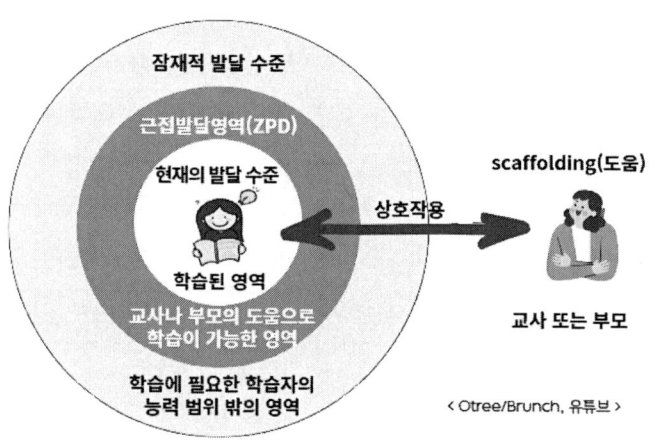

< Otree/Brunch, 유튜브 >

비고츠키 이론은 영유아 조기교육을 찬성하는 지지자들에게 크게 환영받고 있다. 좀 더 포괄적인 이해를 위해 비고츠키의 생존 기간 동안 소련의 정치적, 사회적 배경을 이해할 필요가 있다. 비고츠키는 살아있을 때 러시아 제국의 무너짐을 겪었다. 그 시대 변혁기가 궁금하다면 필자가 스릴 있게 보았던 영화 '차르'를 추천한다. 당시 러시아는 제1차 세계대전에서 실패하고, 레닌 시대, 스탈린 시대 등 정치적인 과도기를 호되게 겪었다. H. Douglass Brown(2019)은 격변의 시대를 살았던 비고츠키가 언어와 사고의 발달이 아이가 속한 사회 문화와 긴밀히 연결되어 있다는 결론에 도달했다고 설명했다. 언어는 단지 사고를 위한 도구일 뿐만 아니라

사회적인 상호작용을 통해 발달한다. 언어보다 인지가 먼저라는 피아제와 달리 인지보다 언어 발달이 선행이며 언어는 정신적인 발달에서 가장 중요한 요소로 작용한다고 주장한다. 즉 비고츠키는 사회적 상호작용이 인지발달의 근간이 되며 발달단계가 미리 정해져 있다는 개념을 거부했다.[15] 그는 당시 공산주의 이론인 마르크스주의에 영향을 받아 인지보다 사회문화적 관점인 환경에서의 언어의 중요성을 스스로 경험한 듯하다.

8. 우리와 비슷한 EFL 환경 외국 조기 영어교육 실태

일본의 조기 영어교육

조명진(2019) 논문에 의하면 2004년부터 일본에서 영어교육을 하는 초등학교의 비율이 90%, 2006년에는 95.8%로 점차 증가했다. 2012년부터는 전국 초등학교 5-6학년은 정규과목으로 연간 35시간, 3-4학년은 연간 15시간 정도의 수업이 이루어지고 있다.[16] 우리나라 5-6학년의 연간 영어 수업이 102시간, 초등 3-4학년이 연간 68시간인 것에 비하면 일본은 영어 수업 시수가 현저히 적다. 그리고 전체 초등학교가 일제히 영어를 도입한 것이 아니라 차츰 증가 되다가 2012년부터 전국적으로 초등학교에 영어가 도입되었다는 것을 알 수 있다.

일본에서도 조기 영어교육에 관해 찬반 논란이 존재하고 있다.

조명진(2019)의 논문에 따르면 일본에서도 우리나라처럼 영어전문학

---

[15] 위의 책, P. 15.
[16] 조명진, 「조기영어교육의 효과성 논쟁과 교육실태의 문제점 분석 – 일본, 중국 사례를 중심으로」, 광주여자대학교 석사학위논문, 2019, P. 19.

원이 증가하고 있으며 부모들이 조기 영어교육을 시키는 이유 또한 유사함을 밝히고 있다. 키타노(Kitano,2008)가 일본 사립 유치원 연합회의 자료를 종합한 결과, 2002년에는 18개에 불과하던 사립 영어전문학원이 2007년에는 264개로 큰 양적 확대가 있었다고 한다.[17] 또한 일본 베네세(Benesse) 교육종합연구소의 2012년 조사에 의하면, 전체 사립유치원에서 영어교육 실시 비율이 2007년 47.6%에서 2012년 58%까지 상승하여 처음으로 과반수를 넘겼다고 한다.[18] 이런 내용들이 조기 영어교육에 긍정적인 관점이라면 다음은 박신향(2016)의 논문(재인용)에서 일본이 우려하는 부정적인 관점으로는 투자대비 한계점, 영어 우월주의 등이 있다.

영어 우월주의 조장 및 조기 영어교육의 지속성 우려

조명진(2019)의 논문에서는 박신향(2016)을 재인용, 조기 영어교육의 몇 가지 형태를 제시하면서 일본 내에서 조기 영어교육이 꼭 필요한 것이 아니며 객관적으로도 조기 영어교육의 효용성에 대한 과학적 증거가 없다는 주장을 했다. 그리고 영어 우월주의를 아이들에게 조장할 수 있다는 위험성이 있음을 경고하고 있다.

어릴 때부터 영어를 자연스럽게 습득하는 것이 가능할 것이라는 것은 섣부른 기대라는 것이다. 아이들이 영어적 환경의 영어 교실을 나서면 다시 모국어 환경에 노출되게 된다. 이런 상황에서 원어민과 같은 수준의 영어 구사는 불가능하다. 즉 발음을 제외하고 모국어 외의 제2 외국어를 습득하는데 임계기가 있다는 것을 증명할 수 없다. 따라서 영어 학습을

---

[17] 위의 논문, pp. 19-27.
[18] 고용진 & 고영희, 「일본의 영어교육실태」, 한국언어학회, 언어학연구 18(1), 2013, pp. 1-23.

모국어가 완전히 확립된 중학교부터 영어교육이 바람직하다는 의견도 있고, 초등 5학년부터 도입된 현 영어교육 시스템에서 영어교육의 시작 연령이 더 하향되지 않도록 관리하는 것이 오히려 중요하다고 했다.[19]

중국의 조기 영어교육

미중 무역전쟁, 탈 냉전시대로 중국은 전 국민 대상으로 영어교육을 축소시키고 있다. 중국은 우리보다 10년 이상 영어를 먼저 학교에 도입했고 주당 수업 시수도 일본이나 우리나라보다 많았다. 조명진(2019) 논문에서 중국은 1980년대 초반부터 초 4학년부터 영어를 가르쳤으며, 2001년부터는 전국적으로 초3부터 영어가 정규교과가 되었다(김홍일, 2008, 재인용). 선행학습이 금지되어 있지만 1995년 북경을 시작으로 일부 지역 유아원에서 영어교육이 성행하게 되었다. 유아원 내에 반일제로 유아 대상 영어학원인 국제반이 널리 설치되어 유아 영어교육을 실시해 왔다. 반면 2012년 「강소성 미취학교조례」에 의해 유치원에서 외국어를 읽고 쓰는 훈련과 관련된 과정은 개설할 수 없다는 규정을 명확하게 명시한 지역도 있다.(이윤진·서문희·최윤경·박금해·백미화, 2012, 재인용). 유아 영어교육에 대한 찬반 의견은 중국에서도 엇갈리고 있다. 국토의 면적이 넓은 중국은 각 지역마다 유아 영어교육에 대한 정책이 달라 이를 하나로 정리한다는 것은 쉽지 않다.[20] 2021년 중국과 미국 간 대립이 심화되는 가운데 중국 정부의 영어교육 축소 발표가 있었다.

---

[19] 조명진(2019), pp. 25–27.
[20] 위의 논문, pp. 36–38.

2021년 영어교육 축소 발표 이후

연합뉴스(2022.10.2)에 따르면 2일 홍콩 사우스차이나모닝포스트(SCMP)에서 지난달 중국 교육부는 영어 수업 시간을 줄여야 한다는 전국인민대표대회(전인대)의 3월 제안에 퇴짜를 놓았다. 전인대는 중국 전역에서 모인 3천명 가까운 인민 대표, 35개의 대표단으로 구성되며 각종 정책 제안을 내놓는다. 중국 정부 부처는 특정 대표단이나 30명 이상의 인민대표 위원이 서명한 제안에 대해 일정 기간 내 공식 답변을 해야 한다. 영어 수업 축소를 제안한 대표들은 서방의 영향력을 줄이고 중국 문화 홍보를 강화해야 한다고 주장했다. 하지만 중국 교육부는 현재 전체 교육과정에서 영어는 중국어 수업 시간의 3분의 1 미만인 8%만 차지하고 있다며 해당 제안을 거부했다. 그러나 교육부의 공식 답변으로 전인대의 제안이 대중들에게도 알려지면서 온라인에서는 비판과 우려가 이어지고 있다고 SCMP는 전했다.

또한 중국 소셜미디어 웨이보의 한 누리꾼은 "세계 대부분의 저명 학술지가 영어로 돼 있기 때문에 어려서부터 영어를 배우는 게 매우 중요하다. 그런 학술지를 번역에만 의존해 읽을 것인가?"라고 지적했다고 밝혔다. 또 다른 누리꾼은 "전인대 대표들이 교육 개혁에 기여하고 싶다면 영어 수업 시간을 줄이자고 할 게 아니라 대학 입시에서 영어 비중을 줄이는 방안을 제안해야 한다"고 말했다고 했다. SCMP는 "누리꾼들은 향후 영어 수업이 더욱 소외되고, 학생들의 직업 선택 기회에 악영향을 미칠 수 있다고 우려한다"고 전했다.

한편 중국에서는 지난해부터 영어교육에 대한 집중 단속이 이루어져 왔다. 2021년 8월 중국 상하이 교육 당국은 중학교의 영어 기말고사 실시를 금지했고 학생들의 해외 교재 취득을 지원하지 말라고 각 학교에 지시했다고 한다. 그에 앞서 중국 당국은 2021년 7월 사교육 금지 정책인 '쑹젠'(雙減·초·중학생의 숙제와 과외 부담 경감)을 발표하며 영어 등의 사교육과 함께 외국 교재의 사용을 금지했었다. 아울러 국제학교에도 중국의 공식 교육과정 채택을 압박해 영국 '해로우 학교'와 '웨스트민스터 학교' 등이 중국에 추가로 설립하려는 계획을 철회했다.

중국에선 쑹젠 정책이 교육 불평등 해소에 도움이 된다는 주장과 영어교육을 축소하려는 움직임은 퇴보라는 지적이 맞선다고 SCMP는 전했다.[21] 2022년 위의 내용이 발표된 이후 언론에서 더이상 중국의 영어교육에 관한 발표내용은 찾아볼 수 없다. 우리보다 영어교육에 더 적극적이었던 중국의 영어교육 상황이 앞으로 어떻게 바뀔지 귀추가 주목된다.

9. 우리나라 조기 영어교육 변화

세계적으로 언어 습득/학습에 대한 관심은 100년이 넘어가지 않았으며, 우리나라에서는 공교육으로 영어 수업이 도입한 지 30년이 되어가고 있다. 짧은 영어교육 역사에 비하면 현재의 조기 영어교육 붐은 놀랍기 그지없다. 우선 조기 영어교육의 정의를 정해야 할 것 같다. 국내외 영어학자, 연구자들의 조기영어 범위가 다양하다. 필자는 초등학교 3학년 이전의 영어교육을 조기 영어교육으로 간주하고자 한다.

---

[21] "중국서 '영어교육축소' 논쟁…전인대 "수업 시간 줄여야", 〈연합뉴스〉, 2022.10.2.

1960년대 시작 30년 만에 영어 공교육으로 진입

우리나라 조기 영어교육의 역사는 일부 사립 초등학교에서 시작하여 70년대 국공립 학교 클럽활동으로 시범 운영하였다. 80년대 특별활동 시간에 영어회화 수업을 실시하였고 90년대 학교 재량수업 시간에 영어를 가르쳤으니 10년마다 비약된 영어교육 방향이었다. 90년대 당시 국제화·세계화의 시대적 요청, 조기 영어교육이 효율적이라는 이론적 배경으로 부모들의 영어 조기유학 붐은 대도시에서 시작되어 중소도시까지 퍼져나갔다. 초등학생의 영어 사교육이 보편화되고 조기 유학으로 인해 기러기 아빠 등의 사회 문제가 대두되었다. 교육부는 이러한 사회적 진통을 겪고 1997년 초등 3학년 영어를 정규교과로 도입하게 된 것이다.

4배 이상 증가한 영어 전문학원(이하: 영유)

교육부(2023. 3. 24)가 전국 교육청 부교육감 회의 시 발표한 바에 따르면 영어전문학원은 2018년 562개에서 2022년 811개로 44% 증가하였다. 이 중 서울이 269개, 경기도 205개 등 절반 이상이 수도권에 집중되어 있는 것으로 나타났다. 지역에 따라 학원비가 월 100만에서 300만원이 넘는다. 영유에 다니려면 영유 출제 시험을 통과해야 한다. 경제적 사정이 허락한다 해도 유명한 명문 영어학원에 들어가기도 쉽지 않은 상황이다. 영어만 사용하면서 보내는 시간이 1일 평균 3시간부터 9시간에 이르기까지 초등학교 40분 수업을 기준을 한다면 1일 7교시 이상을 영어 공부를 하는 셈이다. 이런 현상이 수그러들 것 같지 않은 것은 영유의 효과성을 과다하게 홍보되고 있는 책, 논문, 인터넷, 블로거, 유투버들의 책임도 다소 있어 보인다.

모두 일어나야 하는 극장 효과

이병민(2014)은 조기 영어교육을 '극장 효과'에 비유했다. 소위 맨 앞줄에 앉아 있는 사람이 일어나서 영화를 보다 보니 그 뒤에 앉아 있던 모든 사람들이 일어서서 영화를 봐야 하는 현상이다. 전에는 일부 학부모들만이 유치원 단계 영어교육을 실시했지만 어느 임계점을 지난 순간 너도나도 이 대열에 끼어들면서 여러 다양한 형태의 조기 영어교육을 하는 사교육 기관들이 생겨났다.[22] 학부모들의 자녀교육 관심, 경쟁의식이 결합하여 이제는 전국 대다수 아이들이 이런저런 형태로 유아기 영어교육의 대열에 합류하게 되어 버렸다.

엘리트 인맥 형성 욕구

김하람(2018) 논문은 부모들이 영어 전문학원을 보내는 이유 중 하나는 엘리트 인맥을 형성하고 싶은 욕구 때문이라고 한다. 강남권 부모들은 영어전문학원이 어렸을 때부터 엘리트 인맥을 만들 수 있는 장점을 가진 곳으로 인식하고 있다고 했다. 영유를 보내는 것은 사립초, 국제중, 특목고, 명문 대학과 연계하려는 의도라는 것이다. 또한 자녀에게 차별화된 사교육을 통해 영어전문학원이 부모 세대의 문화자본을 대물림하는 핵심적인 교육공간으로 등극하고 있다고 볼 수 있다[23]는 것이다.

---

22 이병민, "우리나라 영어 조기교육의 실태와 인식에 대하여, 영유아 영어 조기 교육의 인식 실태분석 및 대안마련", 국회토론회, 교육부 & 사교육없는 세상, 2014. pp. 82-88.
23 김하람(2018), P. 46.

부모의 불안감

영유를 보내는 또 다른 이유는 부모의 불안감에서 비롯된다. 필자는 학부형들과 만나면 학교 교사의 수업이 불만스러운지, 왜 학원을 보내게 되는지를 으레 질문하게 된다. 공통적인 대답은 학교만 보내고서는 불안해서 견디기 어렵다고 한다. 영유를 보내는 부모들의 공통점도 자녀가 또래 경쟁에서 뒤쳐질지 모른다는 두려움으로 보여진다.

10. 뇌의 좌우 기능 분화 과정과 언어 습득 나이

언어 습득이 나이와 상관이 있는지 여부를 파악하기 위해 뇌 좌우 반구의 기능 분화에 관한 의견을 살펴보고자 한다. 결론은 뇌 기능 분화 과정이 나이에 영향을 주는 것에 의견이 분분하다는 것이다.

H. Douglas Brown (2019)는 언어기능은 일차적으로 좌반구에 의해 통제되는 것으로 보지만 상반되는 증거도 상당히 많이 있다고 했다. 예를 들어 Zangwill(1971)은 뇌 좌반구의 절제 수술을 받거나 부상을 입은 환자들도 일부 언어를 이해하고 말을 할 수 있다고 한다. 다른 예로 뇌 우반구의 장애는 언어기능에 영향을 덜 미치는 것으로 알고 있지만 Millar와 Whitaker(1983)의 연구에서는 언어 능력의 경우 좌우반구를 명확하게 구분하는 것에 반론을 제기하였다. 즉 뇌의 기능 분화 과정이 언어 습득에 영향을 미치는가에 관한 증거는 충분하지 않다고 했다.[24]

---

[24] H. Douglas Brown(2019), P. 66.

나이가 언어 습득에 영향을 준다는 학자들

H. Douglass Brown(2019)에서 Lenneberg(1967)는 뇌의 기능분화가 2세 경에 시작해서 사춘기 즈음에 끝나는데, 느리게 진행되는 과정이라고 주장했다. 그의 연구에서 좌반구의 수술을 받은 아동들은 완전히 언어를 통제하여 회복된 반면에 어른들은 그렇지 못했다고 주장했다. Scovel(1969)도 사춘기 이전에는 뇌가 유연하기 때문에 아이들은 모국어뿐만 아니라 제2언어도 습득할 수 있다고 했다. 성인이 제2언어의 유창한 구사 능력을 쉽게 습득하지 못하는 것은 바로 뇌의 기능분화 때문이라고 주장했다. 이와 유사한 주장을 한 연구자는 Gesch Wind(1970) 등이 있다.[25]

나이가 언어 습득에 영향을 주지 않는다는 주장

H. Douglass Brown(2019)에서 뇌기능 분화 과정이 영어 습득에 영향을 주지 않는다는 주장을 한 Krashen(1973)은 뇌기능 분화가 5세 경에 완료된다는 뒷받침하는 연구들을 언급했다. 즉 크라센은 나이가 언어 습득에 영향을 주지 않는다고 주장한 것이다. Adams(1997)도 사춘기까지 뇌 좌반구에 부상을 당해도 언어 관련 기능을 우반구로 재배치하여 장애 없이 모국어를 다시 학습할 수 있다고 주장함으로써 언어 습득에 관련있는 뇌 좌반구의 영향을 부인했다. Muñoz와 Singleton(2011, P. 25)은 수많은 신경언어학 연구 수십 편을 검토한 후 신경언어학 연구들의 결과는 결정적 시기의 존재에 관한 확고한 증거를 찾지 못했다고 했다.[26]

---

[25] Ibid(동일한 책의 같은 페이지에서 두 번째 인용)
[26] 위의 책, pp. 66-67.

제2언어 습득 시 뇌 우반구의 역할이 중요하다는 주장

H. Douglass Brown(2019)에서 인용한 Obler(1981, p. 58)는 제2언어 습득 시 학습 초기 단계에 우반구의 역할이 특히 두드러진다고 했다. 그는 뇌의 우반구가 하는 활동의 예로 의미 추측 책략과 정형화된 발화 책략의 사용을 언급했다. 먼저, Obler는 우뇌가 주로 의미 추론과 관련된 전략을 사용한다고 주장했다. 이는 제2언어를 학습하는 동안 맥락과 상황을 이해하고 의미를 추론하는 능력을 의미한다. 우뇌는 언어의 맥락과 관련 정보를 통해 단어의 의미를 파악하고 이를 활용하여 커뮤니케이션을 지원한다. 또한, Obler은 우뇌가 정형화된 발화 책략을 사용한다고 말했다. 이는 학습 초기 단계에서 우뇌가 언어를 익히는 동안 자주 반복되는 표현이나 구조를 사용한 경향을 갖는다는 것을 의미한다. 이러한 정형화된 발화 책략은 우뇌가 언어를 보다 빠르고 효율적으로 습득하고 사용할 수 있도록 돕는다는 것이다. 또한 Genesse(1982)는 교실이 아닌 일상적인 상황에서 뇌의 좌반구보다 우반구에 의한 언어 처리가 훨씬 많이 일어난다는 결론을 내렸다. Fabbro(2009)도 뇌의 우반구가 언어 사용에서 화용적 측면을 처리하는 데에 중요한 역할을 한다는 결론을 내렸다. 여기서 "화용적"이란 언어를 현실적인 상황에서 효과적으로 사용하고 이해하는 능력을 의미한다.[27] 위 연구들의 결과를 종합한다면 언어 습득 능력의 경우 뇌의 좌우 반구의 구분된 역할에 대한 의견이 분분하다.

---

[27] 위의 책, P. 67.

11. 조기 영어교육과 언어학적 요인

영어 학습 시 한국어와 영어 사이의 간섭은 촉진 요인

H. Douglas Brown(2019)는 모국어와 영어 사이의 간섭을 오히려 촉진 요인이라고 했다. 모국어와 제2언어의 상호작용을 통해 학습자는 공통된 언어구조나 의미적 특징을 파악하고, 이를 제2언어학습에 적용하여 효과적으로 언어를 습득할 수 있다는 것을 주장하였다. 그는 성인의 제2언어 습득 과정에 모국어가 미치는 부정적 영향은 별로 없고 두 언어의 습득과정이 시간적으로 간격이 클 때 더 그렇다고 한다. 그는 성인과 아이는 모두 언어 내적인 오류를 보이고 이것은 모국어의 규칙과는 상관없이 제2언어의 규칙을 찾아내려는 시도라고 했다.[28] 이것을 우리나라 영어 학습 환경에 대입해보면 모국어를 충분하게 습득/학습한 이후인 성인이 영어를 배울 때 한국어와 영어 사이의 상호작용이 유익하게 작용한다고 볼 수 있다.

결정적 시기가 적용되는 발음 습득

H. Douglas Brown(2019)에서 Walsh & Diller(1981) 와 Long(1988)은 결정적 시기가 적용되는 것은 발음 영역 뿐이라고 했다. 제2언어의 다양한 영역들은 최적의 습득이 이루어지는 나이가 각각 다르다고 주장했다. 그래서 발음과 같은 하위 처리과정은 조기에 성숙되는 뇌 기능에 의존하기 때문에 외국인 악센트는 아동기를 지나면 극복하기 어려운 것이라고 했다. 발음 습득 분야에만 결정적 시기 가설

---

[28] 위의 책, P. 81.

을 지지하는 학자들은 Hyltenstam & Abrahamsson(2003), Singleton & Ryan(2004) 등이 있다.(재인용)[29]

12. 사춘기 시기 영어 학습

나이와 영어 학습에 관련이 많은 정서적 요인을 살펴보려고 한다. 정서 요인이란 자기중심성, 자아존중, 억제력, 정체성, 또래 압력, 모방, 불안감, 태도 등을 의미한다. 이 요인들은 언어가 갖는 광범위한 특성과 사람의 감정이 중심이라는 것을 고려하면 이 모든 것들이 제 2언어학습에 밀접하게 관련이 있다고 볼 수 있다. 이 중 영어 학습과 관련한 주요 정서 요인을 살펴보고자 한다.

나이가 어릴수록 자기중심적이다. 아이들은 세상이 자기들을 중심으로 이루어져 있다고 생각하며 자신에게 초점을 맞춘 채 세상 모든 일을 바라본다. 어린 자녀에게 실험을 해보면 금방 이해가 될 것이다. 엄마가 머리를 빗는 모습을 보여준 후 아이에게 빗을 건네주면 자기 눈에 비친 대로 반대의 모습으로 빗을 들고 있는 것을 확인하게 될 것이다. 나이가 들어감에 따라 자신이 정체성을 찾고 이해하게 되면서 자기중심성에서 벗어나게 된다.

사춘기 자아 보호를 위해 매달리게 되는 모국어의 안전함

사춘기 때 자의식은 아기였을 때와 달리 타인에 대한 의식과 함께 나타

---

[29] 위의 책, P. 69.

난다. 이 시기부터 자신의 정체성을 보호하기 위해서 억제력(inhibition)을 발달시킨다. 사춘기에는 신체적, 인지적, 감정적 변화를 겪는 가운데 이러한 억제력이 최고조에 달하게 되고 새로운 신체적, 인지적, 감정적 정체성을 가지게 된다. H. Douglas Brown(2019)에서 심리학자 Alexander Guiora(1972b)는 언어 자아라는 개념을 제안했는데 새로운 언어, 즉 영어 학습 시 사춘기에는 신체적, 감정적인 여러 변화로 언어 자아가 보호적이고 방어적으로 만들어진다는 것이다. 즉 청소년의 불완전한 자아를 보호하기 위해 언어 자아는 모국어의 안전함에 매달리게 된다는 것이다.[30] 청소년들이 제2언어를 배울 때 "웃음거리"가 되지 않으려고 하는 것이 이해되는 대목이다.

10대 또래 압력(peer pressure)

또래와 동일하게 되기 위한 압력(peer pressure), 주위 아이들과 동일시되기 위한 아이들의 욕구는 강하다. 제2언어를 구사하는 경우, 그 언어 표현이 어색하거나 발음이 틀리는 경우 등 또래집단과 다른 언어 사용의 불안한 자아를 형성할 수 있음을 의미한다. 이는 아이들 사이에서 존재하는 사회적 압력으로 이해할 수 있다. 이러한 압력은 아이들의 자신감과 자의식을 낮출 수 있으며, 제2언어학습을 꺼리게 만들 수 있다. 특히 10-11세 정도의 아이들은 뇌의 발달과 함께 감정적인 변화가 많이 일어나기 때문에, 제2언어학습을 위해 극복해야 할 감정적인 부조화가 많을 수 있다. 이 시기에는 자아 정체성과 자아 개념의 발달이 진행되며, 이로 인해 자신의 가치관, 성격, 호불호 등이 더욱 확고해진다. 따라서 다른 사

---

30 위의 책, pp. 77-79.

람과 다르게 행동하거나 언어를 사용하면, 그것이 자신의 정체성과 부합하지 않는 것으로 느껴질 수 있는 것이다. H. Douglas Brown(2019)에서 사실 "어린이가 성인보다 외국어를 쉽게 습득하는 것이 새로운 언어에 대한 위협을 적게 받으며 언어를 배우는 데 타인의 도움을 꺼리지 않기 때문이다." 라고 하였다. 정서적 요인들인 억제력, 언어 자아, 정체성, 태도 등 정서적 요인들은 나이가 어릴수록 언어 습득에 유리하게 작용할 수 있다는 것이다. 그럼에도 불구하고 여전히 어린이가 제2 외국어를 공부하는 것은 또래집단의 사회적 압력으로 인한 심리적 부담감을 가져올 수 있으며 정체성 혼란을 가져오는 부작용을 일으킬 수 있다고 했다.[31]

사춘기 모국어조차 침묵하려는 심리

사춘기를 겪는 것은 학생의 개인차가 있어 초등 저학년부터 중학생에 해당된다. 영어 교사, 학부모는 사춘기를 겪는 학생, 자녀가 모국어조차 침묵하려고 하는 심리를 알아차려야 한다. 특히 중학생 시기 학생들의 정체성, 또래 압력 등 심리 상태를 이해하는 것은 반드시 필요하다. 준비된 영어교육자는 특히 영어 말하기 지도를 할 때 실수로 인해 학생이 위축될 상황에 어떻게 반응할 것인지 진지하게 고민할 것이다.

13. 사례 1(부모들이 영유 보내는 이유. 두 갈래 정서)

영유에 보낼까? 말까?를 고민중인 독자는 현재 영유를 보내고 있는 부

---

[31] 위의 책, pp. 173-214.

모들의 솔직한 생각, 표현과 그들의 경험들이 도움이 될 것이다.

이해림(2019)의 논문에서 "글로벌 인재 양성을 위한 조기 영어교육에 대한 학부모 인식 연구" 중 영어교육과 관련한 학부모와의 설문 내용을 재인용하였다. 수도권에서 자녀를 영유 보내는 18명 학부모의 설문 결과, 부모들의 정서가 크게 만족하고 있는 경우와 불안해하는 부모 유형으로 나누어진다. 독자는 양쪽 관점에서 부모들이 한 말들을 통해 자녀의 영어교육 방향에 관해 결정을 내릴 때 참고가 될 수 있을 것이다.

이해림(2019) 논문에서 자녀를 영어전문학원에 보내는 목적, 기대, 현 수업에 만족도 여부에 관한 학부모들의 설문 내용이다.[32]

기대에 차고 긍정적인 학부모

(학부모 1) 경험이 중요하여 글로벌한 리더로 키워주기 위해 영유에 보내고 있긴 하지만 결국 아이가 좋아하고 잘하는 게 무엇인지 찾아주기 위함입니다. 획일화된 교육으로 저처럼 융통성 없는 사람으로 자라지 않기를 바랍니다.

(학부모 2) 영어에 노출을 시켜 자연스럽게 받아들이고 영어가 학습으로 인식되기보다는 아이 스스로 즐기면서 하길 바래요. 일찍 노출시켜서인지 영어로 동영상을 보거나 영어 동요를 흥얼거리고 거부감 없이 받아들이고 아이 스스로 자신감이 커지는 것 같아요. 미래에 기술 발달로 동시통역 기계 같은 기기들이 출시될 것이라고 생각합니다. 하지만 어릴 때 원어민을 접하면서 자연스럽게 거부감을 없애고 자신감 있는 아

---

[32] 이해림, 「글로벌인재양성을 위한 조기 영어교육에 대한 학부모 인식 연구」, 중앙대학교 석사학위논문, 2019, pp. 23-52.

이로 자라길 바랍니다. 우리나라에서 원어민과 매일 생활하면서 자연스럽게 모국어 수업이 가능한 곳이 영어전문학원이라 보내고 있습니다.

(학부모 3) 다른 언어를 할 줄 안다는 것은 다른 기회를 찾아보고 도전할 기회가 많아진다고 생각해서 영어교육을 시키고 있습니다.

(학부모 4) 시대에 뒤처지지 않고 국제화 시대에 자연스럽게 융화될 수 있으며, 다양한 경험을 함에 있어 언어의 장벽을 최소화하기 위해 영어교육을 하고 있습니다.

(학부모 5) 저희 아이는 6세부터 원서 중심으로 과외 수업을 진행하여 7세부터 영유에 갔습니다. 일단 한국어, 모국어를 충분히 구사한 다음 영어 수업을 진행하고 있으므로 현재 조기 영어의 부정적인 측면은 없다고 봅니다.

(학부모 6) 자연스럽게 영어를 노출시키고 듣기와 책 읽기 등 공부로서 접근이 아닌 놀이와 자연스러운 접근 시 부정적인 측면은 없다고 생각합니다. 파닉스를 먼저 시킨다든지 억지로 쓰기를 시킨다든지 하는 주입식 방법이 아니라면요.

(학부모 7) 언어 발달이 잘 이루어지지 않은 단계에서 영어 노출은 언어발달에 영향을 주는 것으로 보입니다. 우리말 교육이 먼저나 언어 습득 시기 만 6세 이전에 우리말과 영어를 함께 교육 시 습득력이 빠른 것 같아요.

(학부모 8) 영어의 중요성이 강조되고 있기 때문에 일반 유치원에서 접할 수 없는 원어민과의 수업을 통해 거부감 없이 자연스러운 생활영어를 접하고 경험할 수 있는 기회를 주고 싶었어요.

(학부모 9) 영어전문학원이 아니면 아이가 원어민과 대화를 할 수 있는

기회가 없어요. 그래서 영어전문학원에 보내고 있습니다.
(학부모 10) 국제화 시대인 만큼 다양한 문화를 이해할 수 있고, 영어를 자연스럽게 익히며 모국어와 함께 성장시키기 위해서 영어전문학원에 보내고 있습니다. 또한 외국에 나가서도 막힘없이 대화가 가능하도록 하고 싶어요.
(학부모 11) 영어 구사능력은 미래에 아이가 성장할 시대에서는 더욱 필수적인 능력이 될 것 같아요. 그러한 능력을 반드시 갖추기 위해서는 조기부터 노출시키는 것이 좋을 것 같습니다.
(학부모 12) 나의 경험을 토대로 학문적인 언어가 아닌 재미있게 즐겁게 놀이 식으로 접근시키고 싶어요. 어릴 때일수록 공부로 받아들이지 않는다 하여 영어전문학원에 보내고 싶어요.
(학부모 13) 어릴 때 가르치면 귀가 열리고 말하기, 읽기와 쓰기까지 무난하게 넘어가는 것을 몸소 느끼고 있습니다. 하지만 한국어가 부족하다는 것을 느껴서 한글도 엄청 열심히 가르치고 있습니다.

위 설문 내용을 보면 학부모들의 영유 보내는 목적이 영어를 재미있게 배워가도록 빠른 영어 노출, 미래 선택지를 넓혀주기 위해서, 원어민과의 자연스럽게 거부감 없이 영어 하기, 언어 습득 적기 등 다양함을 알 수 있다. 이 중에서 미래 준비가 가장 높은 비율을 보인다. 현재 영유 수업이 공부가 아닌 놀이 방식이므로 학부모와 학생들은 만족스럽게 수업을 받을 수도 있다. 다음은 이해림(2019) 논문에서 영어전문학원에 보내고 있지만 걱정과 아쉬움이 있는 부모들의 예이다.

불안, 아쉬움을 드러낸 학부모

(학부모 1) 모국어가 부족한 아이들은 언어 자체에 혼란이 생길 수 있고 종종 영어 자체에 대한 거부감이 생기기도 하는 거 같아요.

(학부모 2) 학교에 가면 초등 3학년 수업 시 a, b, c부터 배우므로 괴리가 큰 것 같아요.

(학부모 3) 자기가 하고자 하는 말을 아주 자연스럽게 구사하지 못할 때의 답답함이 있는 것 같습니다. 그러나 이를 극복하는 과정에서 외국어가 폭발적으로 느는 아이들이 많은 것 같아요.

(학부모 4) 일반 유치원에서 하는 유치원 정규과정을 받지 못하니 아쉬울 뿐입니다. 그 외 다 만족합니다. 그러나 영유이다보니 엄마가 한국어에 정말 신경 써야 합니다.

(학부모 5) 아직 어린 나이의 아이들이기에 모국어 이해를 통한 영어의 확장을 기대하고 싶지만 영어 위주의 수업이 주가 되는 것이 아쉬워요.

(학부모 6) 3-4세 놀이학교를 보냈고 5세엔 영유를 보내고 있습니다. 부족한 점은 사교육을 더 시켜야 한다는 점입니다. 우리나라의 전래동화 및 위인들 교육이 부족합니다.

(학부모 7) 한글과 영어 알파벳을 혼동하여 해피크리스마를 해B크리스마스로 표기하는 경우가 있었어요.

(학부모 8) 한국어와 영어를 종종 혼동해서 쓸 경우가 있어요.

(학부모 9) 한글보다 영어에 더 재미를 느끼고 있어서 집에서도 한글책보다는 영어책을 자주 보는 경험을 합니다. 그래서 집에서는 한글 책 위주로 상호작용을 많이 해주고 있어요. 현재까지는 영어전문학원에 보내는 것에 특별하게 부정적인 영

향은 없는 것 같습니다.

(학부모 10) 아이가 영어를 너무 좋아하고 잘하는 반면, 한글에 어려움을 느껴서 한글을 읽게 하는데 굉장히 힘들었습니다. 영유가 정말 어려운 곳이긴 합니다. 한글, 영어 둘 다 놓칠 수 없기 때문에 엄마 숙제가 많은 곳입니다.

이상에서 소개된 영유 부모들은 한글 학습 우려, 부모들의 과제, 일반 유치원에서 배우는 내용을 놓치는 것 등 다양한 종류의 걱정과 아쉬움을 드러낸다. 다음은 조기 영어교육이 한국어 발화에 미치는 영향을 살펴보자.

14. 사례 2
(조기 영어교육이 학습자의 모국어 발화에 미치는 영향)

전일제 영어 학습자와 시간제 영어 학습자의 모국어 발화 비교[33]

김유정 & 이선영(2015)의 논문은 일반 유치원에서 영어 수업을 받았던 아동과 전일제 영어 학원을 다녔던 아동들의 '모국어 사용 시 오류'를 알아보기 위해 총 40명의 평균 연령 7세의 초등학교 1학년 아동들을 참여시켰다. 취학 전 전일제 영어전문학원을 다닌 아동 20명, 일반 유치원에서 시간제 영어교육을 받은 경험이 있는 아동 20명을 대상으로 이들이 유치원을 마친 후 초등학교에서의 생활 후 실험하였다. 그 결과 시간제 조기 영어 학습자가 전일제 영어전문학원 학습자보다 훨씬 수준

---

[33] 연구자는 영어전문학원(영유)를 전일제 영어 학습자 또는 영어전문학원으로 표기하고, 그 외의 경우 시간제 영어 학습자 또는 일반 유치원으로 표기함

있는 모국어 발화를 하는 것으로 드러났다[34]고 한다. 다음은 모국어 발화 시 나타난 현상을 요약한 것이다. 전체 비교표는 본 장의 부록을 참고하기 바란다.

김유정 & 이선영(2015)의 논문에 따르면 시간제 조기 영어 학습자가 모국어(한글) 유창성의 발화 시간이 조금 길었으며 총 모국어를 사용한 음절 숫자도 더 많았다. 종속절을 사용하는 복잡성에 있어서도 시간제 조기 영어 학습자의 발화에서 더 많이 발견되었다. 정확성에서 시간제 조기영어 학습자는 95%, 전일제 조기 영어 학습자는 86%를 보였다. 즉 모국어 발화 시 유창성, 복잡성, 정확성이 시간제 조기 영어 학습자가 전일제 영어 학습자보다 더 높은 수치를 보였다. 두 집단의 비교 결과 EFL(English Foreign Language) 환경에서 조기 영어교육에 대한 부정적인 면을 고려해야 한다는 입장이다.

전체 비교표에 의하면 전일제 조기 영어 학습자의 경우 시간제 조기영어 학습자에게도 나타난 격조사와 조사를 제외하고도 다양한 오류가 나타났다. 부록의 비교표를 보면 명사, 동사의 수동 표현, 형용사, 부사, 의성어, 부정어, 접속부사, 발음까지 다양하게 오류가 나타났음을 알 수 있다. 그러나 시간제 조기 영어 학습자의 모국어 발화 시 오류 유형은 조사 생략과 격조사 사용으로 나타났고 다른 유형은 거의 나타나지 않았다.[35]

김유정 & 이선영(2015)의 연구는 EFL 환경에서 조기 영어교육에 대

---

[34] 김유정 & 이선영, 「영어 조기교육이 7세 아동의 모국어(한국어) 나레이티브에 미치는 영향」, 이중언어학 제60호, 2015, pp.1-28.
[35] 위의 논문, pp. 21-22.

한 부정적인 면을 고려해야 한다는 입장인 강호영(2004), 심순희(2006), 김은주(2010), 김형재(2012), 김민진(2012) 연구들을 뒷받침한다. 특히 조기 영어교육을 받은 시간이 길수록, 영어에만 노출된 교육 형태일수록 모국어 발화 시 많은 오류가 많이 나타나게 한다는 것을 확인할 수 있다[36]고 했다.

15. 사례 3
(조기 영어교육이 초중고생의 영어 학습에 미치는 영향)

중고생의 영어 학습에 자신감에 긍정 영향

이승은 & 조진현(2019)은 논문에서 광주지역 중학생 317명 대상으로 설문조사 결과 취학 전 영어교육을 받은 중학생이 영어 공부의 자신감과 영어 공부의 필요성에 공감하는 비율이 유의미한 차이를 나타냈다고 했다.[37] 또한 김보경(2020)의 논문에서도 수원지역 고교 2학년 200명 대상으로 설문한 결과 조기 영어교육을 받은 고교생이 영어 학습에 자신감을 가지는데 긍정적인 영향을 주고 있다고 했다.[38] 조기 영어교육을 받지 않은 학생들보다 조기 영어교육을 받은 학생들에게 나타나는 공통점은 영어 학습에 자신감이다. 이웃 고교 영어 선생님들도 실제 나타나는 성과에

---

36 위의 논문, pp. 23-24.
37 이승은 & 조진현, 「취학 전 영어교육 경험이 우리나라 중학생의 영어 성적과 영어 학습태도에 미치는 영향」, 인문사회 21, 10(1), 2019, pp. 497-506.
38 김보경, 「조기 영어교육의 효과에 대한 학습자 인지」, 아주대학교 석사학위 논문, 2020, pp. 11-38.

비해 영유 출신 학생들이 자신들이 영어를 꽤 잘하고 있다고 생각하며 자신만만하다고 했다. 며칠 전 만났던 현 근무교 2학년 P 학생의 경우도 비슷하다. 초등학교 고학년 때 중국에서 2년 국제학교를 다닌 이력, 영어전문 학원을 다닌 경험이 있다는 그 학생은 자신이 영어를 잘한다고 했다. 학급에서 실제 영어 성취도 평가에서 좋은 결과를 받고 있는지 슬쩍 물었더니 80점 이상이면 받을 수 있는 '우'도 받지 못한다고 함께 온 학생이 대신 답했다. 왜 영어를 잘한다고 대답할 수 있을까? 이 학생들의 공통점은 생활영어를 외국인과 거리낌 없이 할 수 있을 정도가 되는 것 때문이지 않을까 생각한다.

유의미하지 않은 학생의 불안감

최인영 & 이제영(2019) 논문에서는 초등 3-5 학년 총 202명을 대상으로 영어 학습에 대한 정의적 영역인 동기, 불안, 자신감 등을 검사한 결과, 조기 영어교육을 통해 영어 학습에 자신감과 흥미를 갖게 된 것으로 나타났다. 그러나 그의 논문에서 조기 영어교육을 받은 학생이나 받지 않은 학생의 '불안' 수치 차이가 통계적으로 유의미하지 않은 것으로 나타났다.[39] 조기 영어교육을 하는 학생과 하지 않는 학생 간에 정서 중 불안감을 느끼는 것에 차이가 없다는 결과는 시사하는 바가 매우 크다. 조기 영어교육을 시키거나 영어 사교육을 시키는 대표적인 이유는 부모의 불안감 때문이다. 현 근무교 학부모들과의 대화에서도 학원을 보내지 않으

---

[39] 최인영 & 이제영, 「조기 영어 학습 경험이 초등학교 영어 학습에 미치는 영향」: 정의적 영역을 중심으로, Asia-pacific Journal of Multimedia Services Convergent with Art, Humanities, and Sociology Vol.9, No.2, 2019, pp. 171-177.

면 자녀보다 엄마가 불안해서 견디기 어렵다는 이야기를 자주 듣는다. 조기 영어교육을 시키고 있거나 계획이 있는 경우, 자녀를 위한 영어교육인지? 부모님의 정서(불안감) 때문은 아닐지 다시 한 번 점검할 필요가 있다.

취학 전 영어교육이 중학생 영어 성적에 미치는 영향

이승은 & 조진현(2019)의 논문에서 광주광역시 소재 중학생 317명 대상으로 설문한 결과 취학 전 영어교육 경험과 영어 성적 간에 약한 상관관계가 있는 것으로 나타났다. 그리고 학생들의 조기 영어교육이 중학교 영어 말하기 영역에서 가장 도움이 되었다고 했다. 반면 영어 공부 중 가장 어렵게 느끼는 분야는 문법이라고 여겼다. 설문에 응한 중학생들은 취학 전 배웠던 흥미 위주의 영어교육이 중학교에서 읽기 등 영어 공부에 큰 도움이 되지 않는 것 같다고 답했다.[40]

조기 영어교육과 고등학생 영어 성취도

김보경(2020) 논문의 선행연구들 중에서 이완기, 최연희, 부경순, 이정원(2001)은 초등영어교육이 중학교 과정에서 듣기 영역에 긍정적 영향을 미치는 반면 대학수능 영어 시험과는 연관 관계를 찾지 못한다는 결과를 도출하였다고 했다. 반면 김보경(2020) 논문에서 경기도 수원 지역 2학년 고등학생 197명을 대상으로 조기 영어교육 효과에 관해 설문을 조사한 결과 3년 이상 조기 영어교육을 받은 학생들은 조기 영어교육이 긍정적인 영향을 받았다고 했다. 조기 영어교육이 영향을 준 순위는 학교 내신 성적(72.6%)-대학 수능 영어(70.5%)-영어능력 전반(69%)이다. 이 학

---

[40] 이승은 & 조진현(2019), pp. 493-506.

생들의 조기 영어교육 형태는 학습지(37.1%), 학원(26.4%), 과외/공부방(22.3%), 영어전문학원(영유, 5.6%), 부모님 지도(2.5%), 기타(6.1%)이다. 취학 전 영어 학습 집중 영역은 문법과 단어(47.7%)-읽기(38.6%)-말하기(10.2%)-듣기(2.5%)-쓰기(1%) 순이다. 조기 영어교육 시 말하기와 듣기 중심 영어교육을 하고 있는 것으로 알려져 있고 필자 또한 그렇게 생각하고 있었는데 문법과 단어가 가장 높은 비율을 보이는 것이 다소 놀랍다. 취학 전 영어 학습에 대한 학생의 흥미도에서 '매우 재미있었다'는 10.7%인데 '매우 재미없었다'는 21.2%이다. 조기 영어교육의 체감 효과에 관해서 3영역(영어능력전반 44.6%, 내신성적 45.7%, 대학 수능영어 42.1%)에서 공통으로 '조금 영향을 주었다'가 가장 높은 비율을 차지한 것으로 나타났다. 다음 순위는 '매우 영향을 주었다'(24% -29.4%)이다.[41]

16. 사례 4(초등 교사의 자녀 조기 영어교육 관점)

초등 교사들의 조기 영어교육 관점은 다른 사람들보다 학부모, 이웃 등에게 더 많은 영향력을 줄 수 있기 때문에 이 연구 사례를 살펴보는 것이 의미있을 것이다. 김은정(2021)의 연구 논문에서 6명의 교사들이 자녀들의 영어교육 방향에 대해 인터뷰한 자료는 다음과 같다.

---

[41] 김보경(2020), pp. 11-38.

6명 초등 교사의 조기 영어교육 관점에 관한 인터뷰 내용

A 교사는 7세 자녀를 영어전문학원에 보내려는 이유를 적은 초등 수업 시수, 영어 전공도 아니면서 영어전담교사 수요가 부족해서 어쩔 수 없이 맡게 되는 교사를 만날 수도 있기 때문에 공교육을 신뢰하기 어렵다고 했다. A 교사의 말이 독자에게 미치는 영향이 크다고 본다. 초등 영어전담교사 또는 영어회화전문강사가 초등영어 수업을 맡고 있다고 여겨왔는데 때로는 그러지 못한 상황이 발생할 수 있다는 것에 상당히 우려될 것 같다.

B 교사는 취학 전 영어교육의 효과에 대해 긍정적이지만 영어전문학원의 등원 시간을 맞출 수 없어서 보내지 못하고 있다고 했다. 자녀들이 중학생 시기가 되면 해외 파견 근무를 고려하고 있다고 했다.

C 교사는 주중에는 자녀에게 직접 영어로 말을 걸고 듣기, 파닉스 등 공부를 시키고 주말 1회는 영어마을에 다니게 한다고 했다. 4학년이 되면 해외체류 경험을 통해 영어 공부의 중요성을 알게 해줄 것이라고 했다.

D 교사는 자녀의 영어 발음을 중요시 여기고 있으며 영어전문학원에 보낼 계획이라고 했다.

E 교사는 스스로 공부하는 습관을 키워주는 것을 중요하게 생각하기 때문에 영어전문학원, 학원을 보내지 않고 학교 공부만 하고 있는 5학년 자녀가 있다. 전 교과를 두루 잘하를 바라서이다. 아이가 5학년이 된 후에는 영어를 어려워해서 학원을 보내야 하는지 고민하고 있다고 했다.

F 교사 자녀의 인터뷰 내용은 이사 온 새로운 이웃들이 모두 학원을 보내니 엄마로서의 위기의식이 생겨 자녀를 학원에 보내고 엄격하게 관리하고 있다고 했다.[42]

---

[42] 김은정, 「초등 교사의 자녀에 대한 영어교육 인식 및 교육 방식에 관한 민족지학적연구」, 학습자중심교과교육연구」,2021, 21(24), pp. 409-425.

정의 내리기 어려운 원어민 영어 악센트

김은정(2021)의 연구에서 대다수 초등 교사들은 영어 공부를 일찍 시작하는 것이 효과적이라고 여겼으며, 원어민스러운 발음이 조기교육의 가장 큰 효과라는 관점을 가졌다고 했다. 그러나 H. Douglas Brown(2019)에서 Abrahamsson & Hyltenstam(2009)은 언어의 국제화 혹은 현지화와 관련하여 "원어민"의 악센트라는 것을 정의 내리기가 쉽지 않다는 것을 보여주는 수많은 증거와 관련이 있다고 주장했다. 1960년대 원어민 이상주의는 시간이 지나면서 점점 찾아보기 어려워지고 동시에 타당성도 떨어지게 되었다(Birdsong, 2005)[43]고 한다. 세계적으로 영어 평가에서 영어 발음이 그다지 중요하게 취급되지 않고 있다. 나라마다 방언을 감안하여 콩글리시, 싱글리시 등을 인정하는 추세이다. 게다가 영어권 국가 내에서도 지역 방언이 존재하여 같은 나라 사람들끼리도 지역 방언을 이해하지 못하는 경우도 있을 정도이다. 미국 지역도 우리나라는 서부 쪽의 영어 발음에 기준을 두는 편이지만 남부나 다른 주의 방언이 엄연히 존재한다. 이러한 발음과 억양의 다양성 때문에 이제 영어는 원어민 발음으로 영어 실력을 평가하지는 않는다. 원어민 같은 발음을 위해 노력하는 것보다 의도한 바를 제대로 전달할 수 있는 영어를 구사하는 것을 더 중시 여기는 것이다. 발음하면 생각나는 사람, 전 반기문 유엔 사무총장의 한국적 발음이 영어 구사력을 평가하는데 전혀 문제가 되지 않았음을 우리는 기억한다.

---

[43] H. Douglas Brown(2019), P. 71.

취학 전 영어교육에 긍정적인 초등 영어전담교사

김은정(2021)의 연구에서 1명의 교사를 제외한 나머지 초등 교사는 자녀를 영어 사교육 기관에 보내고 싶어하는 것으로 나타났다. 필자는 초등 영어전담교사들이 취학 전 영어교육에 관해 긍정적인 편이기 쉽다고 생각한다. 왜냐하면 초등 영어 수업에서 만나는 조기 영어 학습자들의 영어 의사소통 능력, 유창해 보이는 발음, 그들의 자신감 등 밝은 면을 마주하는 상황이기 때문이다. 반면 필자 주변의 중등학교 영어 교사들은 조기 영어교육에 크게 열광하지는 않는다. 중고 영어 교사들은 영어전문학원 출신 학생들과 보통 다른 학생들간의 큰 차이가 없음을 직면하고 있어서일 것이다. 원어민과 일상 영어 말하기를 유창하게 한다고 해서 학교 영어 공부를 반드시 잘하는 것이 아니라는 것도 익히 알고 있기 때문일 것이다.

17. 사례5(외국인의 언어학습 경험으로 배운다)

국내 연구와 사례들에 이어서 해외의 사례를 좀 더 살펴보자.

H. Douglas Brown는 앞서 많은 인용을 해온 『Principles of Language Learning and Teaching: 언어학습과 교수의 원리』 책의 저자이며, 아래의 예는 영어가 모국어였던 H. Douglas Brown의 어린 시절 이야기이다. 이 이야기에서 내 자녀가 취학 전 영어 학습 시 느낄 수 있는 정서를 가늠할 수 있을 것이다. 그리고 아이들은 학습 능력만큼이나 쉽게 잊어버리는 성향이 강하다는 것도 알게 될 것이다. 이런 상황을 부모가 받아들인다면 자녀들이 보여주는 놀라울 정도의 언어학습 능력에 대한 찬사, 영어 학습 효과에 대한 기대치도 많이 줄어들 것 같다.

미국인 프랑스어 경험 사례[44]

H. Douglas Brown의 어린 시절 이야기이다. 우리 아빠는 프랑스어로 수업하는 학교에 나를 등록시킬 생각을 하시면서 이렇게 말씀하셨다. "아, Doug는 괜찮을 거야. 걔는 이제 5살밖에 안 됐고, 새로운 언어를 배우는 건 아이들에게 아무 문제가 아니거든. 프랑스어가 금방 유창해질 걸." 그래서 그 어떤 언어도 더 일찍 배울 기회를 갖지 못했던 유치원 다닐 나이의 중간에, 나는 첫 학교 교육 경험으로 적으로 가득 찬 무시무시한 환경 속으로 겁에 질린 채 들어가게 되었다. 그때 받았던 감정의 상처는 아직도 남아 있는데, 괴물 같은 선생과 프랑스어를 이해하지도 못하고 말 한마디도 못하는 미국 아이인 나를 놀려대던 못된 급우들에 관한 기억들이 그것이다.

이 이야기는 해피엔딩으로 끝난다. 약 18개월 후 1학년 학기말에 나는 6살 아이로서는 거의 흠잡을 수 없을 만큼 유창하게 프랑스어를 구사하게 되었다. 그리고 나는 반에서 2등으로 졸업을 했다!

빠른 학습만큼 쉽게 잊어버린다![45]

H. Douglas Brown(2019)은 아이들이 학습 능력만큼 쉽게 잊어버리는 성향이 강하다는 것을 우리가 받아들인다면 아이들이 보여주는 놀라울 정도의 언어학습 능력에 대한 우리의 찬사는 분명하게 줄어들 것이라고 했다. 다음은 그의 경험담이며 주장이다.

어린아이들에게 억지로 이중 언어학습 경험을 강요할 때 아이들이 감정적으로 무감각하다고 생각하면 절대 안 된다. 아이들은 시간이 지나면

---

44 위의 책, P. 61.
45 위의 책, pp. 90-91.

서 흡수성이 좋은 스펀지가 되어 겉으로 보기에 별로 힘을 안들이고도 언어적 자료를 빨아들일지도 모른다. 그러나 아이들의 내부 깊은 곳에 깨지기 쉬운 자아, 즉 안정적인 모국어와 함께 강하다고 생각하는 자신들의 자아를 위태롭게 하는 주위의 어른들과 친구들로부터 정말로 쉽게 상처를 입을 수 있는 자아가 존재하는 것이다.

빠르고 자연스럽게 학습한 것들을 아이들은 훨씬 더 빨리 잊어버릴 수 있다는 것을 잊지 말아야 한다. 7번째 생일 다른 지역(Bantu어를 사용하는 지역)으로 이사한 후 나는 집에서 영어로 홈스쿨링을 받았고, 밖에서는 Kikongo어에 노출되었다. 나는 대부분의 프랑스어와 레오폴드빌 지역에서 사용되는 Lingala를 금방 잊어버렸다. 나는 여섯 번째 언어인 Kikongo를 한 번 더 빠른 속도로 배웠지만, 2년 후 미국에 1년간 머문 다음에는 그 능력의 대부분을 상실하게 되었다. 프랑스어를 말하는 나라에서 살았기 때문에 프랑스어의 흔적이 남아 있었지만, 내가 초등학교 1학년 말에 보였던 프랑스어의 유창성에는 절대 다시 도달하지 못했다. Kikongo어도 나의 머릿속에서 거의 사라졌는데, 그것은 10살 때 Tshiluba어가 사용되는 지역의 기숙학교로 보내졌고, 거기서 나의 7번째 언어인 Tshiluba를 "생존" 수준으로 몇 마디 배우게 되었기 때문이다. 그래서 결국 나는 Kilongo어, Tshiluba어, 프랑스어 모두 완벽하지 못한 어설픈 수준의 습득에 그치고 말았다.[46]

---

[46] 위의 책, pp.90–91.

18. Otree의 조기 영어교육 반대 이유

재미난 학교 영어 수업이 아닐까 걱정

　교육과정을 실현한 것이 교과서이다. 영어 교과서는 알파벳과 인사하는 것부터 배우게 되어 있다. 당연히 영어 선생님은 교과서를 바탕으로 수업을 한다. 유치원부터 미리 배운 영어 공부로 인해 초등학교 3학년 정규시간 영어 수업이 시시하게 느껴질 수 있다. 뻔히 다 알고 있는 것에 호기심과 흥미 있는 척을 할 수 있겠는가? 교사 나름 노력을 하겠지만 학생도 겪을 불편함이 크지 않을까. 내가 처음 영어 수업 시간에 느꼈던 신기함과 호기심은 아예 없는 것이다. 어찌 보면 어른들이 이 기쁨을 송두리째 빼앗아 버린 것이다. 내 자녀가 초3 영어 수업 시 해야 할 일은 반짝이는 눈으로 선생님을 바라보며 수업에 올인하는 것이다.

영어만 잘할까 우려

　초중학교시절을 해외에서 보냈던 몇몇 제자들의 공통점은 우리말의 어눌함이었다. 영어권에서 8년간 살다 온 A 학생은 한국어 소통의 어려움으로 부모와 관계도 어려웠다. 그 학생에 대해 동료 국어 교사가 들려준 에피소드가 생각난다. 국어 주관식 시험 문제의 정답이 '작은 아버지'인데 그 학생은 '어이'라고 적었다는 것이다. 이유를 물었더니 텔레비전에서 작은 아버지한테 '어이'라고 한 것을 들었다는 것이다. 그 당시 입시에서는 수능 최저점 요구 제도는 없었고 한 과목만 잘해도 대학에 갈 수 있는 시기였다. 그 학생은 운 좋게 높은 토플 성적만으로 서울 소재 대학을 입학했다. 반면 독일에서 초중학교 시절을 보냈던 B 학생은 우리말 읽기의 어려움으로 형편없는 수능 성적을 받아 대학을 입학하지 못했다. 그 학생의 부모는 자녀의 성장기에 모국어의 중요성을 놓친 것이 그렇게 큰 타격을 주리라고 생각하지 못한 거 같다. 참 안타깝게 생각했던 제자이다. 다음은 20대 후반 성인이 된 유튜버 이야기인데 인상적이어서 유튜브를 보다 메모를 해둔 것이다. '나는 영유 출신이다. 영어에 몰입되어 재미를 느끼며 영어 공부를 했다. 미국 성조기가 우리나라 태극기라고 생각했었다. 학창 시절 친구 사귀는 것도 어렵고 자신의 정체성에 대해 혼란을 겪기도 했다.' 이쯤 되면 그 유투버는 초중고 긴 학창 시절 다른 친구들과 공감하며 행복한 학교 생활이 어려웠을 거 같다는 생각이 든다. 내 자녀가 영어만 잘하는 사람으로 성장하기를 바라는 부모는 단 한명도 없을 것이다. 이병민(2014, P.194)의 책에서 "균형 잡힌 이중언어 사용자는 존재하지 않는다"고 했으며 박진규(2012, P. 62)도 "완벽한 이중언어사용자는 없다"고 했다. EFL환경인 대한민국에 살면서 한국어가 어눌하고 영어만 잘하는 자녀가 될까, 하는 걱정은 괜한 기우가 아니다.

빨리 잊어버리면 무슨 소용일까

언어를 배우고 익히는 과정은 스포츠나 악기를 배우는 것과 비슷하다. 초등학교에서 6년 동안 피아노 레슨을 받고 중고등학교 시절 피아노 건반 위에 손을 올려놓지 않다가 대학 입학 후 나서 초등학교 때 연주했던 곡을 연주하려고 해보았는가? 영어 공부, 스포츠, 악기 배움의 공통점은 꾸준히 쉬지 않고 훈련하는 것이다. 필자는 한국말이 어눌했던 경험이 있다. 첫아이 출산 후 4개월 이상 사람들과 말을 섞지 않고 지내다가 학교에 출근했다. 겨울 난롯가에 모인 선생님들이 뭔가 질문했을 때 대답할 우리말이 갑자기 떠오르지 않아 당황했던 적이 있다. 80년대 당시엔 휴대폰, SNS, 인터넷 등은 당연히 없었고, 낮에 TV가 나오던 시대도 아니었다. 우리말도 수개월 동안 사용하지 않으면 어눌해지는데 EFL환경에서 영어는 오죽하랴. 토익, 토플 등 공인인증영어 성적의 유효기간이 2년인 이유를 생각해보자. 2년 전 영어실력을 믿지 못하겠다는 것이다. 언어는 지속적으로 사용하지 않으면 실력 유지가 불가능한 사례 및 실험을 통해서 알고 있기 때문일 것이다.

마라톤 하듯이 영어 공부

수명이 120세까지 연장될 가능성이 크다고 한다. 초등 3학년부터 영어 공부를 시작하니 평생 공부해야 한다면 110년 이상이 될 것이고 유아시절부터 한다면 115년 이상 동안이다. 유치원, 초등학교 때 열심히 하면 중고생, 일반인이 되었을 때 여유롭게 다른 공부를 더 많이 할 수 있지 않을까라는 기대가 있다. 그러나 그것은 불가능하다. 언어의 특성상 지속적으로 사용하지 않으면 잊어버리기 때문이다. 언어 유창성은 하룻밤 사이에 일어나지 않으며, 제2언어학습은 제2문화학습을 동반해야 한다. 전혀 새로운 방식의 사고, 느낌, 행동을 수반하므로 적극적 노력, 동기, 진지한 노력이 필요하다.

부록.
시간제와 전일제 조기영어 학습자의 모국어 발화 시 비교[47]

오류 형태		시간제 조기 영어 학습자 오류 예시	전일제 조기 영어 학습자 오류 예시
체언	명사	없음	• **개구라** 하고 소리쳤는데 • **개구라** 하고 외쳤어요.
	대명사	없음	• **그게 개구리들이** 있었습니다.
	의존명사	없음	• 개구리를 한 **명**을 가져가구
용언	동사수동표현	없음	• 사슴 위를 **잡혔어요**. • 사슴이 아닌 것을 **붙잡혔지요**. • 개한테 화내는 거 같이 **끌어안기면서** • 벌에게 **쏘임을 당했다고** 알렸습니다.
	동사활용	없음	• **불르고** 있었어요. • 나무를 **구를고** 있었습니다. • 구멍을 **붙을 때** 개가 벌집보고 • 남자아이는 그것도 **몰른 체** 계속 개구리를 찾고
	형용사	없음	• 화를 내는 거 **같고 있는데**

---

[47] 김유정 & 이선영(2015), pp. 8-9.

오류 형태		시간제조기영어 학습자오류예시	전일제 조기영어 학습자 오류예시
관계언	격조사오류	• 가족개구리들을 아이개구리가 잘 살 것 같았어요. • 개구리 한 마리는 아이는 개구리를 안고 갔어요.	• 나무 **위를** 없어서 • 아이는 부츠 **안에** 들여다봤다. • 아이랑 **강아지를** 구멍을 찾았어요. • **부엉이가** 무서워하는 이 아이는
	조사생략	• 낮에 개구리 잡아와서 보고	• 그 **남자아이** 주인인데 주인을 보고 달려갔어요. • 개는 **그 남자** 밖으로 나갈려 해서 아래로 내려가 • 이렇게 **꼬마랑 강아지** 밖으로 나가서 개구리야 라고 말했어요. • 그 **개구리** 한 마리 가져가서 • 그래서 이제 거기 뚫어진 **나무 갈려고** 해서 조용히 하라고
수식언	부사오류	없음	• 그런데 올빼미가 **깜짝** 나와서 • 생쥐가 **번쩍** 나왔다. • 남자아이가 **얇게** 떨어져가지고 • 강아지가 보다가 **빵** 이렇게 넘어졌어요.
	의성어	없음	• 강아지가 **활활** 하고 짖자 • 강아지가 **월월** 짖자
	부정어	없음	• 개구리를 불러도 **안 못** 찾았어요.
	접속부사	없음	• **그래** 못 찾아서 강아지가 창문 밖으로 넘어갔어요. • **하고** 벌은 강아지의 뒤를 쫓아 갔다.
영어식표현	영어발음문법	없음	• **빠이빠이** 하고 다시 갔어요. • 남자아이는 기뻐서 **자기들의** 가족들에게

4장
학교 영어 공부가 답이다!

현재 대한민국의 많은 학생들은 사교육으로 선행학습을 하기 때문에 학교에서 영어 배움의 기쁨을 온전히 누리지 못하고 있다. 또한 학교와 학원을 오가는 동선, 중복된 영어 학습 등 시간을 허비하고 있다. 이런 문화는 서울을 비롯한 대도시 뿐 아니라 중소도시 전국 방방곡곡 퍼져있다. 사교육이 중심이 되고 학교 영어교육이 그림자처럼 따라가는 상황으로 바뀐 지 오래이다. 필자 주변의 중고를 졸업한 대학생, 20-30대 직장인이 공통적으로 하는 말이 있다. 학창 시절 특히 고교에서 영어 학습의 기쁨은 커녕 지루하고 영어가 싫었으며 대학 진학을 위한 것 이외 어떤 목적과 즐거움도 없이 학창 시절을 보낸 것을 후회하고 있다고 했다. 고교 시절로 되돌아갈 수 있다면 수동적인 번역수업방식에 순응하지 않고 학교 선생님에게 영어 학습 전략을 캐물어서 '나 홀로 공부'하고 싶다고도 했다. 젊은이들의 이런 고백이 학교 영어 선생님과 부모에게 자극이 되기를 바란다. 독자 여러분의 자녀, 손주, 후배, 후손들이 덜 고생하고 즐거운 영어 수업 시간이 되기 위해 함께 동참해야 한다. 학생은 배움의 즐거움이 있어야 행복감을 느낀다는 걸 모르는 부모나 교사는 한 사람도 없다. 다만 실행에 옮기지 않을 뿐이다. 또한 교사는 교실에서 자신의 가르침에 만족할 때 보람을 느낄 수 있다. 요즘 같은 사교육 의존 문화에서 교사는 가르침의 보람을 느끼며 책임을 다하기가 어려운 상황이다. 하루 아침에 모든 시스템과 문화를 바꿀 수 없더라도 공감하는 사람이 한 사람 한 사람 모여 소리를 낸다면 차츰 학교 영어교육이 중심이 되고 사교육이 부족한 것을 채워 주는 문화가 자리잡을 것이다.

1. 내 자녀의 영어 공부 목표

　남이 하는 대로 무조건 따라갈 것이 아니라 내 자녀의 영어교육 목표를 확실히 정하라고 전문가들은 말한다. 영어권 국가로 이민을 갈 계획인지, 수년 간 해외 파견 시 자녀를 데리고 갈 것인지, 특목고 진학, 해외 대학 진학 등 다양한 영어 공부의 목표가 있을 수 있다. 본장에서 주장하는 학교 영어 공부만으로 목표를 달성할 수 있는 학생은 국내 초중고를 다니고 있거나 다닐 예정인 경우이다. 누구나 스마트폰을 가지고 있지만 각자 자신이 필요한 기능을 반복하면서 매일 활용하고 있다. 새로 폰을 사면 귀찮을만큼 다양해진 많은 기능들을 설명해 주지만 여전히 많은 사람들은 개인들의 선호하는 극히 일부의 기능만 활용하고 있다. 영어 공부도 이와 유사하다고 생각한다. 선택과 집중이 필요한 것이다. 길에서 만나는 외국인과 간단히 대화를 하거나 외국 방문 시 영어회화를 능통하게 하거나, 외국 영화를 보면서 자막 없이 내용을 이해하는 것이 영어 공부의 목표일 수 있다. 그러나 영어 공부를 해본 사람은 이쯤 되기 위해 얼마나 많은 시간, 비용과 에너지가 필요한지를 알 것이다. 초중고생 자녀에게 이런 것을 기대하지 않았으면 좋겠다. 부모 자신은 정작 영어 학습의 큰 노력도 하지 않은 채 자녀가 노력하면 저 정도는 기본으로 할 거라는 착각을 하고 있지는 않은지? 중고등학생에게 최우선으로 필요한 것은 교과로서 영어 성적을 유지하는 것이다. 학교에서 영어 수업 시간에 배움이 이해가 되지 않아서 학원으로 향하는 것인지? 김진영(2007)의 국제 비교 연구에서 우리나라 사교육을 받는 학생들은 공교육을 통해 받는 교육의 내용을 충분히 이해하여 보충할 필요가 없는데도 다른 학생들보다 경쟁에서 우

위를 차지하기 위해 사교육을 받는다(Baker 외, 2001 재인용)고 했다.[1]

필요한 만큼의 초중고 영어 공부로 배움의 즐거움을 찾다!

공교육 시스템에서 최소의 노력으로 원하는 바를 얻을 수 있는데 영어 사교육에 과다 비용, 많은 시간, 힘을 쓰고 있는 것은 아닌지 스스로 질문할 필요가 있다. 자녀에게 원어민스러운 발음을 할 기회를 주기 위해, 외국 여행 시 원어민과 소통하는 자녀에게 감격할 상황을 만들기 위해 헛된 힘을 쓰고 있는 것은 아닌지? 필자가 주장하고 싶은 것은 초중고 학생은 학교 수준에 필요한 만큼의 영어 공부를 해야 한다는 것이다. 이제 불혹의 나이에 접어드는 필자의 자녀가 중학생 때, 자녀의 의견을 묻지도 않고 텝스를 가르치려는 시도를 해본 적이 있다. 결과는 실패였으며 사춘기를 호되게 겪었던 자녀와 관계만 더 나빠졌던 경험이 있다. 부모는 좋을 것 같으면 무엇이든 자녀에게 주고 싶어한다. 시간이 지나봐야 그것이 좋은 것인지 나쁜 것인지 알게 되어 뒤늦게서야 가슴을 치게 된다. 초등학교에서 흥미 위주 영어교육이 가장 우선시 되고 있다. 대다수 학생들은 영어에 재미를 그나마 느낀 상태에서 중학교에 입학한다. 중학교의 지필평가는 절대평가 방식이기 때문에 영어 배움의 즐거움을 유지하기가 고교생보다는 수월하다. 수행평가 성적 비율이 높은 편이기도 해서 2015개정 교육과정 시기 이전보다 영어 수업에 참여하는 태도도 양호한 편이다. 중학교를 지나 고등학교부터 많은 변화가 있다. 초중학교부터 학원 수업에 의지해 왔던 많은 학생들이 학원을 다니지 않으면 불안증에 시달리고 혼자 공부에 익숙하지 않다. 이런 상황은 현 근무교 학생들과 대화속에

---

1 김진영, 「국제비교를 통해 본 사교육의 원인과 결과」, 공공경제학회, 2017, pp. 119–151.

서도 쉽게 확인할 수 있다. 고등학교부터는 학교에서 배우는 학습량이 영어뿐 아니라 타 교과도 대폭 증가된다. 학교 수업과 과제만으로 바쁠텐데도 대다수 학생들은 학원으로 발길을 향한다. 그러나 내 자녀가 학원, 인강, 학교수업에서 듣는 것만으로 영어 공부를 다하고 있다고 생각한다면 큰 착각이다. 직접 문장을 소리 내어 읽어보고, 받아쓰기도 직접 해보고, 교과서 지문을 일일이 번역하고 관련한 구문, 문법도 직접 적용시키면서 많은 양의 공부를 혼자 스스로 해야 할 때인 것이다. 고교 영어 교사들이 이구동성으로 하는 이야기는 학생들이 혼자 공부를 못한다는 것이다. 학원에서 문장 분석까지 세세하게 해주고 암기시키며 중고등학교 내신 성적을 어느정도 올려주지만 고학년으로 갈수록 이 방법이 통하지 않는다고 고교 영어 선생님들이 한목소리로 말한다. 그동안 영어를 잘한다고 생각해 왔지만 고등학교에 가서 깊은 좌절감을 겪는 학생들이 한 둘이 아니다. 초중시절부터 영어 공부를 학교 수업으로 단어 공부, 문장 해석, 구문 이해, 문법 등 속도가 늦지만 차근차근 학습하는 습관이 체화된 학생의 영어 실력은 학년이 올라갈수록 빛이 난다는 영어 교사들의 말에 전적으로 동의한다. 사교육 없이 학교 영어교육만 했던 나의 교사 시절 제자들, M세대 내 자녀들이 산 증인이라 감히 말할 수 있다.

2. 영어 사교육 하는 이유

사교육하는 이유를 정확하게 알아야 학교 교육을 정상화하기 위한 대안을 마련할 수 있다고 본다. 매년 교육부가 사교육 관련 통계를 근거로 발표하는 보도자료, 논문, 학교 현장의 소리를 종합한 내용을 공유하고자 한다. 학교 영어교육이 중심이 되어야 하고 사교육은 그 그림자가 되어야 함에 대다수 학부모와 선생님들이 공감하고 있다. 그러나 이와 반대 현상이 대도시, 중소도시는 물론이고 면단위까지 만연해 있다. 학교 영어교육의 장애가 되는 요인은 복합적이다. 학교 수업을 따라가지 못하는 학생은 학원 수업도 따라가지 못해 개인 과외를 할 수 밖에 없다는 이야기도 가까이 지내는 지인에게 들었다. 이제 공교육과 사교육을 함께 살릴 수 있는 방안을 적극적으로 찾아야 할 때이다.

부모의 불안심리

학교 교육을 불신하고 사교육 의존 문화가 되어버린 가장 큰 이유는 부모 중 특히 엄마의 불안감과 경쟁 심리이다. 이것은 현 근무교 학부모들과 대화에서도 쉽게 확인할 수 있다. 학부모들과 대화를 나누어보면 자녀가 학교에서 뒤쳐질까 학생보다 부모가 더 불안하기 때문에 사교육을 시키고 있다고 한다. 경쟁심 또한 학생보다 부모의 정서이다. 요즘 부모들은 교육 수준이 높아져서 식견이 넓어졌다. 보이는 것도 많고 들리는 것 또한 많다. 가사도 전보다 기계가 도와주니 생계를 위해 밤낮으로 일했던 과거 부모보다 시간도 많은 편이다. 자녀에게 관심을 가지는 만큼 부모들에게 더 큰 불안감이 몰려올 수 있다. 뉴스나 인터넷에서 학교 영어교육에 관해 긍정적인 것보다 부정적인 소식들로 도배되는 상황을 접하고 있기 때문이다. 또한 사교육 실패 사례보다 성공 사례를 더 쉽게 접하는 것이 현실이다. 엄마의 정보, 아빠의 무관심과 조부모의 富가 아이를 성공시킨다는 말도 유행어처럼 돌아다닌다. 현실을 마주하면서 갖고 있지 못한 것에 불안, 불만 등의 부정적인 정서에 휩싸이는 사람이 가장 먼저 엄마이다. 필자 또한 M세대 두 자녀를 키우면서 겪은 경험들이다. 부모 스스로 확고한 신념을 가지고 소신있는 교육철학을 실행에 옮기는 것이 쉽지 않다. 특히 가까이 지내는 친척, 이웃의 영향에 가장 민감하게 반응하게 된다. 충분히 이해할 수 있는 상황이다. 필자 또한 서울에서 살 때 이웃에 큰 아이랑 연령대가 비슷한 아이들이 여러 명 있었다. 그 아이들과 함께 내 자녀도 버스를 태워서 수영을 가르치는 유치원을 보냈다. 원생이 유치원 버스에 치여 사망하는 치명적인 사고도 간간이 있었다. 당시 필자가 안전에 둔감한 사고를 하고 있었으니 그런 사고를 알고도 사는 아파트와 멀리 떨어져 있는 유치원에 보낼 수 있었던 것 같다. 다시 영어 공교육 이야기로 돌아가자. 학부모 모두가 겪는 불안감을 해소하고 소신있는 자녀 영어교육 철학을 가지려면 학교 영어교육이 정말 구제불능인지를 점검해야 한다. 과거 10년 전 정보로 현재 상황을 판단하고 있는 것은 아닌지, 부모의 학창 시절에 겪던 부정적인 학교 영어교육 환경때문에 불안에 떨고 있지는 않은지를 먼저 자문해보아야 한다. 본장은 학부모 독자의 불안감을 다소나마 해소하는 데 도움을 줄 것이라 확신한다.

킬러 문항은 학원에서 가르친다?

초중고, 대학, 기업에서 요구하는 영어 시험이 일관성을 가지게 된다면 부모의 불안 심리는 줄게 될까? 불안증이 완전히 없어지지는 않겠지만 확실하게 감소될 것이다. 대입 영어 시험의 킬러 문항을 배제하겠다고 현 정부가 칼을 빼 들었다. 과거 상대평가 시 3등급을 받았던 학생들도 절대평가 체제에서 영어 실력이 올라가면 1등급을 받게 되는 것이 정상이다. 그럼에도 상대평가 시 1등급 학생 수의 비율을 맞추기 위해 대학수학능력시험 영어에서 킬러 문항을 출제 해왔다. 이것은 1등급과 3등급 사이의 성적을 받는 학생들에게는 큰 영향을 줄 수밖에 없다. 학교에서는 킬러문항에 준하는 내용을 가르치면 『공교육정상화법』에 위배되기 때문에 진도에 맞춰 교과서 또는 부교재 수업을 한다. 배운 것만 시험에 출제하게 되니 킬러 문항 같은 고난도 문제 풀기 훈련을 위해서는 사교육 기관으로 갈 수밖에 없다는 것이다. 한편 2018년 영어를 절대평가로 바꾼 취지가 무색해진 상황이 수 년 동안 반복되고 있다. 4차 교육과정에서 겪었던 것에 비한다면 2015개정 영어교육과정부터 초중고 수업의 연계는 완전하지는 않지만 근접해 있는 편이다. 수능 영어에서 어려운 킬러 문항을 배제하고 초중고 영어교육과정에서만 출제하게 되어 절대평가 취지를 살린다면 학생들의 영어 공부의 일관성이 어느 정도는 생길 것 같다.

어울릴 친구들 때문에 학원 가요!

사교육을 시킬 수밖에 없는 이유 중 하나는 주변 친구들 때문이다. 이제 대학 졸업반이 된 조카의 취학 전 시기에 동서한테 들었던 말이 생각난다. 이웃 아이들이 모두 학원에 가 있기 때문에 놀이를 위해서도 학원에 보내야 한다는 것이었다. 15년 전 서울 강남지역의 이런 문화가 이제 전국 중소도시까지 확산된 것 같다. 중 도시 아파트 밀집 지역에 위치한 현 근무교 학생들과 이야기를 나누면서 똑같은 말을 듣는다. 학원 가는 이유가 학교 영어 수업이 만족스럽지 못하다기보다 주위 친구들이 모두 학원에 다니기 때문이라는 말을 듣는다. 이런 환경은 초등학교, 아니 취학 전부터 조성되어온 것이다. 부모의 불안감과 경쟁심, 불신감이 자녀에게 전이되어 학생들 또한 학원에 가지 않으면 현재의 성적, 친구 관계가 유지되지 않을 것 같아 자녀 역시 불안을 겪고 있다고 생각한다. 부모는 자녀의 멘탈 상태를 점검해야 한다. 특히 사춘기에 접어드는 시기에는 더욱 그렇다. 자녀가 친구와 함께 공부도 하고 우정을 쌓을 방안은 분명히 있다. 사교육 기관에 보내는 것만이 부모의 역할을 다하는 것은 아니다.

취학 전 영어교육의 목표도 대학 입시라고!

10년이면 국가 교육정책이 두 번은 변할 수 있는데 취학 전부터 자녀 영어교육 목적이 대학 입시를 위한 것이라고 한다면 누가 제정신으로 보겠는가? 신혜경 & 이신동(2018)의 연구에서는 영재아동 어머니와 일반아동 어머니의 '사교육에 대한 인식', '사교육에 대한 만족도', '사교육 스트레스'에 대한 차이를 연구한 결과, 대다수의 초등학생들이 교과 학습을 위한 사교육을 받고 있음이 확인 되었고, 사교육이 영어와 수학에 많은 시간이 집중되어 있었다.[2] 최근 학원에서 초등생을 위한 의대반을 운영한다는 이야기는 자주 거론되고 있다. 부모의 욕심, 불안감, 경쟁 심리야 그렇다고 해도 학생 입장에서 생각해 본다면 이보다 더 큰 고문이 있을까 싶다. 올라가야 할 50개의 계단이 있다고 가정해 보자. 예닐곱 살 자녀에게 계단 꼭대기까지 걸어서 올라가야 한다고 말한다면 어떻게 느껴질까? 신중한 아이라면 한 걸음을 떼기도 전에 하늘이 맞닿은 것 같은 꼭대기를 바라보며 압박감이 생길 것이다. 목표만 바라보는 부모를 만난 자녀는 고난이다. 한 계단 한 계단 흥얼거리며 올라가다 보면 어느덧 꼭대기까지 올라가면 되는 계단 오르기이다. 영어 공부도 비슷하다.

---

[2] 신혜경 & 인신동, 「영재아동 어머니와 일반아동 어머니의 사교육에 대한 인식, 만족도, 스트레스 차이」, 한국홀리스틱융합교육학회, 홀리스틱융합교육연구, 22(1), 2018, pp. 47-66.

3. 기축영어시험은 영어교육과정의 토대

　이제 독자와 함께 자녀가 학교 영어 공부만으로 가능한지를 면밀하게 알아보기 위해 영어교육과정의 토대가 된 기축영어시험에 관해 살펴보고자 한다. 해방 이후 우리나라 영어 최초 교육과정이 제정되어 수차례 개정을 거쳐 현재 영어 교과서는 2015개정 교육과정을 바탕으로 만들어진 것이다. 왜 교육과정은 수시로 개정하여 교과서는 자주 바뀌고 있을까? 영어교육과정이 무엇을 토대로 만들어졌을까?
　우리나라는 해방 이후 미국의 정치 경제 교육 분야에 영향을 받아왔다. 따라서 최초 영어교육과정은 미국 ETS가 주관하는 토플과 토익시험이 토대가 되지 않았을까라는 것이 개인적인 생각이다. 이 책을 쓰기 시작하고 국제 영어 시험 변천사를 알아보면서 학교 영어 공부 방향이 국제영어평가 기준과 한 방향임을 알게된 것이 마치 보물이라도 찾아낸 느낌이었다. 40년 가까이 영어교육 현장에서 전혀 생각해보지 못한 부분이다. 본 장에서 미국, 영국이 주관하는 국제 영어 시험들을 필자는 '기축영어시험'이라고 명명하고자 한다.

달러화는 기축통화, 국제영어 시험은 기축영어시험
　2차 대전 후 미국이 초강대국이 되면서 영어의 위상이 세계어가 되고 하늘을 찌를 만큼 힘이 세진 것을 1장에서 다뤘다. 기축통화가 영국의 파운드화에서 미국 달러화로 바뀌었다. 기축통화가 왜 필요할까? 외환시장에서 삼각 거래를 할 때 매개로 이용되는 통화를 기축통화라고 한다. 외국 어디든 우리가 여행할 때 여행국가의 화폐로 환전해서 가져간다면 문제없다. 그러나 우리나라 은행에서 전 세계 국가들의 화폐를 보유하고 있지는 않다. 대체로 해외 여행 시 현지 화폐 대신 미국 달러화만 있으면 어느 나라에서도 통용이 된다. 왜 기축통화를 말하고 있을까? 전 세계에서 미국 달러화처럼 통용되는 영어 시험이 필요하지 않겠는가? 우리나라 텝스(TEPS)를 포함하여 자국에서 실시하는 대다수의 영어 시험들은 국제적으로는 인정받지 못한다. 주로 미국과 영국이 주관해서 만든 영어 시험을 세계적으로 인정하고 있다. 미국의 토플, 토익, 영국의 아이엘츠가 대표적으로 인정받는 국제 영어시험이다. 이 시험들을 기축영어시험이라고 부르는 이유이다.

미국 대학 및 기업에서 인정하는 영어 시험

최근 미국의 몇몇 대학은 한국인 유학생의 경우 토플 대신 우리나라 수능 영어 시험 성적도 인정한다고 한다. 그러나 대다수 국가들에서 영어 능력을 인증하는 시험은 토플, 토익, 아이엘츠이다. 일반적으로 미국으로의 유학, 기업 입사 등 시 미국 ETS가 주관한 토플, 토익을 요구한다. 국내 기업 입사뿐만 아니라 일본, 대만의 기업들도 토익 점수를 요구해 왔다.

영연방 국가 대학 및 기업에서 인정하는 시험

반면 영국을 포함한 캐나다, 호주, 뉴질랜드 등 영연방 국가는 토플, 토익 성적을 인정하지 않는다. 주로 영국 케임브리지대학교 주관 아이엘츠 성적을 요구한다. 싱가포르, 베트남, 유럽 국가들의 대학 및 기업은 아이엘츠 성적을 요구하는 경향을 보인다.

기축시험 응시료의 외화 유출을 막기 위해 우리나라에서 텝스 성적을 다양하게 활용하고 있는 것처럼 중국, 일본, 대만의 자국민을 위한 영어 시험들도 대학교의 입학 요건, 기업 취업, 공무원 채용에 두루 사용되고 있다. 자국민을 위한 영어 시험 종류와 각각의 특성은 본 장 부록을 참고하기 바란다.

4. 기축영어시험과 한 방향인 학교 영어 성취 기준

1980년대 영어 듣기 강조

오디오 전성기에서 인터넷 시대로 변화되면서 국제 영어 시험 방향도 달라져왔다. 기축영어시험에 80년대 듣기 평가가 추가되었고 2007년 이후 말하기와 쓰기 평가가 추가되었다. 학교 영어교육도 80년대 초반부터 전국 영어 듣기 평가가 실시되고 학교 성적에 반영되기 시작했다. 그리고 1994년 대학영어 수능평가로 바뀌면서 영어 듣기 평가를 새롭게 포함시켰다.

2007년 이후 학교 영어교육과정에서 말하기와 쓰기 강조

2007년 기축영어시험에 말하기와 쓰기가 추가된 이래 우리나라 자국민을 위한 시험인 텝스에도 말하기와 쓰기 평가가 추가되었다. 대학수학능력시험은 1994년 바뀐 이래 현재까지 유지되고 있기 때문에 영어 말하기 평가와 영어 쓰기 평가를 포함하지 못했다. 이명박 정부에서 말하기와 쓰기 평가를 포함한 국가영어능력시험 NEAT(National English Ability Test)를 개발하여 수능 영어를 대체하려고 시도했지만 여러 이유로 중단, 취소되었다. 그러나 2015 영어교육과정에서 마치 기축영어시험들의 방향을 반영한 것 같은 영어 교과서를 현재 사용하고 있다.

본 장의 부록에 초중고 영어교육과정 성취 기준, 수능 영어 시험 평가 방향, 텝스, 기축영어시험들의 평가 방향을 비교한 표를 제시했다.

영어 읽기 성취평가 기준 비교 결과

본 장 부록 2의 각종 시험 영어읽기 성취평가 기준 표를 면밀히 살펴본 후 이쪽으로 이동하기를 권한다. 영어의 4영역 중 읽기 성취평가 기준을 비교한 결과는 다음과 같다. 토플과 아이엘츠 Academic은 학술적인 주제, 토익, 아이엘츠 General은 일상생활과 업무 관련 주제가 차이점이다. 영어교육과정, 대학 수능영어, 텝스의 읽기 성취평가 주제는 일상적인 것에서 다양한 주제로 토익과 토플 평가 방향을 모두 포함하고 있다. 초 3-4학년에서 읽기 성취 평가 기준은 간단한 낱말, 어구 문장을 따라 읽을 수 있을 정도이다. 초 5-6학년으로 올라가서 갑작스럽게 어려워진다는 생각을 하게 될 것 같다. 읽기 성취 평가 기준에서 주제는 쉬운 일상 속 친숙한 주제이지만 도표에 대해 짧은 글을 읽고 세부 정보 파악하기 등의 문제도 다루게 된다.

중학교 과정에서 읽기 성취평가 기준은 일상 생활부터 친숙한 일반적 대상이나 주제이다.

고 1까지는 중학교의 성취 기준 처럼 친숙한 주제를 다룬다. 그러나 고 2부터 일반적인 주제로 바뀌게 되는 데 이것은 매우 중요한 포인트이다. 수능 영어 시험에 변호사 수임료 관련 사항이 친숙할 수는 없으나 일반적인 주제에 포함될 수 있다고 볼 수 있다. 즉 고등학교부터 영어 읽기 성취평가 기준은 친숙한 주제부터 일반적인 주제로 난이도가 높아진다. 고 3에서 배우는 영어 II의 영어 읽기 성취평가 기준은 친숙하거나 일반적인 주제에서 다양한 주제로 범위가 넓어진다. 일상적인 주제가 아닌 전문적이거나 학술적인 주제가 교과서에 등장하는 것이다. 영어 독해력을 키우기 이전 광범위한 독서로 학교 다양한 주제에도 익숙해질 필요가 있는 것이다.

영어 듣기 성취평가 기준 비교 결과

본 장 부록 2의 각종 시험 영어 듣기 성취평가 기준표를 면밀히 살펴본 후 이쪽으로 이동하기를 권한다. 영어 듣기 성취평가 방향도 각 시험들의 특성에 따라 주제가 달라진다. 토플은 강의, 토론 대화를 듣고 답하기, 토익은 묘사된 사진 고르기, 대화 듣고 질의응답, 방송, 광고, 기사, 서신 듣고 답하기이다. 그리고 아이엘츠는 General과 Academic 공통으로 개인, 가족, 자신의 나라에 관련한 것, 학문적 대화 듣고 답하기 등이다. 반면 읽기 평가 방향처럼 영어교육과정, 대학 수능영어, 텝스의 듣기 성취평가 주제는 일상적인 것에서 다양한 주제를 다룬다.

영어 읽기 영역에서처럼 영어 듣기 영역에서도 초등에서 중학교 영어 성취평가 기준은 일상 주제에서 친숙한 주제, 일반적인 주제, 다양한 주제로 난이도가 상향되고 있음을 알 수 있다.

고 1까지는 중학교의 성취 기준처럼 친숙한 주제를 다룬다. 그러나 고 2부터 일반적인 주제, 고 3에서 배우는 영어 II의 성취 기준은 다양한 주제가 포함된다. 영어 읽기처럼 영어 듣기 능력을 향상시키기 이전 다양한 주제의 영어 어휘, 폭넓은 독서가 선 학습 되어야 할 것이다.

영어 말하기 성취평가 기준 비교 결과

영어 읽기와 듣기 영역에서처럼 영어 말하기 영역도 학교 급이 올라갈수록 일상 생활 주제에서 친숙한 주제, 다양한 주제로 난이도가 높아진다. 중학교까지는 일상 생활 주제였다가 고1에서 친숙한 주제, 고2에서 일반적 주제, 고3은 다양한 주제까지 포함된다.

영어 II 말하기 평가 성취 기준 중 다양한 주제의 범위는 애매할 만큼 넓을 수 있다. 일반적인 주제, 친숙한 주제를 넘어선 학문적이거나 전문적인 내용이 포함될 수 있는 여지도 있다. 얼마 전 킬러 문항이라고 지목한 몇몇 문제들의 주제가 전문적이거나 학술적인 다양한 주제에 포함될 수 있다는 것이다.

영어 쓰기 성취평가 기준 비교 결과

영어 쓰기 성취평가 기준은 친숙한 일반적 주제에서 다양한 주제에 관하여 듣거나 읽고 세부 정보 기록, 간단하게 요약, 자신의 의견이나 감정 쓰기, 학업과 관련된 간단한 보고서 작성, 짧은 에세이, 그림, 도표 등 비교, 대조하는 글쓰기이다.

영어 듣기, 읽기, 말하기 영역처럼 각 시험들이 다루는 주제는 일관성이 있다. 영어 쓰기 평가 영역에서도 토플은 강의에 관해 듣고 답하기 등, 토익은 사진과 관련사항 등이다. 아이엘츠 General 시험은 편지 쓰기, Academic은 그래프 분석, 특정 주제에 대한 의견 쓰기이며 공통사항은 에세이 작성이다. 다른 영역처럼 영어교육과정, 텝스, 대학 수능영어는 기축영어시험의 광범위한 주제 범위를 포함하고 있다.

5. 기축영어시험 방향으로 구성된 영어 교과서

영어 교과서는 영어교육과정을 반영하여 만들어진다. 현재 초중고에서 사용되는 교과서는 초등학교 5종, 중학교 13종, 고등학교 11종이다. 초중고 교과서 중에서 고3이 배우는 영어 교과서가 실제 기축영어시험 방향이 적용되었는지를 살펴보자. 다음은 비상 출판사 영어 II의 제5과 전체를 영역별로 분석한 예시이다.

Listen & Speak

Lesson 5, How far will Technology go?에서 이 단원의 구성은 Listen and Speak에서 소주제 3개; 'Social Media in our life', 'Smart Technology, Smart Life', 'Be a Home Shopping Host'로 구성되어 있다. Listen에서 대화를 듣고 적절한 답 찾기, 듣고 적합한 사진 찾기, 듣고 빈칸 채우기로 구성되어 있다. 토익시험의 듣기 방향과 비슷함을 알 수 있다. Speak Out에서 파트너와 대화 나누기, 소주제 관련한 장단점 말하기, 자신의 생각을 작성하여 팀에게 소개하기, 수업 후 동급생 평가 과정이 있다. 이러한 내용들은 토플, 토익, 아이엘츠의 말하기 시험 방향의 공통 사항이다. 이 영역에서 영어 말하기와 듣기 능력을 신장할 수 있도록 구성되어 있으며 실제 기축영어시험 평가 방향과 일치함을 알 수 있다. 본 장 부록 2의 각종 영어 시험의 영어 듣기와 말하기 영역 비교표를 다시 들여다 보기를 권한다.

Listen & Speak Out에서 듣기 및 말하기 능력 배양

본문을 들어가기 전 주제와 관련하여 말하기와 쓰기를 간단히 해보게 된다. 그리고 새로운 영어 어휘를 문장과 사진 속에서 익힐 수 있도록 했다. 이것은 필자의 교사 시절과 완전히 다른 방식이다. 단원의 첫 시간에 새로운 영어 단어를 학생들과 함께 읽고 따라하며 발음 기호도 중시 여겼던 과거와 완전히 달라졌다.

본문을 통한 읽기, 말하기, 쓰기 능력 배양

본문 주제는 Big Data이며 5개의 소주제 'Every Move Counts, What is Big Data, Big Data for the Public Good, Big Data in Education,

Big Data in Medicine'로 구성되어 있다. 본문의 주제, 소주제의 내용이 일상생활, 친숙한 주제, 다양한 주제 중 어디에 속할까? 개인에 따라서 친숙한 주제일 수도 있지만 많은 학생들은 낯설게 느껴질 수 있다. 그래서 광범위한 독서력이 요구되는 것이다. 본문을 읽는 시간을 주고 자신의 읽기 속도, 읽는 동안 이해가 되지 않는 곳 등 학생 스스로 체크(self check)하도록 되어 있다. 소주제별 단락의 요지, 빈칸 채우기, 진위 문제, 추론, 주제, 빈칸 추론 등의 문제가 제시되어 있다. 본문을 학습한 후 본문 내용 요약하기, 빈칸 채우기, 진위 문제를 풀 수 있도록 구성되어 있다. 이 부분은 학교 영어, 수능 영어, 기축영어시험들의 영어 읽기 평가 기준과 동일함을 알 수 있을 것이다. 본문과 관련한 말하기, 쓰기 훈련을 할 수 있다. 본문 주제에 관해 동일한 의견을 가진 팀, 반대의 의견을 가진 팀을 만들어 토론할 기회를 가짐으로 영어 말하기 능력을 배양할 수 있게 구성하였다. 이런 교과서로 학교 영어 공부를 하고 있는데 수능 영어와 학교 영어가 다르다는 근거 없는 이야기에 현혹 되어서는 안된다.

문법 구문을 이용한 영작 훈련

영어 어휘는 어원 공부를 통해 어휘력 증강을 할 수 있도록 구성되었다. 새로운 표현들의 의미를 이해하고 빈칸 채우기를 하면서 문장을 만들어본다. 이런 유형이 논란에 휘말리지 않아서 단골 시험문제일 것이다. 문법 유형으로 동사의 원형이 나올지 현재분사, 동명사 형태가 적절한지, 미래진행형을 대화문을 통해 설명하고 대화문에 빈칸을 채우는 훈련을 할 수 있다. 기축영어시험의 말하기나 쓰기 평가에서도 문법 평가가 포함되어 있다. 문장 읽기를 통해 발음과 억양이 맞는지도 평가에 포함된다. 쓰기에서는 어법을 틀리게 작문하면 당연히 감점 된다. 따라서 문법을 아예 무시하고 영어 의사소통을 잘하기는 어렵다고 보아야 한다.

다양한 방법으로 말하기 및 쓰기 능력 배양

배운 내용을 바탕으로 학생 자신의 제품에 관한 홍보 글을 만들어 읽기, 빈칸 채워서 말하기, 빈칸 채워 써보기 기회를 갖도록 구성되어 있다. 파트너가 만든 작문을 평가하기, 파트너의 의견을 반영하여 초안을 고쳐보기 등을 통해 쓰기 능력을 배양한다. 이런 훈련에 익숙해진 학생은 고교 졸업 후에도 기축영어 시험들의 말하기 및 쓰기 평가 문제를 마주할 때 어렵지 않게 느껴질 것이다.

본 단원 4영역 테스트의 셀프 점검

Listening & Speaking 테스트를 통해 듣고 답하기, 주어진 문장을 사용하여 파트너와 대화해 보기를 할 수 있다. 이 영역은 자기주도적인 영어 공부 습관을 체화시킬 수 있게 해 준다. 마지막으로 그룹별 프로젝트 수업으로 문제 해결을 해나가는 과정을 그룹 간 영어로 토의 하다보면 말하기 실력을 늘릴 수 있다.

일반 고등학교에서 주로 선택하는 영어II 교과서를 분석해본 결과, 영어의 4 영역 말하기, 듣기, 읽기, 쓰기 능력을 고루 익힐 수 있도록 구성되어 있음을 확인했다. 앞서 살펴본 기축영어시험들의 성취평가 기준과 같은 방향으로 교과서 구성이 되었음을 알게 되었을 것이다. 중고학생들의 영어 교과서 공부만으로도 고교 졸업 후 대학 전공, 교환학생, 유학, 취업, 승진 시 필요할 영어 공부의 토대를 만들고 있다는 것을 확실하게 인지했을 것이다.

6. 영어 교과서가 학교 현장으로 가기 까지

영어 교과서의 가치를 알게 해준 경험

20년 전 필자는 교사 시절 S교대 교수, G대학 교수, H대학 교수, 영어 교사 2명, 영어 원어민이 한 팀으로 초등 영어 교과서 검토위원으로서 장기간 합숙했던 기억이 있다. 그들과 함께 교육부가 제시하는 기준을 충족했는지, 영어교육과정에서 제시한 내용이 빠짐없이 반영되었는지 등 영역별로 나누어 수차례 검토했다. 이런 경험을 통해 영어 교과서가 전문가들에 의해 개발되고, 다각적으로 수차례 심사 과정을 거쳐 학생들 손에 들어가게 되는 교과서를 더 소중히 여기게 되었다. 독자 또한 교과서 개발 과정을 살펴봄으로써 교과서의 가치에 대해 새로운 인식을 가질 수 있으리라 기대한다.

영어 교과서 내 손으로 들어오기까지

영어교육과정이 확정된 후 영어 교과서를 개발할 발행사를 찾고 집필진을 정하는 등 학생 손에 들어가기까지 대략 2년 반이 걸린다. 교과서로 구현되기 전 단계인 교육과정을 바꾸기 위해 미리 정책 연구를 거치는 기간까지 합치면 3년 이상 걸린다고 보아야 한다. 교과서 개발을 위한 노고와 땀이 담긴 작품으로 더 가치 있고 귀하게 느껴지지 않는가? 여기서 발행사란 출판사를 말하며, 집필진이란 교수, 교사 등 영어교육 전문가들이다. 발행사와 집필진은 1년간 교과서 개발을 진행한다. 개발 후 심사를 받고 합격 판정을 받아 최종 합격 공고까지 9개월이 걸린다. 심사 통과 후 2개월 동안 영어 교사들은 학교로 보내진 여러 출판사의 교과서를 검토 후 선정한다. 그 후 선정된 교과서를 학교운영위원회 통과 후 교육청에 주문하면 교육청은 학교별로 수합해서 발행사 측에 연락한다. 이어서 발행사는 책을 출판해서 교사와 학생의 손으로 가는 데 4개월이 걸린다.

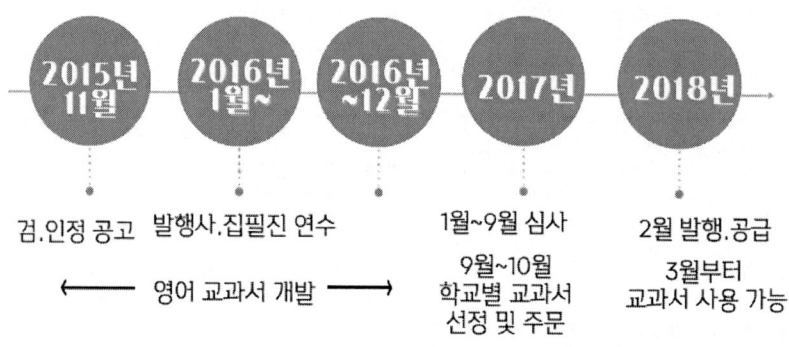

< Otree/Brunch, 유튜브 >

교과서 관련 기관 및 단체

  2022년 9월 27일 출범한 국가교육위원회가 이전 교육부에서 해온 많은 역할을 대신하고 있다. 서울에 위치한 한국교과서연구재단은 매년 모든 교과서를 수정 작업하는 등 교과서를 관리하며, 국내외 교과서 연구를 추진하고 있다. 세종시에 위치한 교과서 박물관인 미래엔은 해방 이후 현재까지 우리나라 초중등 교과서를 구비하고 있어 누구라도 방문해서 볼 수 있다. 한국검인정교과서협회는 교육부 및 시도 교육청 업무 지원, 시도 개발 인정도서 관련 업무를 한다. 검정 신청인에게 사전 절차 안내 및 행정적인 업무 지원, 검정 합격 후 공정한 채택 경쟁을 위한 업무 지원을 하고 있다.

7. 초등학교 현장에서 만난 영어 교사들 이야기

청주시 아파트촌에 위치한 필자의 근무 중학교 영어 교사들은 초등영어 수업이 어떻게 진행되는지 늘 궁금했다고 한다. 중학교 1학년 담당 영어 교사는 더욱 그런 것 같다. 그래서 몇몇 영어 교사들과 함께 인근 초등학교를 방문하기로 했다. 학교의 학생 수가 1,800명 규모라서인지 영어전담교사가 여러 명이었다. 교사들은 상호 궁금했던 것들이 많았는지 쉼 없이 많은 대화를 나누었다. 선생님들과 대화를 나누어 본 결과 수업과 연계한 과제 이행과 점검이 좀 더 체계적이라면 학교 영어만으로 충분할 것 같다는 확신이 생겼다. 담임교사의 적극적인 협조를 이끌어내고 학부모의 신뢰와 영어전담교사의 열정이 조화를 이룬다면 가능할 것이라는 믿음이 생겼다. 정부에서는 영어전담교사가 정규 수업, 수업과 연계한 과제 부여, 철저한 점검, 방과후학교, 영어 부진아지도를 원활하게 해낼 수 있도록 영어 교사를 도울 보조교사(지역민, 대학생, 퇴직교원 등) 방안을 강구하면 좋겠다는 생각을 하게되었다.

초3 학교 수업 영어 알파벳부터 시작

초등학교 방문 시 필자를 포함하여 현 근무교 영어 교사들이 가장 궁금하게 여기던 사항은 초3 영어 수업에 대해서였다. 알파벳부터 수업을 하는지, 영어 소통 능력 격차가 클 것 같은데 수업 진행을 어떻게 하는지에 대해 물어보았다. 초3 영어전담교사는 주 2회 2시간 총 4시간동안 알파벳을 읽고 빨간 줄이 있는 노트를 사용해서 쓰기까지 가르친다고 했다. 초등 3학년 영어 전담 선생님은 주당 4시간 동안 알파벳을 전혀 모르는 학생을 기준으로 가르치는데 시간은 충분하다고 한다. 이미 알고 온 학생들을 배려하기 위해 알파벳 노래나 게임 시 느린 속도부터 가장 빠른 속도로 들려준다고 한다.

학습 격차가 큰 교실에서 필요한 영어 교사 리더십

초등 3학년부터 6학년까지 모두 해당되는 선행학습을 하고 온 학생들이 수업을 지루하게 느껴져 태도가 불량하거나 수업에 방해를 줄 수도 있는데 선생님께서는 어떻게 대응하는지요?라는 질문에 저학년 영어전담 선생님은 시원시원한 말투로 다음과 같이 말했다. "학년 초 수업에서 선행학습한 학생들을 휘어잡지 못하면 수업을 진행할 수 없을 정도예요. 저는 3가지 척을 하지 말자고 해요. '잘난 척! 아는 척! 있는 척! 실제로 잘나고 아는 게 많은 사람은 가만히 있어도 표시가 난다는 말을 하면 어린이들이 어느 정도 숙연해져요. 특히 영유 출신 학생들은 태도가 마치 외국 아이들처럼 분방한 모습으로 학급 내 기본 질서나 규칙을 무시하려는 경향이 있어요. 1학기 지나면 차츰 나아지기는 해요." 필자는 그 선생님의 리더십이 놀라워 보였다. 학생에게 핀잔을 주지 않으면서 자존감을 키우는 훈련까지 해주니 학생이나 학부모들은 그 선생님을 정말 좋아할 거 같다고 했다. 필자가 재외한국학교 근무 시 대학교 입시 관계자한테 들은 이야기가 생각났다. 예전에는 대학 입시에서 학생 선발 시 국제학교 출신에게 높은 점수를 주었는데 최근에는 비슷한 실력이라면 국내 고등학교 졸업생-재외한국학교 졸업생-마지막이 국제학교 졸업생이라는 것이다. 이유는 엉덩이 힘이 강한 순서라고 했다. 그 선생님뿐 아니라 다른 초등 영어전담선생님들 덕분에 다른 학교의 초등학교 영어전담교사들에게도 더 큰 미더움이 생겼다.

과제 부여부터 점검까지

초등학교 영어 수업 시수가 주 2-3 시간인데 교과서 진도는 나갈 수 있는지, 과제 부여 및 점검은 영어전담교사들이 직접 하는지를 물어보았다. 단원별 실제 단어, 문장 수가 많지 않고 반복적이기 때문에 수업 시수는 부족하지 않다고 했다. 전체 단원 중 다소 어려운 주제는 3주로 늘려 하기도 하고 탄력 있게 진도를 나가서 문제 없다는 것이다. 영어 수업 시수에 교과서의 범위가 맞춰진 것으로 여겨졌다. 영어전담교사가 과제를 부여하고 담임 교사들에게 협조를 요청하는 상황이라는 것이 생소하게 느껴졌다. 담임 교사가 학부모와 연계하여 과제를 잘 해오는 학급이 있고 그 반대의 경우도 있다고 했다. 각 영어전담교사가 맡고 있는 학생이 300명이라서 일일이 과제 점검을 하지 못하고 있다고 했다. 숙제를 내주면 학생이 잘 이행할 수 있도록 점검하는 것 또한 중요한데 실행에 옮기지 못해 아쉽다고 했다. 과제를 수행하면서 학생은 자기주도적 학습 습관이 생기는 첫 단추를 끼우는 것이다.

추첨으로 결정되는 초등 방과후수업

방문한 초등학교에서는 영어 방과후수업뿐 아니라 다른 방과후수업 프로그램도 신청자가 너무 많아서 추첨을 통해 결정하는 상황이다. 1명 학생에게 최소 1강좌의 방과후학교라도 허용해 달라는 분위기라고 한다. 방과후수업 참여율이 낮은 중고등학교와 비교되어 놀라웠다. 학교 공간이 부족해서 수요만큼 방과후수업을 개설하지 못한다는 것이다. 지역, 학교마다 상황이 다르겠지만, 이 정도라면 세종시 교육청처럼 학교 밖 공간을 대여해서 수요를 충족시킬 수도 있겠다는 생각이 들었다. 세종시 소재 학교의 방과후수업은 학교 교사 및 외부강사에 의해 운영되는데 학교 교사들의 참여율이 높다고 한다.

맞춤형 영어 부진아 수업을 기회로!

4학년부터 전국 단위 영어 진단평가 결과로 영어 기초학력이 부족한 학생 목록이 결정된다. 그 학생들과 학부모가 승인하면 정규 수업 외 특별수업을 받을 수 있다. 고등학생은 물론이고 중학생 영어 부진학생도 연간 적은 수업시수로 부진아를 탈피하기는 여간 어려운 것이 아니다. 중학생인데도 단어를 읽지 못해 파닉스부터 시작해야 하니 밀린 공부량이 너무 많다. 그러나 초등학교에서는 영어 부진아라고 하더라도 배운 범위의 내용이 적어서 영어 특별 수업에 참여하기만 해도 부진아를 탈피할 수 있다. 오히려 영어를 잘하는 학생으로 도약할 수도 있다. 그러나 영어부진아 특별수업 참여율도 높지 않고 극소수만이 효과를 보고 있다고 했다. 다른 교과도 공부를 하려는 학생의 의지가 약하고 자녀 학습에 부모 또한 관심이 없는 경우가 많다고 한다. 중학교나 고등학교에도 부진아 지도 시스템이 있는데 비슷한 상황이다.

활용도 낮은 EBSe 콘텐츠

방문한 초등학교에서 수업 자료로 미디어 활용을 많이 하고 있는 것 같아서 선생님들은 어떤 사이트를 주로 활용하는지를 질의했다. 선생님들은 주로 전국 초등 교사 대상 사이트인 '인디스쿨'을 주로 활용하고 있다고 했다. 영어 이외 타 교과까지 전국 초등 교사들 대다수가 가입되어 있어 많은 자료들을 공유하고 있다고 했다. 또한 전국 초중등 영어 교사 사이트인 '이티'를 활용하고 있다고 했다. EBSe 공적 사이트 활용에 관해 물었는데 거의 활용하고 있지 않다고 했다. 교육부에서 전국 교육격차를 좁히기 위한 방안 중 하나로 10년 전 많은 예산을 투입한 사이트에 학생 스스로 활용할 수 있는 초등 단어, 만화, 문법, 영어의 4개 영역(듣기, 말하기, 읽기, 쓰기) 등 다양한 콘텐츠를 보유하고 있음을 방문 학교 초등영어 선생님들과 공유했다.

중학교 전환 시기에 필요 사항

중학교 1학년 영어를 담당했던 K 선생님이 중1에서 영문법을 가르치는데 학생들이 목적어, 보어 등 용어의 의미를 잘 모르는 것 같다며 6학년 영어전담교사에게 초등에서 영문법을 지도하는지 질문했다. 초등에서는 영어의 4기능을 고루 다루지만 문법, 문장이 연결되어 있는 독해는 가르치지 않는다고 했다. 초등 교과서에는 조동사 등의 문법 문장이 있음에도 영문법에 나오는 용어인 주어, 목적어, 동명사 등의 용어는 사용하지 않는다고 했다. 그래서 중1 학생들이 초등보다 영어가 어렵게 느껴질 수도 있겠다는 생각이 들었다. 영어 문법을 배우기 이전 주어, 목적어, 보어 등 한자어 공부가 먼저인 것 같다. 우리말에 한자어가 70% 이상으로 한자 교과가 필수과목은 아니더라도 중고생이 되기 전 기본 한자어 학습을 미리미리 준비하는 것이 필요하다.

초 6학년을 맡고 있던 B 영어 선생님이 질문을 했다. 중학교 입학 전 선행학습을 학교에서 해줄 수는 없고 무엇을 하도록 권유해야 할까요? 초등학교에서 배운 500단어, 영어 표현 등 배운 것을 완전히 복습하는 것이 최우선이라고 현 근무교 영어선생님이 답했다. 초등영어교육과정 성취 기준이나 중학교 영어교육과정 성취 기준이 다르지 않음을 상기해주었다. 그리고 초등에서 영어의 4영역(듣기, 읽기, 말하기, 쓰기)배운 것을 철저하게 복습해서 완전 학습이 이루어진다면 중학교 영어도 잘 할 수 있다고 답해준 것에 전적으로 공감하는 눈치였다.

8. 초등 수석교사가 전하는 초등영어 공부 팁[3]

다음은 초등 영어전담을 맡고 있는 안혜숙 수석교사의 초등영어 공부 팁을 독자들과 공유하고자 지면을 빌린다.

수업과 연관된 영상교육

학생들은 어려서부터 다양한 매체를 자주 접하고 있어 단순한 소리의 활용보다 영상을 이용한 교육이 아이의 흥미와 학습에의 집중을 유도할 수 있다. 특히 영어 입문기에 있는 초급 학습자에게 영향을 준다. 우리나라 같은 EFL 환경에서 영어를 외국어로 처음 접하는 학생들이 새로운 방식의 발음과 언어표현, 문화까지 이해하며 받아들이기엔 한계가 있다. 영상을 이용한 수업이나 수업 후의 영상 활용 보충학습은 학생에게 영어 교과에 대한 심리적 친밀감과 영어 말하기의 자신감을 향상시키는 데 도움을 준다. 남지영, 전경자(2006)[4], 이현주 (2020)[5], 이제영, 전영주(2016)[6]

---

3   안혜숙, 동해중앙초등학교 영어 수석교사.

4   남지영 & 전경자, 「방송활용 초등영어 듣기 능력 신장 방안 연구」, 한국멀티미디어교육학회 9(3), 2006. pp. 127-150.

5   이현주, 「4차 산업혁명 시대의 테크놀로지 및 ICT 기반 중고등학교에 대한 체계적문헌고찰」, 한국외국어대학 외국어교육연구소, 외국어교육연구 34(1), 2020, pp. 87-114.

6   이제영 & 전영주, 「초등학생 대상 EBS 영어방송 콘텐츠 활용의 효과: 메타분석을 통한 연구 통합」, 멀티미디어교육학회 19(4), 2016, pp. 89-115.

등 영상교육과 관련한 연구자들의 논문을 참고할 수 있다.

흥미 있고 즐거운 분야와 영어 공부 연결

사실 영어는 시간과 노력이 필요한 과목이라고 생각한다. 우리말이 아니기에 부단히 노력하고 공부해야 실력을 갖추게 된다. 학부모님이나 주변 사람들이 쉽게 영어를 할 수 있는 방법이 없는지 물어볼 때가 있다. 솔직히 쉽게 영어를 할 방법은 없다고 말한다. 다만, 영어 공부가 힘든 이유는 낯설기 때문이라고 설명한다. 영어를 잘 하려면 낯설지 않고 친근히 느껴지게 만드는 것이 중요하다. 영어 공부에 가장 필요한 것이 감정 지능이라고 생각한다. 그러다 보면 영어에 흥미가 생기고, 흥미가 있으니 낯설지 않게 되고, 그러면 당연히 자신감도 높아져 꾸준히 공부하게 되는 원리이다.

아이들을 가르치다 보면 수업에서는 존재감도 없이 앉아있는 학생이 있다. 간혹 수업 시간이 아닌 자리에서 대화하면 좋아하는 가수의 노래와 각 구성원의 특징과 취미, 심지어 어느 방송에 출연하고 어떤 잡지에 소개되는지와 매일의 활동 스케줄까지 줄줄 외워서 말하는 탁월한 실력을 보여준다. 이렇듯 사람은 자신이 흥미 있는 분야에서는 누가 시키지 않아도, 외워오라고 하고 시험을 보지 않아도 저절로 외워진다. 아이에게 흥미로운 가수의 정보가 뇌에 노출되고 반복하므로 자연스러운 습관화가 되었기 때문이다. 이런 방법을 영어 공부에 적용하면 효과를 볼 수 있다. 즉 학생에게 가장 흥미 있고 즐거운 방법을 찾아 꾸준히 공부하게 하는 것이다. 그것이 노래일 수도 있고, 게임이나 신체활동일 수도 있다.

취학 전 영어교육이 효과적일까?

취학 전 영어교육이 효과적인가 부정적인가에 관한 질문은 대개 그렇다, 대개 그렇지 않다고 답할 수 없는 문제다. 다만, 많은 학자의 연구 결과처럼 선행학습이 영어 입문기의 영어 수업에 그렇게 효과적이라고 말하기는 어렵다. 초등 3학년 전에 영어를 익힌 아이들은 다음의 두 가지 모습으로 나타난다. 하나는 이미 알고 있는 사실을 친구들 앞에서 과시하고 싶어 수업에 방해가 될 정도로 계속 손을 들고 본인이 알고 있는 지식을 말하거나, 이미 아는 쉬운 내용을 나가니 수업에 전혀 흥미가 없어서 계속 딴짓하거나 아직 해야 할 부분이 아닌데도 혼자서 미리 해 놓고는 선생님이 주의를 주면, '나는 할 일을 다 했으니 그러면 된 것이지'라는 식의 태도를 보인다.

솔직히 말하면 정식 교육과정 전의 선행학습은 내 아이가 남들보다 뒤처지거나, 더 못해 보이는 것이 싫어 공부를 미리 시키고, 이를 또래보다 더 잘 알고 있다는 것을 과시하기 위한 수단이 아닌가 싶을 때가 많다. 실제로 영어를 잘하는 대부분의 아이 태도도 그렇다. 아이는 부모님의 거울이다. 부모님의 그런 생각이 아이에게 투영되었기 때문이다. 그런데 재미있는 사실은 실제 수업에 들어가 보면, 선행학습을 한 학생들이 학기말 평가나 학년말 평가에서 처음처럼의 두각을 나타내지 못할 수도 있다는 것이다. 영어를 미리 배우지 않았더라도 선생님의 수업에 열심히 참여하고 따라오는 아이는 마지막에 꽃을 피운다. 결국은 학습 성취는 학습 태도와 굉장히 연결점이 많다고 말하고 싶다. 선행학습의 성공 여부도 태도에 달려있다. 어떤 학생은 영어를 무척 잘하는데, 주변 친구들에게 차근차근 잘 가르쳐주어서 친구들도 편안하게 자주 물어보고, 교사로서 나도 그런 도움을 친구들에게 베풀 기회를 자주 주기도 한다.

9. 솔밭중학교 영어교육 이야기

지난해 3월부터 필자는 솔밭중학교에 근무하면서 영어 교사, 학생, 학부모들과 나눈 영어 이야기를 하고자 한다. 중간 정도의 도시 아파트 밀집 지역에 위치한 학교로 학급당 28명, 30학급 전교생이 871명의 규모이다. 학교마다 전문적 학습공동체 운영방식이 다른데 이 학교는 과목별로 운영하게 되어 필자는 운 좋게 영어 교사들과 한자리에 앉아 영어교육 전반에 걸쳐 의견을 나눌 기회가 있었다. 본장에서는 영어 교사들과 나눈 간담회에서의 생각과 의견들을 정리하여 공유하고자 한다. 우선 솔밭중 성인애 선생님이 공유한 애로사항으로 논의를 시작하고자 한다.

영어 교사의 애로사항[7]

많은 영어 선생님들이 그렇듯 영어 교사로서 내가 겪는 가장 큰 애로사항은 학생들의 실력 격차이다. 알파벳을 어려워하는 아이부터 미국 시민권자까지 다양한 영어 실력을 가진 학생들이 한 반에서 함께 수업에 참여한다. 신나게 영어로 수업을 하고 있으면 어떤 학생은 알아듣지 못해 울상을 짓고, 아주 기초적인 영어 단어의 발음을 알려 주고 있으면 다른 학생이 볼멘소리를 한다. 모든 학생들에게 유의미한 학습 경험을 제공 하기 위한 수업을 매시간 준비하는 것은 상당히 시간과 체력을 많이 요구하는 일이다. 두 번째 애로사항은 『공교육정상화법』이다. 언어에는 단계가 없다. 중학교 1학년에서 배워야 하는 언어와 고등학교 1학년이 알아야 할 표현이 정해져 있지 않다. 하지만 현재 우리 교육과정에서는 학년별로 학습해

---

[7] 성인애, 솔밭중학교 영어 교사.

야 할 언어 기능이 위계적으로 명시되어 있다. 다음 학년에 해당하는 개념을 가르치고 시험에 출제했을 경우 신분상의 불이익을 받을 수 있다. 더욱 최악인 것은 학원은 이런 제제로부터 자유롭다는 것이다. 학교에서 가정법의 개념을 기초부터 심화 단계까지 가르친 후 시험에 출제하면 문제의 소지가 있지만 사교육 시장에서는 학생들이 원하는 만큼 학습해도 문제될 것이 없다. 『공교육 정상화 촉진 및 선행교육 규제에 관한 특별법』이 역설적으로 학교 영어 교사들에게 족쇄가 되는 경우가 생기는 것이다.

영어 공적사이트 EBSe와 중학교 수업 연계[8]

선생님들은 전문적 학습공동체 시간에 영어 수업 자료를 만들어 공유하고 싶어 했다. 필자는 영어 공적사이트 EBSe와 수업을 연계한 자료를 만들어 공유할 것을 제안했다. 선생님들이나 학생들은 이 사이트를 전혀 활용하지 않고 있었다. 영어 공적사이트 EBSe는 교육부에서 2010년대 많은 예산을 투입해서 유초중고 학생은 물론 일반인을 위한 콘텐츠까지 다량 보유하고 있는데 학교 현장에 와보니 거의 사용되지 않고 있었다. 교사들은 접근성이 떨어져서 잘 사용하고 있지 않다고 했다. 실제 콘텐츠를 모두 열어보고 확인해야 무엇이 있는지 알 수 있으니 불편하기는 했다. 하지만 영어 교사들과 토의를 거쳐 영어 수업과 EBSe 사이트 연계 사례를 학년별로 만들어 공유하기로 했다. 학년별 2명씩 나누었고 전 학년의 자료를 만들어 함께 공유했다. 예를 들어 1학년 능률교과서 4과에 to 부정사를 목적어로 취하는 동사들을 배우는데, EBSe의 콘텐츠 중 동일 내용을 찾아 링크주소를 적어주는 것이다. 영어 교사 간에도 적은 시

---

[8] 부록3: 1,2,3학년 능률교과서, 3-5개 단원 문법 설명 시 EBSe 콘텐츠와 연계 링크 주소

간을 들여 많은 자료를 공유하게 되는 이점이 있었다. 학생들에게는 그날 배운 것을 과제로 내주거나 복습을 할 때 활용될 수 있을 것 같았다. 그럼에도 현재보다 편리하게 업데이트 되어야만 교사와 학생, 부모들이 딴 데로 눈을 돌리지 않고 이 사이트를 활용할 것 같다.

솔밭중 학생들이 학원 가는 이유

솔밭중 학생들과 기회가 될 때마다 질의응답, 간담회, 대화를 나누어 본 결과 학원 가는 이유에 관해 학생들이 이야기 한 것을 대략 정리하면 다음과 같다. "질문을 맘껏 할 수 있다. 선생님들이 친절하다. 학교 수업을 두 번 받기 때문에 여유가 있다. 학교 수업 시간에 놓친 것을 학원에서 들을 수 있고, 학원에서 적당히 들어도 학교 수업 시간에 또 듣기 때문에 맘이 편하다. 시험 준비를 철저하게 시켜준다." 등이다. 예전에는 질문거리를 들고 교무실까지 찾아오는 학생들도 있었다. 이 정도까지는 아니어도 교사가 수업 중 질문할 시간을 주고 개별적으로 대답해 줄 기회를 갖는 것이 불가능하지만은 않을 것이다.

학교 방과후수업에 참여하지 않는 이유

솔밭중 학생들은 인근 타 학교보다 수업 태도도 양호하고 학생 영어 수준이 높은데 대다수 학생들은 정규 수업만 마치면 학원으로 간다. 이렇게 된 이유는 교육청에서 공문을 통해 수년 동안 교과 방과후 개설을 지양해왔기 때문이다. 아마도 학생들의 건강한 생활을 위해서 그런 정책을 도입했겠지만 결국 사교육 기관으로 발길을 돌렸을 뿐이다. 이 밖에도 학생들의 방과후수업 참여가 지지부진할 수 밖에 없는 다른 이유도 알게 되었다. 학원에서는 매년 3월 학기가 시작되기 전 1,2월부터 연간 계획을 짜고 그것에 맞춰 다니게 되는데 학교의 방과후학교 수요조사는 2월 말, 심지어 3월 초에 하게 되니 이미 학생들은 다니던 학원에서 발을 빼기가 어려운 상황인 것이다. 또한 현 학교 방과후 시스템에서는 1, 2 학기와 2번의 방학을 연계하여 운영하기 어려운 상황이다. 실제 1년 내내 방과후수업의 의지를 가진 교사들이 있을지도 의문이다. 교사들이 무조건 방과후수업에 불참하려는 것은 아니다. 교과목을 권장하는 방과후학교의 필요성에 관해 교사들과 공감대를 갖고 노력한 결과 소수가 참여하여 영어 1강좌를 포함하여 몇몇 강좌가 개설 운영되고 있다. 교육부는 지난해부터 사교육 경감 차원으로 교과 방과후학교 활성화를 하겠다고 보도자료를 낸 바 있으나 정권이 바뀌면서 흐지부지 되었다. 교육부, 교육청이 방과후수업을 적극 권장한다 해도 수년 이내 방과후학교가 활성화되기는 쉽지 않을 것 같다는 생각이다.

학원 숙제에 밀려 학교 과제 부여를 하지 않는다니!

학생들과 대화를 나눈 내용 중 학원 숙제가 많아서 학교 숙제를 할 시간이 없다는 놀라운 내용이 있었다. 선생님한테 그런 사정을 이야기 하면 선생님도 학교에서 할 만큼의 분량만 숙제를 내준다는 것이다. 교사들은 학생들의 사교육의존 문화가 대수롭지 않는 것인가라는 생각이 들었다. 지금은 외국 대학에서 근무하는 자녀를 둔 초등교장의 말에 놀란 적이 있다. 그 교장의 자녀가 초등학교 재학 시절 담임교사로부터 왜 사교육을 시키지 않는가라는 질문을 받았다고 하며 어이가 없어 대답도 못했다는 것이다. 교사와 학생, 학부모가 소통이 잘되고 있는 것인지 다소 혼란스러웠다. 영어 교과는 정규 수업만으로 턱없이 부족하기 때문에 과제 부여를 하지 않을 수 없다. 그런데 학생들 처지를 생각해서 쉬는 시간에 간단히 할 정도의 과제만 내준다는 것이다. 이래서 사교육이 그림자가 아니라 공교육이 그림자 역할을 하고 있다는 평가를 받는 것인가?

학교 영어교육만으로 정말 불가능할까?

학생들한테 학교 수업 마치고 학원에 다니는 것이 만족스러운지 질문했더니 학교 수업만 받으면 좋겠다고 한다. 학교에서 집으로, 집에서 학원으로, 학원에서 집으로 다니느라 너무 바쁘다는 것이다. 이런 이야기를 서슴없이 하는 학생들은 대다수가 성적이 상위권이나 하위권이 아닌 중상위권 정도 되는 편이다. 상당수 영어 교사들은 공교육이 주축이 되어야 한다는 것에 공감하고 있다. 그럼에도 언젠가부터 학생들이 사교육에 의존하는 문화에 익숙해진 것이 아닐까 싶다. 사교육을 받고 학교를 다녔던 일부 Z세대 교사들은 사교육 의존 문화를 당연하게 받아들인다고 하는데 과연 Z세대 교사들만 그럴까? 학생 교육에 대해 교사의 책임의식이 부족하다는 말을 교육계 밖에서 듣고 있는 실정이다. 종전과 달리 교과 교사들이 학생, 학부모의 평가를 받아서 그런 것일까? 교사가 학생 교육에 강한 책임감을 갖는 것이 때로는 부담으로, 또는 부당함으로 생각하고 있는 것일까?

솔밭중 부모들의 영어 이야기

필자는 부모들과 대화 기회가 있을 때마다 학교 교육을 믿고 맡길 수는 없느냐고 질문한다. 공통으로 듣는 대답은 불안증으로 학원에 보낼 수밖에 없다고 했다. 앞서 사교육을 시키는 가장 큰 이유가 부모의 불안감과 경쟁심이라고 한 것과 중복되는 이야기이다. 학교에서 예전처럼 방과 후수업을 의무화하면 모르지만 다른 학생들은 대다수가 학원에 가는데 자녀가 집에서 게임이나 다른 놀이를 하고 있는 모습을 맘 편하게 바라볼 수는 없다는 것이다. 심지어 학교 방과후 수업 시간에 학원에서 개설하지 않는 과목 중심으로 해달라는 학부모의 요청에 필자는 어이없는 표정을 숨기지 못했다. 공부를 가르치는 것이 아니라 합숙 장소에서 기거하면서 시간과 컨디션 관리를 해주는 학습 코치에게 수백 만원을 주고 있다는 이야기도 들었다. 자녀 스스로 자기 주도적인 학습 습관을 가진 자녀를 둔 부모는 월 수백 만원을 절약하고 있는 셈이다.

10. 영어 교사와 대학생이 알려주는 중학생 영어 공부 비결

다음은 영어 교사와 대학생이 전하는 영어 공부 팁이다. 본 글에 소개하는 조언들이 초중고 학생들은 물론 성인 영어 학습자에게도 적용될 수 있지만 저자의 판단하에 중학생들에게 가장 필요할 만한 조언을 추려서 공유한다.

교과서를 바탕으로 한 자기주도학습[9]

"너희는 영어를 못하는 것이 아니라, 언어를 못하는 거야." 고등학생들을 지도하면서 왕왕 했던 말이다. 기본적으로 영어도 언어이기 때문에, 영어를 잘 쓰고 이해하려면 문해력이 필요하다. 모국어 능력이 뒷받침되지 않으면 외국어 실력 향상에도 한계를 느낄 수밖에 없다. 나는 장기적인 관점에서 영어를 잘하기 위해서는 국어부터 제대로 읽고 말하는

---

[9] 성인애, 솔밭중학교 영어 교사.

연습을 하라고 주문하고 그 힘은 독서에서 나온다고 말한다. 너무 뻔한 얘기 같지만 언어를 잘 읽어내는 사람이 시험 문제도 잘 풀 수 있고 타인에 대한 이해도 더 잘 할 수 있으며 세상을 이해하는 폭이 넓어진다고 생각한다. 즉, 독서가 학교 영어 공부는 물론이고 모든 공부의 시작이라고 보는 것이다. 그 다음이 교과서를 바탕으로 한 자기주도학습이다. 교과서를 기준으로 두고 관련 내용을 폭넓게 반복해서 익히는 것이 중요하다. 모국어를 익히는 것처럼 영어도 같은 표현을 다른 맥락에서 수십 번 반복해서 익히고 사용하다 보면 자연스럽게 체득이 된다. 책상에 앉아서 멍하니 일타 강사의 인강을 수백 번 듣는 것보다 내 스스로 배운 문장을 읽어도 보고 쓰기도 하고 말하는 것을 들어도 보며 직접 두뇌를 움직이는 과정이 반드시 필요하다. 영어 원서를 읽거나 수능 기출문제를 풀어보거나 내가 관심 있는 분야의 영어 영화를 보며 배운 영어 표현을 복습하는 것도 좋은 방법이다. 영어 학습의 왕도는 "스스로", "두뇌를 써서" 하는 반복학습이며, 이것이 학교 영어 공부만으로도 실력을 키울 수 있는 최고의 방안이다.

관심 있는 분야 영어 자료 다독[10]

다시 초등학교부터 고등학교 시절로 돌아간다면, 영어에 나 자신을 최대한 많이 노출시키는 방식으로 공부할 것이다. 즉 많이 읽어보고, 듣고, 말해볼 것이다. 특히 흥미로운 내용을 담고 있는 영어 자료를 많이 읽어볼 것이다. 영어를 통해 내가 경험할 수 있는 세계가 넓어지는 체험을 한 이후 비로소 영어가 재밌게 느껴지기 때문이다. 또한 재미있는 영어 자료

---

[10] 오유경, 서울대학교 학생.

를 많이 읽어보는 것은 독해 능력을 향상시키는 데에도 도움이 된다. 시험을 잘 보기 위한 영어의 목적이 정답을 골라내는 것이라면, 실제 생활에서의 영어의 목적은 영어 자료가 담고 있는 '내용'을 습득하는 것이다. 시험을 잘 보기 위한 영어 공부에서는 앞뒤 맥락이 없는 짧은 글을 빠르게 많이 읽고, 답을 고르고 넘기게 되기 때문에 긴 글 하나를 정확하게 읽어내는 능력을 기르기는 어렵다. 그러나 우리에게 실제로 필요한 영어 능력은 긴 글을 읽고 그 내용을 제대로 이해하는 것이다. 그렇기 때문에 다양한 영어 자료를 제대로 읽고 내용을 습득하는 연습을 많이 해야 비로소 살아있는 영어 능력을 배양할 수 있다.

학원을 다닌 이유[11]

나는 초등학교와 중학교 때는 사교육을 받았다. 이것은 언어인 영어는 어릴 때부터 시작해야 한다는 부모님들의 통념에도 영향을 받았던 것 같다. 고등학교에 진학하면서는 처음에는 학원에 다니지 않았다. 그러나 첫 번째 내신 시험에서 낮은 성적을 받아 성적 향상을 위해 학원을 다니게 되었다. 이 학원은 성적 향상으로 유명한 소위 말하는 스파르타식 학원이었다. 학원에서는 교과서의 지문을 달달 외울 수 있도록 본문 빈칸 채우기, 다량의 문제 풀기 등으로 훈련을 시켰다. 그 결과, 시험에서 지문을 읽지 않고도 문제를 빠르게 풀 수 있었고 높은 성적을 받았다. 이러한 상황에서는 학원을 다니지 않을 이유가 없었다. 요약하자면 사교육의 목적인 학생들에게 영어 시험에 맞춤화된 훈련을 제공하였고, 이로 인해 시험 성적 상승을 이루어냈기 때문에 계속 사교육을 받게 되었던 것이다. 지

---

[11] 위와 동일인.

금 생각해보면 또한 학교 수업만으로는 시험 공부를 하는 방법을 알기 어려웠던 점도 사교육을 받아야만 했던 이유 중 하나였다. 학교 수업에서는 영어 지문을 읽고 해석하는 것에 그쳤으며 혼자서 어떻게 영어를 공부해야 하는지에 대해서는 가르쳐주지 않았기 때문에 사교육을 받아 공부할 수밖에 없었다. 다시 학창 시절로 돌아간다면 학교 선생님께 적극적으로 효율적인 영어 공부 방법과 시험공부 요령을 질문해서 알아낼 것 같다.

11. H고등학교 영어교육 이야기

중고 교과서를 교환해서 살펴본 의미

솔밭중 영어 교사들은 초등영어 수업이 궁금했던만큼 고교 영어 수업 실태를 알고 싶어했다. 그래서 인문계 H고등학교 영어 교사들과 간담회를 가졌다. H고 영어 교사들 또한 본교 출신 학생들이 다수인 이유도 있고 중학교에서 구체적으로 무엇을 배웠는지 궁금해 했다고 한다. 우린 서로 가져온 영어 교과서를 교환해서 살펴보기도 했다. 고교 교사들은 중학교 영어 교과서를 뒤적이며 고등학교에 나오는 내용을 중학교에서 배웠을까 궁금했다는데 책을 보니 모두 이미 중학교에서 배우고 있음을 확인했다. 한편 솔밭중 영어 교사들은 고1, 2 영어 교과서, 선택과목인 영어 심화 교과서를 살펴보며 긴 독해 지문과 과학, 기술 등 꽤 어려운 내용에 눈이 휘둥그레졌다.

고치기 어려운 잘못된 영어 공부 습관

고등학교 선생님들은 영어 말하기와 쓰기 평가 시 학생들의 저조한 문장력에 관해서도 기탄없이 말했다. 마치 중학교에서 작문을 전혀 해보지 않은 것 같다는 이야기를 들을 때 수행평가를 통제 작문 위주로 해온 본교 영어 교사들은 향후엔 주제 중심 평가도 시도하겠다는 생각을 했을 것 같다. 고등학교 영어 교사들은 학생들이 중학교 시절부터 잘못된 영어 공부 습관이 몸에 배어 있다는 이야기를 했다. 그 예로 학생들이 모르는 단어가 나와도 사전을 찾아 해결하려고 하지 않고 파파고 번역을 이용하는 것, 교과서 지문 또는 모의고사 문제의 구문 분석을 과제 부여하면 직접 하지 않고 인터넷을 찾아 쉽게 해결하는 태도가 잘 바뀌지 않는다고 지적했다.

고교생이 학원에 가는 이유

고등학생들이 학원에 가는 이유를 물었더니 학교에서 수업을 듣고 학원에서 동일 책으로 다시 듣기를 반복하는 것, 학교 과제 대신 학원 수업 과제에 집중하는 것 등 중학생이 학원 가는 이유와 공통사항이 있음을 새롭게 깨달았다. 학교 영어 방과후수업 참여는 솔밭중처럼 지지부진하다고 했다.

절대평가로 전환했어도 1등급 받기 어려운 영어

일반적으로 영어가 수능에서 절대평가로 바뀌었으니 더 많은 학생들이 1등급을 받을 수 있어 학생이나 교사의 스트레스가 줄었을 것 같다. 하지만 H 고등학교에서 수능 영어 1등급을 받는 학생의 비율을 질문했을 때 수치가 생각보다 적어서 놀랐다. 그 이유를 질문했다. 첫째는 대입영어가 절대평가로 전환되었어도 1등급을 받는 학생의 비율이 10% 이상이면 지탄을 받는 현재 상황 때문에 7% 전후의 학생들이 1등급을 받을 정도로 영어 시험

난이도를 높인다는 것이다. 절대평가의 취지가 무색한 상황이다. 최근 현 정부가 킬러문항을 배제시키겠다고 단언했으니 올 하반기에 있을 모의고사나 대학수학능력시험에는 난해한 킬러 문항은 없을 것으로 기대한다.

공인인증영어 시험보다 어려운 대학영어수능평가

H고 영어 선생님들의 공통적인 의견은 수능 영어 문제의 난이도가 너무 높다는 것이다. 전문 어휘는 뜻을 제시하더라도 학생 입장에서는 그 자체로 어렵게 느껴지고, 주제 또한 화학, 기술 등 전문적인 내용이라 영어 교사들조차 풀기 어렵다는 것이다. 토플, 토익, 텝스 등 기축영어시험을 주기적으로 응시한다는 B 교사는 대학수학능력시험 영어영역이 더 어렵다고 말했다. 그래서 미국의 몇몇 대학에서 대학 입학시 토플 대신 우리나라 수능 영어 성적도 인정하는 것인가? 수학을 복수전공한 L 영어 교사는 현재 대학수학능력시험 영어영역이 4등급만 되어도 대학 공부에 충분하다는 의견을 주었다. 특히 이과생들은 교재나 사용되는 영어가 단순하여 높은 영어 실력이 아니어도 아무 문제가 없다고 한다. 정부 또는 학교 교사는 1등급만 바라보고 학교 영어 수업의 초점을 맞출 것이 아니라 2,3,4 등급 정도 되는 학생들을 위해 제대로 된 학교 영어교육을 해야 한다는 생각이 더욱 확고해졌다.

12. 고교 영어 교사가 권하는 영어 공부 팁[12]

다음은 홍덕고등학교 영어 교사 이지혜 선생님이 영어를 가르치며 생각한 내용을 공유하고 싶어 지면을 빌렸다. 학생들의 영어 공부에 큰 도움이 될만한 조언들이다.

글을 읽지 못하는 학생들

블록으로 멋진 작품을 만들고 싶어 하는 아이들이 몇 명 있다. 어떤 아이들은 모양과 크기, 색이 굉장히 다양한 블록 몇천 개가 들어 있는 바구니를 가져오고, 또 어떤 아이는 기본 블록만 모아놓은 작은 상자를 가져온다. 그런데 몇 명 아이들은 양손에 두세 개의 블록을 들고 있을 뿐이었다. 이 아이들이 만들 수 있는 작품에는 차이가 생길 수밖에 없다. 교실에서 만나는 학생들은 마치 블록 놀이를 하는 아이들 같다. 각자 가지고 있는 블록의 규모가 다른데, 모두가 영화에서 볼법한 멋진 성을 하나 만들고 싶어 한다. 블록이 충분할 때는 쌓기 연습만 해도 어느 정도의 성과를 거둘 수 있지만, 블록 자체가 부족하면 작은 방 하나도 완성하기 어렵다.

책임을 다하지 않는 학습자

언어는 도구 교과다. 말과 글을 사용하지 않고 인류가 여기까지 발전해 올 방도는 상상할 수도 없다. 언어생활의 근간이 되는 단어와 문법은 그간 인류가 쌓아 올린 의사소통 전략의 총체인데, 발달 과정에 워낙 변수가 많았기에 수학이나 과학 법칙 같은 엄밀한 규칙이 있다고 보기 어렵

---

[12] 이지혜, 홍덕고등학교 영어 교사.

다. 모국어는 단어와 문법을 명시적으로 공부하지 않아도 본능적으로 체득하게 되지만, 영어는 외국어이기 때문에 익히는 데에 시간과 노력을 들여야 한다. 의미론적 분석이나 다양한 연상법이 분명 단어 학습에 도움되고, 통사 구조에 대한 이해 역시 문법에 대한 안목을 높인다. 언어에 관한 수준 높은 지식을 가지고 있더라도, 외국어 학습자는 개별 단어와 구문 양식에 익숙해지려면 장기기억에 남을 만큼 여러 번 반복하는 작업을 피할 수 없다.

영어과 교육과정은 초등학교 시기에 영어를 음성언어로 처음 접한 학생들이 고등학교를 졸업하면 실생활에서 필요한 지식정보처리 역량을 함양하도록 설계되었다. 이 실생활은 대학에 진학하여 학문과 연구에 뛰어드는 것과 직업 세계에서 맡은 일을 잘 수행하는 것을 모두 포괄한다. 다시 말하면, 모국어로는 거의 20년에 걸쳐 기르는 능력을 외국어로는 12년의 학교 교육과정 내에 달성해야 한다는 말이다. 이를 위해 교육과정에서는 각급 학교에서 배워야 하는 단어와 문법 사항을 묶어 제시하고 교과서를 구성했다. 수업과 평가에서는 아무래도 교과서가 기본이다. 수업에서는 각 단어와 문장 구조를 여러 번 반복하여 다룬다. 학교 여건에 따라 수업과 평가에 한계가 있어 수업 내용이 수용 기능(듣기, 읽기) 중심으로 설계되어 언어의 4가지 기능 모두가 균형 있게 발달하지 못한다는 지적은 변명의 여지가 없지만, 아무데도 쓸모없다는 비난은 억울한 데가 있다. 수업이 제공하는 학습자료는 충분하다. 학습자 개인이 수업에서 배운 바를 성실하게 익히고 연마했다면 상황은 많이 달랐을 것이다.

교사의 교수 역량이 정말 빛을 발하려면 배우는 학생 역시 자기 수업에 책임을 다해야 한다. 학생의 몫은 두말할 것도 없이 반복과 연습이다. 많은 학생이 인터넷 강의나 학원, 과외와 같은 사교육에 많은 자원을 쏟지만, 자기 몫을 다하지 않는 언어학습자는 성장하기 어렵다. 실력이 늘지 않는다고 느끼면 자신이 책임감 있는 학습자인지 정직하게 돌아볼 필요가 있다.

다시 한번 영어 공부에 도전하고 싶은, 하지만 막막하다고 느끼는 학생들은 어디서부터 시작해야 할까. 두말할 것도 없이 언어 재료를 제대로 습득하지 못한 지점부터 시작이다. 초등학교나 중학교에서 배우는 단어와 문법은 쉽다기보다는 빈번하게 사용되는 것들이다. 예를 들어, 초등학교 필수 단어인 동사 have(가지다)와 중학교 필수 단어 include(포함하다), 고등학교에서야 비로소 등장하는 incorporate(통합하다)는 그 활용 범위나 등장 빈도에서 차이가 크다. 세계적인 포털사이트에서 have를 검색하면 결과 수는 2500억을 넘고, include는 100억 수준, incorporate은 10억 수준이다. have를 모른다면 언어 활동에 상당한 지장을 받고, include를 모른다면 때때로 이해할 수 없는 말과 글을 만나게 될 것이다. 하지만 incorporate의 등장 빈도는 확연히 낮다. 따라서 고등학생이 교과서나 수업 시간에 다루는 다양한 담화를 이해하기 어렵다면 고등학생용 단어장에는 등장하지 않는 초등학교, 중학교 수준의 단어부터 점검해야 한다. 끝까지 완주할 수 있는 단어장을 하나 마련하여 표제어와 예문을 꼼꼼히 살피고 잘 모르는 것이 있다면 완전히 익힐 때까지 반복해야 한다.

문장에 갇혀버린 영어 공부

교사마다 수업 철학은 다르겠지만, 나의 수업은 영어로 된 전체 담화가 중심이다. 글이 하나의 숲이라면 각 문장은 글의 숲을 이루는 나무 한 그루, 풀 한 포기이다. 글은 문장의 합이 아니다. 문장 사이에 숨어있는 맥락까지가 글이다. 몇 해 전 미국의 한 웹사이트에서 유행했던 '두 문장 공포소설' 릴레이 중 하나를 보자. 'OO역 앞에서 콜택시를 타고 나서 약 십 분 후, 휴대전화가 울렸다. / "여보세요? OO역 앞에서 택시 부르신 분 아닌가요?"' 두 문장이 분절적으로 존재할 때는 아무 맥락도 보이지 않지만, 함께 한 편의 글을 이루면 주인공이 위기에 처한 상황이 드러난다. 말과 글을 다룰 때 문장 단위를 벗어나야 하는 이유다.

교실에서 수업을 하다보면, 학생들은 단어와 문법에 관한 질문에는 답을 잘 하지만, 문장이나 문단 간의 관계, 글에 숨어 있는 전제와 함의를 묻는 말에는 머뭇거린다. 지문에 문법 사항과 단어를 빼곡하게 적어 놓고, 글의 중심 내용은 파악하지 못하는 일이 많다. 단어와 문법은 말과 글을 사용하기 위한 기본 소양임은 분명하지만, 영어 공부의 목표라고 할 수는 없다. 영어를 제대로 사용하기 위한 준비일 뿐이다. 언어 재료가 어느 정도 마련되고 난 후에는 말과 글의 구성, 행간에 숨은 의미, 글쓴이의 의도와 태도 파악하기처럼 숲으로 시야를 돌리는 연습이 필요하다.

연습의 가장 첫 단계는 영어도 의사소통 도구라는 점을 인정하는 것이다. 의미를 전달하고 수용하는 것이 언어의 본질이기 때문에, 그에 맞게 사용할 때 실력이 빨리 성장한다. 할 말이 있어야 말하기와 쓰기를 목적에 맞게 연습할 수 있고, 알고 싶은 게 있어야 듣기와 읽기 공부에 끈기가 생긴다. 이민 상황에서 목표 언어 환경에서 생활하거나, 우리말이 잘 통하지 않는 이성 친구를 만나면 언어가 폭발적으로 느는 이유가 여기에 있다. 학교 수업은 글을 읽는 사고 과정을 자세하게 풀어 보여주는 모델링이다. 사교육을 통해 더 많은 수업을 들으면 시험 점수에 도움이 될 수는 있겠지만, 진정성 있는 언어 경험을 할 수 없다. 관심 있는 분야에 관한 글을 한 편이라도 스스로 읽어낼 때 진짜 내공이 쌓인다.

수능 영어의 현주소

평가 이론에서는 수업과 평가의 관계를 '환류효과(washback effect)'라는 개념으로 설명한다. 평가가 교육과정과 학습에 큰 영향을 끼친다는 관점이다. 교육과정과 평가의 방향이 일치하면 학습 동기를 높일 수 있다는 의미다. 학생들이 '그거 시험에 나와요?'라고 묻는 이유를 따져보면 역류효과를 이해할 수 있다. 교육과정과 평가의 방향이 일치하면 평가가 학습의 동기를 높이겠지만, 다르다면 평가가 교육을 방해한다. 이런 관점에서 대학 입시가 중·고등학교 교육에 미치는 영향은 상당하다.

사실 대학수학능력시험의 목표는 고등학교까지의 교육과정에서 길러야 할 기초 학력과 기본 소양을 측정하여 대학에서 공부할 준비가 된 인재를 가리는 데 있다. 내용교과는 명확한 출제 범위가 있지만 영어는 다소 모호한 편이다. 그게 아니라면 대학수학능력시험이 정의하는 '대학 수학 능력'은 어느 정도인지 구체적으로 제시하고 그에 맞추어 출제해야 한다. 기준이 명확한 절대평가는 학습의 길을 알려준다. 하지만 현재 수능 영어는 길잡이가 될 수 없다. 1등급이 10%가 넘는다면 물수능, 4% 미만이라면 불수능이라는 평을 받기에 황금 밸런스 7%를 맞추려고 노력한 결과, 평가원이 출제하는 모의평가와 수능은 모두 난이도가 들쭉날쭉이다. 또한 상위권 변별력을 고려한 어려운 지문이 다수 출제되어 학습자의 의욕을 꺾는다.

교실에 있는 많은 '영포자'에게

학생들은 다양한 꿈과 희망을 가지고 학교에 들어왔다. 학교는 학생들이 추구하는 이상을 펼칠 수 있도록 날개를 달아줘야 한다. 하지만 교육은 어느 한쪽의 노력만으로 이루어지는 것이 아니다. 학교는 적절한 학습

기회를 제공해야 하고, 학생들도 스스로 공부할 힘을 갖추고 노력할 책임이 있다. 불성실한 학습의 대가로 학습결손이 찾아왔다면 부족했던 부분을 정직하게 찾아 찬찬히 메꾸면 된다. 방향이 잘못되었다면 방향을 바로잡으면 된다. 여러분들의 노력의 방향이 정확했다면, 듣거나 말하거나 읽거나 쓸 기회가 생겼을 때마다 성장을 확인할 수 있을 것이다.

부록 1. 자국민을 위한 영어 시험들의 특성 및 활용[13]

중국의 CET(College English Test)

중국의 CET는 중국에서 대학생들의 영어 능력을 측정하기 위해 주관되는 시험이다. CET는 중국 교육부(Chinese Ministry of Education)가 1987년부터 직접 운영하는 대학생들의 실제 영어 능력을 객관적이고 정확하게 측정하기 위해 개발했다. 연간 역 1000만명 이상의 중국 대학생, 일반인이 응시한다. CET-4, CET-6, CET-SET으로 구성, CET-4와 CET-6은 듣기·읽기·쓰기를 평가한다. CET4, 6에 합격하면 말하기 평가인 CET-SET에 응시가 가능하다. 중국 교육부는 대학의 학사 학위 취득요건으로 CET-4 통과를 요구하고 외국계 기업에서도 CET 증명서를 가진 구직자를 선호한다고 한다.

일본의 EIKEN((Eigo Nōryoku Shiken)

1963년부터 영어능력검정협회에서 시행한 공인 영어 시험이다. 이 시험은 일본의 실제 일상생활과 사회생활에서 필요한 실용영어를 측정한다. 1차는 필기(듣기·읽기·쓰기), 2차는 면접(말하기)이다. 4,5급은 1차 시험만 실시하며, 1-3 급은 1차 시험 합격 후 2차 시험을 응시한다. 일본 문부성이 중등학생에게 해당 등급 취득을 강력히 권고하며, 대학입학, 학점인정, 졸업요건, 기업체 취업 등에 활용하고 있다. 미국·호주·캐나다의 400개 이상의 대학과 고등학교에서 입학요건으로 인정하는 등 국제적 통용성을 확보하고 있다.

---

[13] "2013년 제4차 국가영어능력평가시험1급(NEAT 1급) 실시", 교육부 보도자료, 2013.9.14.

대만의 GEPT(General English Proficiency Test)

2000년부터 대만 교육부 지원으로 개발하여 연간 50만명이 응시하고 있다. 공무원 승진 기준, 기업 임직원 영어 능력평가, 학교 입학 허가, 배치, 졸업 시험 기준으로 활용하고 있다.

부록 2. 각종 시험의 4 영역 평가 비교

1. 각종 시험 영어 읽기 성취 평가 기준

종류		영어 읽기 성취 평가 기준
공통 영어 교육 과정	초 3-4	▶알파벳 대소문자 식별 읽기, 소리와 철자 관계 이해하며 낱말읽기, 쉽고 간단한 낱말, 어구, 문장을 따라 읽을 수 있고 의미 이해하기
	초 5-6	▶쉽고 간단한 문장을 강세, 리듬, 억양에 맞게 소리 내어 읽기, 그림, 도표에 대해 짧은 글을 읽고 세부 정보 파악, 일상생활 속 친숙한 주제에 관한 짧은 글 읽고 세부 정보, 줄거리, 목적 등 중심 내용 파악하기
	중 1-3	▶문장 의미 파악, 일상생활이나 친숙한 일반적 대상이나 주제에 관한 글을 읽고 세부정보, 그림, 사진, 도표의 세부정보, 줄거리, 주제 및 요지, 필자의 심정이나 태도 추론, 필자의 의도나 목적 추론, 일이나 사건의 순서, 전후 관계 추론, 사건의 원인과 결과 추론, 문맥을 통해 낱말, 어구 또는 문장의 함축적 의미 추론
	고 1	▶친숙한 일반적 주제에 관한 글을 읽고 세부 정보, 주제 및 요지, 내용의 논리적 관계, 필자 의도나 글의 목적, 필자의 심정이나 태도, 함축적 의미 추론
고등학교 일반선택	영어 I	▶일반적 주제에 관한 글을 읽고 세부 정보, 주제 및 요지, 내용의 논리적 관계 파악, 필자의 의도나 글의 목적 파악, 필자의 심정이나 태도를 추론, 함축적 의미 추론
	영어 II	▶다양한 주제에 관한 글을 읽고 세부 정보를 파악, 주제 및 요지, 내용의 논리적 관계 파악, 필자의 의도나 글의 목적, 필자의 심정이나 태도 추론, 함축적 의미를 추론
수능시험		▶글의 목적, 심경변화, 글의 요지, 주제, 제목, 필자가 주장하는 것, 도표와 일치하는 것, 글의 내용 일치, 어법상 틀린 것, 문맥상 낱말의 쓰임, 빈칸에 들어갈 말, 전체 흐름과 관계 없는 것, 이어질 글의 순서, 주어진 문장이 들어가기에 적절한 곳, 한 문장으로 요약, 가리키는 대상 다른 것, 분위기
텝스		▶빈칸 완성, 연결어, 주제, 중심 내용 찾기, 진위 유형, 특정 정보 유형, 추론, 문맥 흐름 파악, 광고, 뉴스 기사, 편지, 지시문, 역사, 문학, 교육, 사회, 경제, 경영, 과학, 환경
토플		▶주제, 일치, 불일치, 유의어, 추론, 빈칸 문장 넣기, 목적, 요지, 문맥상 낱말의 쓰임, 문장 흐름과 관련없는 것, 주어진 문장이 들어가기 적절한 곳, 내용 이해, 대체 문장, 의견, 요약
토익		▶빈칸에 문법/어휘 넣기, 장문 빈칸 채우기, 문장 삽입, 1개-3개 단락 읽고 답하기
아이엘츠		▶General과 Academic으로 나누어짐. General은 일상생활, 업무 주제. Academic은 학술적인 내용의 주제, 진위 문제

2. 각종 시험 영어 듣기 성취 평가 기준

종류		영어 듣기 성취평가 기준
공통 영어 교육 과정	초 3-4	▶알파벳, 낱말, 어구, 문장을 듣고 강세, 리듬, 억양과 낱말의 소리 식별, 간단한 지시나 설명을 듣고 이해, 주변 사물과 사람에 관한 쉽고 간단한 말이나 대화를 듣고 세부 정보 이해, 일상생활 속의 친숙한 주제에 관한 대화를 듣고 세부 정보 파악
	초 5-6	▶두세 개의 연속된 지시나 설명을 듣고 이해, 일상생활 속의 친숙한 주제에 관한 간단한 말이나 대화 및 그림이나 도표에 대한 대화를 듣고 세부 정보 파악, 대상을 비교하는 대화의 세부정보, 줄거리, 목적, 일의 순서 파악
	중 1-3	▶어구나 문장을 듣고 연음, 축약된 소리를 식별, 일상생활 관련 대상이나 친숙한 일반적 주제에 관한 말이나 대화를 듣고 세부 정보 파악, 그림, 사진, 또는 도표에 관한 말이나 대화를 듣고 세부 정보 파악, 줄거리, 주제, 화자의 심정이나 태도, 의도나 목적, 사건의 순서, 사건의 원인과 결과 전후 관계, 상황 및 화자 간 관계 추론
	고 1	▶친숙한 일반적 주제에 관한 대화를 듣고 세부정보, 주제 및 요지, 내용의 논리적 관계, 화자의 의도나 말의 목적, 화자의 심정이나 태도 추론하기
고등학교 일반선택	영어 I	▶일반적 주제에 관한 말이나 대화를 듣고 세부 정보를 파악, 주제 및 요지, 내용의 논리적 관계, 화자의 의도나 말의 목적, 화자의 심정이나 태도 추론
	영어 II	▶다양한 주제에 관한 말이나 대화를 듣고 세부 정보, 주제 및 요지, 내용의 논리적 관계 파악, 화자의 의도나 말의 목적, 화자의 심정이나 태도 추론
수능시험		▶대화나 말의 목적, 추론, 의견, 주제, 관계, 그림정보, 할일, 부탁할 일, 수치 정보, 이유, 언급하지 않은 것 찾기, 내용일치/불일치, 표 내용 파악, 이어질 응답 추론, 상황에 적절한 추론 등
텝스		▶일반적 상황 및 대의 파악, 세부 내용 파악하기, 추론 능력, 강연, 방송, 안내, 광고
토플		▶강의/토론 대화를 듣고 주제, 일치, 불일치, 예시를 든 이유, 화자가 말한 이유, 세부정보, 주제, 요지, 목적, 심정, 추론
토익		▶짧은 설명 듣고 묘사된 사진 고르기, 대화 듣고 질의응답, 방송, 광고, 기사, 서신, 설명 후 답하기
아이엘츠		▶General과 Academic 시험으로 나뉘지 않고 공통, 개인, 가족, 자신의 나라에 관련된 것들. 여행, 설명회 등 일반적인 내용, 학문적 대화, 설명문. 진위, 주제, 의견 등

3. 각종 시험 영어 말하기 성취 평가 기준

종류		영어 말하기 성취 평가 기준
공통영어교육과정	초 3-4	▶알파벳, 낱말의 소리 따라 말하기, 강세, 리듬, 억양에 맞게 따라 말하기, 그림, 실물, 동작에 관해 간단한 낱말이나 어구, 문장으로 표현, 한두 문장으로 자기소개, 한두 문장의 쉽고 간단한 지시나 설명, 간단한 인사말, 일상생활 속의 친숙한 주제에 관한 쉽고 간단한 표현으로 묻거나 답하기
	초 5-6	▶그림, 실물, 동작에 관해 한두 문장으로 표현, 주변 사람 간단한 문장으로 소개, 주변 위치나 장소 간단한 문장으로 설명, 그림, 도표의 세부 정보 묻거나 답하기, 자신의 경험이나 계획 묻고 답하기, 일상생활 주제 묻거나 답하기
	중 1-3	▶주변 사람, 사물, 장소 묘사 또는 묻거나 답하기, 일상생활 관한 자신의 의견이나 감정 표현, 그림, 사진, 도표에 관해 설명, 일상생활 방법과 절차 설명, 자기소개, 개인 생활에 관한 경험이나 계획 묻고 답하기, 일상생활에 관한 일이나 사건의 순서, 전후 관계, 원인과 결과 묻고 답하기
	고 1	▶친숙한 주제에 관한 말이나 대화를 듣고 세부 정보 설명, 중심 내용 말하기, 자신의 의견이나 감정 표현하기, 일상생활이나 친숙한 주제에 관한 정보를 묻고 답하기
고등학교 일반선택	영어 I	▶친숙한 일반적 주제에 관하여 듣거나 읽고 세부 정보 설명, 중심 내용 말하기, 자신의 의견이나 감정 표현, 정보를 묻고 답하기, 그림, 도표, 도식 등을 활용 의사소통
	영어 II	▶비교적 다양한 주제에 관하여 듣거나 읽고 세부 정보 설명, 듣거나 읽고 중심 내용을 말하기, 자신의 의견이나 감정을 표현, 상황과 목적에 맞는 의사소통, 그림, 도표, 도식 등을 활용하여 의사소통
수능시험		▶영어 듣기평가에 말하기 능력을 간접적으로 평가하는 문항이 있음
텝스		▶일상대화 질문에 답하기, 도표에 관해 말하기, 그림 연결하여 말하기, 의견 말하기
토플		▶자기생각 말하기, 대학의 학술적 주제를 듣고 요약 말하기, 강의내용 1분 말하기, 선택한 이유 말하기, 정보 듣고 답하기, 문단을 듣고 주제 말하기, 견해, 주제 관련 세부 사항 답하기, 상황 파악하기, 세부 정보 설명, 상황 요약, 의견, 견해, 들은 내용과 다른 견해 표현, 주어진 시간 내 문단 읽기
토익		▶국제적인 비즈니스 환경에서 효과적인 의사소통에 필요한 영어 말하기 능력을 측정, 사진묘사, 듣고 질문에 답하기, 의견 제시, 제공된 정보를 사용하여 질문에 답하기
아이엘츠		▶채점관과 마주보며 실제 대화 하듯이 보는 시험. 취미, 가족, 주어진 주제에 짧게 대답하기, 질문에 대한 자기의견 말하기

4. 각종 시험 영어 쓰기 성취 평가 기준

종류			영어 쓰기 성취 평가 방향
공통 영어 교육과정	초 3-4		▶알파벳 대소문자 구별하여 쓰기, 낱말이나 어구를 보고 쓰기, 실물이나 그림을 보고 낱말이나 어구 쓰기
	초 5-6		▶소리와 철자관계를 바탕으로 쉽고 간단한 낱말이나 어구 듣고 쓰기, 알파벳 대소문자, 문장부호 바르게 사용, 실물이나 그림을 보고 한두 문장으로 표현, 예시 문을 참고하여 간단한 초대, 감사, 축하 글쓰기
	중 1-3		▶일상생활에 관한 주변 대상이나 상황을 묘사하는 문장쓰기, 의견이나 감정 표현하는 문장쓰기, 생활경험이나 계획에 대한 문장, 일상생활에 관해 짧고 간단한 글쓰기, 간단한 초대, 감사, 축하, 위로, 일기, 편지 쓰기
	고 1		▶일상생활이나 친숙한 일반적 주제에 관하여 듣거나 읽고 세부정보 기록, 간단히 요약, 자신의 의견이나 감정쓰기, 주변 대상이나 상황을 묘사하는 글쓰기, 간단한 서식, 이메일, 메모 작성, 그림, 도표 등을 설명하는 글쓰기
고등학교 일반선택	영어 I		▶친숙한 일반적 주제에 관하여 듣거나 읽고 세부 정보 기록 및 간단하게 요약, 자신의 의견이나 감정 쓰기, 사람, 사물, 사건에 대하여 묘사하는 글쓰기, 서식, 이메일, 메모 등 작성, 친숙한 일반적 주제에 관한 그림, 도표 등 설명하는 글쓰기
	영어 II		▶비교적 다양한 주제에 관하여 듣거나 읽고 세부 정보 기록, 비교적 다양한 주제에 관하여 듣거나 읽고 간단하게 요약, 다양한 주제에 관해 자신의 의견이나 감정 쓰기, 학업과 관련된 간단한 보고서 작성, 비교적 다양한 주제에 관해 짧은 에세이, 비교적 다양한 주제에 관한 그림, 도표 등을 설명하는 글쓰기, 비교·대조하는 글쓰기.
수능시험			▶요약한 글 찾기 등 독해력 측정 문제에 쓰기를 간접 평가하는 문항이 있음
텝스			▶화자의 반박 내용 듣고 적기, 자신의 생각 서술하기
토플			▶지문의 내용에 동의하거나 어떤 문제 해결방법 제시, 논제에 찬성 여부 문제, 문단 읽고 요약쓰기, 주어진 것을 선택한 이유 쓰기, 주어진 상황의 질문에 답 쓰기
토익			▶사진과 관련사항 쓰기, 이메일 답하기, 요약하기, 자기의견, 에세이, 주어진 정보 이용하여 답하기
아이엘츠			▶General 시험에서 편지쓰기, 에세이 작성, Academic 에서 표, 도표, 그래프분석, 지도해석, 특정 주제에 대한 찬반, 의견서술, 교육, 보건, 환경, 사회, 치안 등

부록 3. 중학교 수업과 EBSe 사이트 연계 예시

1. 능률 1학년 영어 교과서

Lesson	Part		
	Listening&Speaking	Reading	Grammar
Lesson 3	물건 사기 -지나킴의 10분영어(쇼핑)	읽기(과거동사) -펀리딩(Anne Frank)	과거시제 -3분영문법 제15회
Lesson 4	이유 묻고 답하기 -중학영어 클리어	발명가들의 발견 -창의가 반짝	To부정사를 목적어로 취하는 동사들
Lesson 5	14강 -바람, 소망 말하기	동기유발영상 -태국 Panyee FC에 관한 감동스토리	비교급 표현

2. 능률 2학년 영어 교과서

Lesson	Grammar
Lesson 3	· 더뉴 중학영어 1학년 120-121강(현재완료) · 더뉴 중학영어 3학년 76강(so형/부 that 주어+동사) · 신나는 예나의 무작정 잉글리시(so-that)
Lesson 4	· 매일 10분 영어 47강(수동태) · 더뉴 중학영어 1학년 125강(4형식의 수동태, 5형식의 수동태) · 더뉴 중학영어 3학년 108강(비교급 강조) · 매일 10분 영어-한일의 포인트 영문법 · 더뉴 중학영어 1학년-교육의 중심 EBS (ebse.co.kr) · 더뉴 중학영어 3학년-교육의 중심 EBS (ebse.co.kr)
Lesson 5	· 더뉴 중학영어 3학년 56강(관계대명사-목적격) · 더뉴 중학영어 1학년 74강(과거분사?수동분사!) · 매일 10분 영어 41강(과거분사) · 더뉴 중학영어 1학년-교육의 중심 EBS (ebse.co.kr) · 더뉴 중학영어 3학년-교육의 중심 EBS (ebse.co.kr) · 매일 10분 영어-한일의 포인트 영문법
Lesson 6	· 매일 10분 영어 5강(가주어 it) · 더뉴 중학영어 3학년 17강,18강(간접의문문) · 라이브클래스-원 포인트 레슨 · 매일 10분 영어-한일의 포인트 영문법 · 더뉴 중학영어 3학년-교육의 중심 EBS(ebse.co.kr) · 라이브클래스-원 포인트 레슨-교육의 중심 EBS(ebse.co.kr)
Lesson 7	· 더뉴 중학영어 1학년 70-73강(동명사vs.to부정사) · 더뉴 중학영어 3학년 15강(접속사if) · 중학영어 클리어 3학년(접속사if) · 더뉴 중학영어 1학년-교육의 중심 EBS(ebse.co.kr) · 더뉴 중학영어 3학년-교육의 중심 EBS(ebse.co.kr) · 중학영어 클리어 3학년-교육의 중심 EBS(ebse.co.kr)

3. 능률 3학년 영어 교과서

Lesson	Grammar
Lesson 3	· 3분 영문법 중3- 제4강(과거완료) · 더뉴 중학영어 121강(과거완료) · 더뉴 중학영어 3학년-교육의 중심 EBS(ebse.co.kr)
Lesson 4	· 3분 영문법 중3-제22강(접속사 whetehr) · 더뉴 중학영어 16강(접속사 whether) · 더뉴 중학영어 15강(접속사 if) · 더뉴 중학영어 3학년-교육의 중심 EBS(ebse.co.kr)
Lesson 5	· 3분 영문법 중2- 제27강(why · how), 26강(when), 25강(where) · 더뉴 중학영어 66강(when), 67강(where), 68강(why) · 더뉴 중학영어 3학년-교육의 중심 EBS(ebse.co.kr)
Lesson 6	· 3분 영문법 중3-19회(the비교급, the비교급) · 더뉴 중학영어 52강(the비교급, the비교급) · Image Grammar 23강(분사구문) · 더뉴 중학영어 3학년-교육의 중심 EBS(ebse.co.kr) · Image Grammar-교육의 중심 EBS(ebse.co.kr)
Lesson 7	· 더뉴 중학영어 92강(가정법 과거) · Image Grammar 26강(가정법 과거VS가정법 과거완료) · 더뉴 중학영어 3학년-교육의 중심 EBS(ebse.co.kr) · Image Grammar-교육의 중심 EBS(ebse.co.kr)

5장
다양한 사람들의 영어 공부 이야기

　필요한 만큼만 나이와 처지에 맞게 영어 공부를 잘할 수는 없을까? 아마도 본장이 답을 줄 수 있을지 모른다. 대학생부터 정년퇴직을 한 다양한 사람들의 영어 이야기를 접하면서 어떤 영어 학습자가 될 것인지 독자는 가까운 미래부터 50-60년 후 미래의 모습을 대비시켜볼 수 있다. 짧은 시간을 투자하여 여러분의 영어 학습 장단기 계획을 짜보는 것이다. 독자는 70대 정년퇴직자, 20대 대학생, 30대 금융인이자 작가, 40대 학부모, 50대 현 초중고 교원, 영어 관련 일을 하고 있는 대표들의 이야기를 접하면서 주먹이 불끈 쥐어질 수도 있다. 본장은 저자가 인터뷰 형식의 기본 질문을 주고 참여자들이 질문의 답을 자유형식으로 기록한 이야기이다.

1. 여러 세대의 영어 성장 이야기

70대 전직 교장의 영어 공부 열정[1]

　필자는 50년대 말과 60년대 초에 중고등학교를 다니던 시절 영어를 잘할 수 있었던 것은 영어 문법 공부를 열심히 했기 때문인 것 같다. 문법 공부는 영어 문장 구조를 분석, 이해할 수 있는 능력을 만들어 준다. 영어 문장은 단어 배열의 위치에 따라 정확한 품사가 자리를 잡아야 그 기능을 발휘할 수 있다. 마치 가옥의 프레임과 같은 원리다. 즉 명사, 동사, 형용사등 8품사의 위치가 정해져 있다. 집을 지으려면 가장 중요한 것이 뼈대를 세우는 것인데 이를 위해 여러 종류의 목재가 적재적소에 사용되어야 집의 하중을 잘 유지할 수 있다. 기둥이 될 재목이 지붕에 사용된다면 과연 제 기능을 발휘할 수 있겠는가? 현재의 영어교육은 인공지능의 출현과 많은 원어민 교사의 지도로 지도 방법이 달라졌다고는 하지만 영어 문법을 소홀히 해서는 안 된다고 생각한다. 영어 교사, 교감, 교장을 하면서도 영어 공부의 끈을 놓지 않았다. 지금은 일상 주제를 포함하여 영어 원어민과 하고 싶은 이야기를 막힘없이 하는 정도이다. 퇴직한지 18년이 지난 지금도 매주 2회 아산시 평생교육원에서 영국인 교사가 지도하는 영어회화반에 참여하고 있다. 참여자 대부분은 중·장년층으로 직장에 몸담고 있는 사람들이다. 영어 공부는 필자에게는 정신적 육체적으로 건강을 잘 유지하도록 촉매 역할을 하고 있다. 30년 이상 동안 쓰고 있는 영어 일기도 영어 말하기, 쓰기 능력 향상에 큰 도움이 되었다. 퇴직 전 10년 이상 활동했었던 영어회화 동아리 회원들과 현재 60, 70대 노년에

---

[1] 강태준, 전 중등교장.

도 불구하고 영어 단체 카톡방을 개설하여 영어로 소식을 전하는 등 영어에 대한 사랑은 여전하다. '누가 왜 영어 공부를 하고 있는가?'라고 묻는다면 그저 영어가 좋아서라고 대답할 것이다.

생존을 위한 영어 말하기 훈련[2]

나의 중고 시절은 온통 독해 번역식 영어 수업이었다. 가장 기억에 남는 것은 독해할 때 '끊어서 직독 직해'하라는 영어 선생님의 열정적인 목소리이며 말하기와 쓰기 수업은 받아본 기억이 없고, 듣기 평가도 1983년에 도입되었다고 하니 고3 시절까지 듣기 평가를 한 적이 없는 셈이다. 그럼 언제부터 영어 말하기에 관심을 가지게 되었을까? 아마도 원어민 보조 교사 정책(EPIK)이 학교에 처음 도입되었던 시절인 1995년경인 것 같다. 그 당시 영어 교사들은 말하기에 친숙하지 않았다. 학창 시절 영어 성적이 상위권이었다 하더라도 말하기를 배워보지 않았기에, 원어민 교사 앞에 서면 갑자기 자신감이 없어지고 두려워 자꾸 자리를 피하게 되는 그런 시절이었다. 학력평가를 대비하여 영어 독해와 문법을 잘 가르치던 영어 교사들이 갑자기 무능함을 느끼던 시기였다. 생존을 위해 영어 말하기에 관심을 가질수 밖에 없었던 것이다. 그 시절 교육부와 각 시도교육청에서는 영어교육의 방향 전환에 발맞춰 영어 교사들의 말하기 역량에 대한 시급한 조치가 필요하다고 판단했고, 그래서 시도별로 영어 교사 해외연수를 시작했다. 나도 운 좋게 1995년 강원도와 자매결연을 맺은 캐나다 앨버타로 1개월 연수를 다녀오게 되었다. 해외라곤 처음으로 가 보았기에 모든 것이 신기하였으며 홈스테이 호스트와 매일 영어로 의사소

---

2   변미영, 설악고등학교 교장

통해야 한다는 급박한 상황이 나를 자극했다. 1개월 해외 어학연수 이후 자발적으로 주변 영어 교사와 영어회화모임을 만들고 내가 살던 소도시에 처음 생긴 영어전문학원에서 원어민과 주2회 수업을 지속할 수 있는 계기가 되었다. 이후 학교에 배치된 원어민과 교사 영어회화 모임을 하는 등 지속적으로 노력하였다.

영어 사용이 즐거움이라는 감정 경험은 큰 자산[3]

내가 집에서 헬로 지토 노래를 흥얼거리자 집안 분위기가 달라지기 시작했다. 이제 학습 속도를 높일 때라고 판단한 부모님께서 영어에 노출될 수 있는 환경을 만들어 주신 것이다. 매일 아침 3권씩 배달되던 책 중 1-2권은 영어 동화책이 섞여 있었고, 영어 라디오가 배경음처럼 틀어져 있었고, 하교 후 만화 보는 시간에는 디지몬 어드벤처 대신 'Courage the Cowardly Dog', 'SpongeBob SqurePants', 'The Powerpuff Girls' 같은 영어 만화를 주로 보게 되었다. 주말에는 아빠와 소파에 앉아 'Dora the Explorer' 시리즈로 영어를 공부하기도 했다. 이 과정에서 정확히 영어의 무엇을 공부했는지는 기억나지 않는다. 이 생활 습관이 영어 공부라고 받아들여지지 않았기 때문이다. 돌이켜보면 내가 좋아하는 책과 만화를 실컷 봤다는 즐거움만 어렴풋이 생각날 뿐이다. 들인 노력에 비해 얻은 것이 많아 보이지 않을 수 있지만, 나는 이 경험 덕에 파닉스를 따로 배우지 않았음에도 알파벳 조합을 읽고 발음하는 데 큰 어려움이 없었다. 무엇보다 영어를 사용하는 것이 즐거운 일이라는 감정 경험과 인식을 잘 다질 수 있었다. 나는 개인적으로 긍정 경험이 영어를 잘하고, 영어 학습

---

[3] 변주연, 흥덕고등학교 영어교사.

을 이어가는 데에 가장 큰 기여를 한다고 생각한다. 나의 경우만 봐도 초등학교 때 형성된 긍정적 인식이 중학교, 고등학교, 더 나아가 현재까지 지속되어왔기 때문이다. 국어를 비롯한 영어 외의 과목들은 100점을 맞아 기쁘던 순간이나, 기대보다 성적이 잘 나오지 않아 엄마와 통화하며 펑펑 울던 순간이 다 기억나는데, 영어만큼은 그런 기억이 없다. 점수에 연연하지 않을 정도로 영어 자체를 즐겼기 때문이다. 중학교 때는 수업 후 쉬는 시간마다 원어민 선생님과 얘기를 나누다 시간 가는 줄 모르는 경우가 많았다. 방학 때는 영어 캠프를 신청해 짧게는 1주, 길게는 한 달을 원어민 교사와 함께 지냈고, 주말에는 부모님을 졸라 온종일 영어교육 센터에 가 있기도 했다. 그러고 나니 당연히 학교 영어 성적도 잘 나왔는데, 내가 단어와 문법, 본문을 완벽히 외워서가 아니라 영어를 직접 사용했기 때문이다.

주기적인 영어 자격시험 응시[4]

영어 교사가 된 지금도 주기적으로 토플, 토익, 텝스 등 공인인증 영어 시험에 응시한다. 승진이나 대학원 진학의 목적인지 묻는 사람들이 많은데, 거창한 이유는 없다. 우선, 내가 영어를 좋아하고 매일 사용하는 만큼 제대로 학습하고 있는지 피드백을 받아야 하기 때문이다. 원서를 읽고, 드라마와 토크쇼를 보고, 외국 친구들과 전화도 하고, 영문 기사도 읽고, 팝송도 듣고, 수업 준비를 위해 수능 출제 난이도의 지문도 읽는데, 공인 인증영어시험에서 좋은 성적을 받지 못한다면 학습 과정을 수정해야 한다고 생각한다. 두 번째 이유는 영어 교사이기 때문이다. 영

---

[4] 위와 동일인.

어를 가르치기 때문에 영어를 당연히 잘해야 하고, 잘 가르치기 위해 시험에 익숙해야 한다고 생각한다. 실제로 학교에서 학생들의 말하기나 쓰기 수행평가를 계획할 때 자격시험에서 얻은 아이디어나 포맷을 활용할 때도 있었다. 꾸준히 영어 공부를 하고 주말을 사용해 국제 영어 시험을 보는 것이 성가신 일로 여겨질 수 있는데, 그렇지 않은 이유는 영어가 즐겁기 때문이다.

고등학교에서 시작한 영문법 공부[5]

필자는 초등부터 부모님의 영어 노출 환경 조성으로 재미있게 만족스럽게 영어 학습을 해왔고 중학교까지 그런 상태가 유지되었다. 하지만 고등학교에 들어가자 그때까지 영어 공부를 해왔던 단순히 영어 노출을 늘리는 것에는 한계가 있다고 생각했다. 나는 수능 영어 공부를 시작하기 전까지 관계사를 이해하지 못했다. 문장을 읽고 쓰는 문제가 아니었다. 영어를 영어로 받아들이는 것과 문장을 구조적으로 분석해 우리말로 자연스럽게 해석하는 것은 다른 영역이라고 느껴졌다. 문제를 푸는 것은 문제 없었지만 학교 과제로 수능 기출문제 정리나 영문법 과제를 제출할 때 어려움이 있었다. 그제야 영문법 교재를 구입하고 명사의 역할과 부사의 역할부터 꼼꼼히 정리했던 것 같다. '감'에 의존해 풀던 것들도 영어 용어와 규칙을 정리하면서 문법적으로 옳은 것과 아닌 것을 구분할 수 있었다. 단어장을 정리해가며 외우는 것도 수능 공부와 함께 시작되었다. 초등학교나 중학교 때에는 단어를 따로 외우지 않아도 내가 재밌게 불렀던 노래, 흥미롭게 읽었던 책, 학교생활에 대해 나눴던 얘기 등의 맥락 속에

---

5 위와 동일인.

서 단어를 충분히 익힐 수 있었다. 그런데 대학 수능 영어 시험 지문에 나오는 영어 단어들은 나의 경험과 동떨어져 있는 경우가 많았다. 당장 내가 사는 사회에 관한 뉴스도 재미가 없던 나이인데 과학, 기술, 철학, 역사, 정치 등의 주제가 독해 지문에 등장했으니 재밌을 리 만무했다. 대학 수능영어 성적을 잘 받기 위해 필자도 작은 수첩을 들고 영어 단어를 외우는 시간을 보내야 했다.

영어로 대화하며 4년동안 등하교[6]

80년대 초 국립사범대학 영어교육과는 교사로서 진로가 보장되었으므로 학력고사와 내신 성적순 최고의 엘리트임을 자부하며 다니던 때였다. 또한 당시에는 86아시안 게임과 88올림픽에 대비하여 영어회화에 대한 관심이 꿈틀대던 시기였으나 여전히 영어 독해력이 영어 실력을 가늠하던 시기이기도 했다. 중학교 때 처음 과목으로 영어를 처음 접했으며, 영어 테이프 한번 들어보지 못한 채 고등학교를 졸업했던 것 같다. 대학교 입학 후 교양영어로 영어 어학실에서 처음 마주한 영어회화 수업은 늘 수석을 차지하던 학력에 대한 자부심에 금이 갔으며, 영어동아리 Times반에 등록도 못했던 처지가 되었다. 자극을 받아 대학교 1학년 때 리더스다이제스트로 영어 학습을 시작했고 이듬해 영어 Times반에 등록할 수 있었다. 4학년 때까지 주 1회 기사 한편씩을 선후배들과 함께 읽었던 것이 영어 어휘력과 독해력 향상에 도움이 되었던 것 같다. 또한 친구와 4년동안 등하교를 하면서 영어로 대화를 나누고자 노력했다. 혼자일 때는 온갖 잡다한 생각들을 영어로 표현해 보곤 했었다.

---

[6] 이정님, 고운중학교 교감.

자신도 의식하지 못한 채 비약된 영어 소통 능력[7]

그렇게 4년이 흐른 어느 날 내가 영어 어휘력이 뒤지지 않는다고 생각했던 계기는 영어 원어민 교수님 댁에 놀러 갔을 때였다. 영어회화를 제법 한다는 친구들이 독서 토론 모임을 하고 있었고, 아무도 못 알아듣는 고난도 어휘를 필자가 이해하고 친구들에게 설명해 주었을 때 친구들의 놀라는 표정은 잊혀지지 않는다. 교사가 된 후 10년째 되었을 때 영어 교사 연수로 캐나다에 간 적이 있다. 생애 최초의 해외여행이기도 하였기에 내심 걱정이 되기도 했으나 공항에 도착한 이후 사람들이 하는 말들이 우리말처럼 잘 들려 신기하게 느껴졌다. 말하는 것도 크게 불편함 없이 편안하고 즐겁게 한 달을 보냈던 추억이 새롭다.

영어 공부의 전환점이 된 고교 시절[8]

"니가? 학교에서 영어를 가르친다고?" 오랜만에 만난 옛 친구들이 내게 종종 하는 말이다. 그것도 그럴 것이다. 지금이야 7년 차 영어 교사지만 20여전의 나는 알파벳 b와 d 그리고 p와 q를 헷갈려 해서 학교에서 나머지 공부를 하던 학생이었기 때문이다. 그 시절 나는 영어에 전혀 흥미가 없었고 수업 시간에는 선생님의 문법 설명이 너무도 따분한 나머지 교과서 뒤에 만화책을 숨겨서 읽곤 했다. 친구들이 영어 학원을 다닐 때 나는 노래방을 전전했고 그나마 공부와 관련된 유일한 취미는 독서였다. 그러던 내게 고등학교 입학은 인생의 전환점이 되었다. 첫 영어 수업 시간에 "선생님, be 동사가 도대체 뭐죠?"라는 나의 질문에 우리 선생님은 큰 충격을 받으셨고, 나를 따로 불러 틈틈이 간단한 문법 설명을 해주셨

---

7 위와 동일인.

8 성인애, 솔밭중학교 영어 교사.

다. 선생님의 배려와 노력 덕분에 나는 영어만큼은 꼭 정복해야겠다는 승부욕이 생겼다. 처음엔 영어로 적힌 글을 읽었을 때 무슨 내용인지 파악은 가능했지만 한 문장씩 정확하게 해석할 수가 없었다. 어디서부터 손을 대야 할지 몰라 하루에 100개씩 영어 단어를 외우며 무식하게 공부했다. 그러던 중 길고 복잡한 문장을 정확하게 해석하려면 구문독해 요령과 문법적인 지식이 필요하다는 것을 절감했다. 당시 시골의 영어 학원은 오로지 내신 시험 대비만을 위한 수업을 진행했기 때문에 나는 인터넷에서 기초 구문독해와 영문법 수업을 찾아 들었다. 그 후 밥 먹는 시간도 아껴가며 노력한 끝에 수능 영어는 1등급을 놓치지 않는 경지에 올랐다. 그 시절 나는 문제 푸는 기계와도 같았다.

읽기 이외 영어 소통이 답답했던 대학시절[9]

영어가 본격적으로 나를 괴롭혔던 것은 성인이 되어 대학교를 다니면서 부터이다. 당시 대학에서는 영어 강의를 의무화하는 것이 트렌드였다. 어린 시절 유학 경험이 있거나 국제학교, 외고를 졸업한 친구들은 무탈하게 강의에 적응하는 듯 했지만 평범한 토종 영어교육을 받은 필자의 경우에는 그렇지 못했다. 한글로 배워도 어려운 내용을 영어로 배우려고 하니 도저히 강의가 머리에 들어오지 않았다. 언어의 제약이 삶에 큰 불편을 낳고 어쩌면 성장 가능성마저 제약할 수 있다는 생각이 드는 순간이었다. 20대 대학생이었던 당시의 필자는 영어 읽기에는 큰 무리가 없었다. 주입식 교육으로 영어로 된 지문을 읽는 것에 익숙해져 있거니와 대학에서도 두꺼운 영어 교재를 보는 일이 허다했기 때문이다. 또한, 읽기는 긴 호

---

[9] 한중섭, 금융투자업 종사자, 작가.

흡으로 할 수 있기에 모르는 단어가 나오면 영어 사전을 찾아보는 것으로 웬만한 문제는 해결이 되었다. 문제는 말하기와 듣기, 그리고 쓰기였다. 특히 말하기와 듣기는 즉흥적이고 호흡이 짧기 때문에 애를 먹었던 기억이 있다. 미리 작성한 대본을 달달 외우고 대학 영어 말하기 수업에 임했지만 더듬더듬 거리며 결과가 만족스럽지 않았던 기억이 있다.

내가 찾은 재미난 영어학습[10]

내 영어 공부 개선을 위해 처음에 시작한 일은 영어 학습에 "재미"를 붙이는 것이었다. 시험용 영어 공부는 재미도 없고 진정한 영어 실력을 향상시키는데 별 도움이 안 되겠다는 생각이 들었다. 콘텐츠를 좋아하는 필자는 일단 〈프렌즈〉처럼 익숙한 미드를 영어 자막으로 보는 일을 했다. 영어 원어민 배우들이 사용하는 말이나 비언어적 표현을 주의 깊게 관찰하고 그대로 따라 해보는 것. 처음에는 익숙하지 않았지만 서서히 재미를 붙였고 능숙하게 사용할 수 있는 표현이 생기니 자신감이 붙었다.

필요한 만큼씩 성취하다보니 어느덧 정상[11]

대학생 시절 영어를 잘하고 싶은 욕심이 드니까 언젠가는 하루 종일 영어를 쓰는 환경에 노출되어야 한다는 생각이 들었다. 이를 위해 외국인 교환학생 버디 역할을 하는 대학교 동아리에서 활동했고, 해당 경험을 바탕으로 필자도 해외로 한 학기 교환학생을 갔다. 짧은 시간이었지만 해외에서 외국인 친구들과 교류하면서 영어 말하기와 듣기 능력이 비약적으로 향상했던 기억이 있다. 당시에 영어를 얼마나 잘하고 싶었던지, 생각

---

[10] 위와 동일인.
[11] 위와 동일인.

을 영어로 하려고 노력하자 꿈도 영어로 꾸는 신기한 경험을 했다. 물론 당시에도 여전히 영어는 나에게 정복하기 어려운 대상이었다. 영어 실력에 있어서 비약적인 발전을 했던 또 다른 시점은 취업 전후이다. 외국계 기업에 취업하고 싶었던 필자는 이미 시험용 영어 점수는 어느 정도 확보한 상황이었으나 능숙하게 외국인처럼 말하고 듣고 쓰는 것에는 익숙하지 않았다. 특히 외국계 기업은 면접을 아예 영어로 보는데 이것은 필자에게는 심히 큰 부담으로 작용했다. 어느 정도 예상된 범주에서 인터뷰가 진행되면 능숙하게 답을 했지만 그렇지 못했을 경우 즉흥적으로 답변을 하는 것에 많은 애를 먹었고 실제 많은 인터뷰에서 탈락했다. 필자가 10대 시절 어찌어찌 입시 관문을 통과했던 것처럼, 우여곡절 끝에 필자는 대학교 졸업 후 국내 소재 외국계 기업에 취업을 하게 되었다. 회사 사무실에서는 교포들이 많아 사적인 상황에서도 영어로 대화하는 경우가 일반적이었다. 모든 업무가 영어로 진행되었다. 미팅을 할 때, 이메일을 쓸 때, 보고서를 쓸 때 등등. 인턴, 수습사원 기간을 거쳐 정직원이 되기 위해서는 업무에 영어를 능숙하게 활용하는 것이 필수적이었기 때문에 당시 영어를 잘하는 것은 필자에게는 생존의 문제였다. 특히 쓰기와 말하기 역량이 중요했다. 회사의 특성과 본인의 직무에 따라 다르겠지만, 영어로 업무를 하는 데 있어 필요성과 난이도는 읽기 → 듣기 → 쓰기 → 말하기 라고 생각한다. 다 잘하면 물론 좋겠지만 영어 읽기와 듣기만 어느 정도 해도 한국에서 웬만한 직장인으로 살아가는데 문제가 없다. 다만, 영어가 공식 언어인 외국계 기업이라면 쓰기와 말하기를 필수적으로 잘해야 한다. 이제 30대가 된 필자는 영어로 의사소통하고 업무를 처리하는데 있어서 별다른 어려움이 없게 되었다. 대학 졸업 후 해외근무 경험도 있고 국내에서 일하고 있는 지금도 업무의 50% 이상은 영어로 소통한다. 물론 여전히 가끔씩 인터넷 영어 사전을 켜보거나, 이메일을 보내기 전에 잘못된 문법은 없는지, 또는 보고서에 보다 격식 있는 표현은 없을지를 고민한다. 그러나 이는 확실히 대학 시절 영어 강의에 적응하지 못해 애를 먹던 대학생 때의 필자의 모습과 비교하면 일취월장한 상태이다.

고교 시절 재미없는 영어 굿바이[12]

나는 학창 시절에는 영어를 그렇게 좋아하는 사람이 아니었다. 오히려 영어는 나에게 많이 외워야 하는 재미없는 암기 과목 중에 하나였다. 그럼에도 불구하고 시험을 잘 봐야 한다는 목적하에 학창 시절에는 영어 공부를 정말 열심히는 했고, 또 시험에서도 좋은 결과를 받아낼 수 있었다. 영어 공부를 어떻게 했었냐 하면, 여타 암기과목과 같이 시험범위의 지문들을 달달 외우는 방식으로 공부를 했었다. 이러니 영어 공부가 재미없을 수밖에 없지 않았나, 싶긴 하다. 이러한 연유로 고등학교를 졸업하고 대학생이 되고서 시험을 보지 않는 영어를 접하며 처음으로 영어가 재밌을 수 있다는 생각을 할 수 있었다. 현재 나는 영어 전공은 아니지만 영어와 많은 접점을 가지려고 노력하고 있다. 영어를 좋아하지 않았던 나는 평소에는 아침 시간이나 이동 시간에 BBC 채널에서 '6 minutes learning English'라는 영어 학습 프로그램을 듣거나, 영어회화 어플을 활용하여 공부하는 등 일상 속에서 재미를 느끼며 영어에 많이 노출되도록 노력하고 있다.

---

[12] 오유경, 서울대학교 학생.

수행평가 시 '앵무새 죽이기'라는 책 읽기로 영어 전공 결정[13]

필자는 고등학교에 진학 전까지는 영어를 즐기고 좋아하는 사람이었다. 그런데 고등학교에 들어가면서 입시 영어를 배우기 시작하면서 영어가 처음으로 힘겹고 지루하다는 생각을 하게 되었다. 영어가 어려웠던 것 보다는 그저 다른 암기과목과 다르지 않게 변해버린 것 같았다. 그 전까지 영어는 내게 미지의 세계 같았고, 그래서 내가 모르는 부분을 스스로 찾아서 채워나가는 능동적인 과목이었는데, 고등학교 영어는 궁금하지 않은 내용들을 내게 주입하고, 언어 자체가 아니라 문제를 잘 푸는 법을 배우는 과정이라는 생각을 지울 수가 없었다. 그런 내가 다시 영어에 흥미를 느끼기 시작한 것은 수행평가를 위해 '앵무새 죽이기'라는 책을 원서로 읽게 된 후부터였다. 영어 원서 소설을 읽으면서 다시 영어가 내가 모르는 무언가라는 생각이 들기 시작했고, 영어를 더 공부하고 싶다는 생각을 했다. 그래서 여러 방면에서 영어 실력을 늘리고자 영어영문학과에 오게 되었다. 영어영문과라고 하면 다들 영어회화까지 아주 잘 거라고 생각하지만, 사실 영어영문과에서 배우는 영어는 일상생활에서 쓰는 영어와 많이 다르기 때문에 영어영문과 공부만으로 비전공자들이 기대하는 실력을 가지기란 어렵다. 영어영문과는 크게 문학과 어문으로 그 분야가 나눠진다. 문학 분야에서는 셰익스피어의 희곡과 같은 원문의 영미문학을 공부하고, 어문 분야에서는 문법과 음성학과 같은 언어학에 대해서 공부한다. 그 중에서 나는 문학 분야를 중점으로 2년 동안 수업을 들었다. 내가 다니는 성균관대학교 영어영문과에서는 영어로 된 원문 읽기가 필수이다. 그런데 영미문학을 읽는 것에 필요한 영어 읽기 능력은 고등학교

---

13 오수현, 성균관대학교 학생.

까지 배운 읽기와는 달라서 굉장히 힘들었다. 중고등학교 과정에서는 완벽한 문법을 가진 문장들을 단순하게 한국어로 해석하는 것을 추구하고 연습했다. 하지만 문학에서 필요한 읽기란 문법적으로 완벽하지 않게 써진 문학적 표현들을 문맥을 통해 완벽한 문장으로 바꿔 읽어내는 능력을 이야기한다. 예를 들면, 텍스트 안에서 딱 한 단어로 "Love."라는 말은 문맥에 따라 '사랑이다'라고 해석될 수도, '사랑이 아니다'라고 해석될 수도 있다. 그리고 또 중요한 읽기 능력은 다양한 뜻을 가진 단어들을 맥락에 따라 알맞은 뜻으로 해석할 수 있는 유연한 읽기 능력이다. 이것과 관련해서 'see'라는 너무 쉬운 단어에게 속았던 경험이 떠오른다. 소설을 읽는데, 'I see him'이라는 문장을 보고 당연히 see를 '보다'로 해석했는데, 내용이 묘하게 어긋나는 느낌을 받았다. 알고 보니 see가 '알다'라는 중의적 의미로 쓰였었고, 그 뜻을 제대로 알게 된 후에야 소설을 완전히 이해할 수 있었다. 미묘한 단어 선택이나 문장 간의 관계를 통해 나타나는 화자나 작가의 태도를 읽는 것은 여전히 가장 어려운 부분이다.

국제어 수업 시 미국식 이외 발음 듣기 능력 필요[14]

어떤 과를 다니고 있든, 대학에서 국제어 수업이 차지하는 비율이 많아지기 때문에 영어 실력이 있어야 선택할 수 있는 수업의 폭이 넓어진다. 특히 영어 실력 중에서도 고등학교 과정에서는 많이 배우지 못한 듣기나 쓰기 능력이 요구되기 때문에 처음 대학에 입학해서 국제어 수업을 들었을 때 예상했던 것보다 훨씬 더 어렵다고 느꼈다. 그리고 국제어 수업을 하는 교수님이 영어를 모국어로 하는 국가에서 오지 않은 경우도 많

---

[14] 위와 동일인.

기 때문에 다양한 악센트를 가진 영어를 접하게 된다. 다양한 억양의 영어는 당황스럽고 잘 들리지 않아서 수업에 어려움이 있었다. 그리고 대학에 와서 처음으로 국제어 수업 교수님께 질문하기 위해 영어 이메일을 보낼 때, 혼자 굉장히 전전긍긍했던 기억이 난다. 이메일의 시작을 어떻게 시작해서 어떻게 끝낼 것인지, 격식을 차린 문구나 교수님께 메일을 보낼 때 지켜야할 예절 같은 것들을 어디서도 가르쳐준 적이 없어서 너무 막연하고 어렵게 느껴졌던 것 같다. 그래서 대학에서 필요한 영어 쓰기에 학문적인 글쓰기도 있지만, 일상생활에서 필요한 이메일을 쓸 때 필요한 예절 등의 쓰기 능력도 필요하다는 것을 깨닫게 되었다.

2. 학교 선생님들의 영어이야기

말하기와 쓰기 가르치기 방법을 찾아가는 중[15]

나는 교사로서의 삶이 참 행복하다. 학생들 때문에 울고 웃고 아이들과 마음을 나누며 생활할 수 있다는 것은 축복인 것 같다. 특히 수업을 통해 학생들이 성장하는 것을 보고 배움에 기쁨을 느끼는 모습을 보는 것은 큰 활력을 준다. 아이들이 성장하는 과정에서 항상 예쁜 말과 행동만 하는 것은 아니지만 아등바등 제자리를 찾아가기 위해 발악하는 모습을 지켜봐줄 수 있는 건 우리의 특권이라고 생각한다. 신규 교사일 때 선배님으로부터 '가르치는 행위', '학생', '동료 교사' 셋 중 하나만 만족스러워도 어떻게든 교직에서 버틸 수 있는 힘이 생긴다고 들었다. 정말 다행스럽게도

---

[15] 성인애, 솔밭중학교 영어 교사.

나는 아직까지 모든 영역에서 최고의 경험들만 해왔기 때문에 이 기억을 밑거름 삼아 조금 더 나은 선생님이 되고자 노력해 볼 요량이다.

  필자는 대학교 사회교육학과에 진학 후에는 국제 분쟁 및 제3세계 교육 관련 진로를 염두에 두고 있었기에 큰 고민 없이 영어를 복수 전공했다. 영어 교사가 되리라고는 생각지 못했기에 남들이 다 가는 어학연수에는 관심이 없었고 나의 영어 '듣기' 및 '읽기' 실력에 만족하며 살았다. 그러나 대한민국 공교육의 성공적인 산출물인 나는 논문 수준의 영문 글을 무리 없이 읽어낼 수 있지만 "너 왜 그렇게 눈치 없이 행동하니?"라는 기본적인 말은 발화하지 못했다. 또한 국제 기구에 보내야 할 제안서나 영어 자기소개서를 작성할 때 "I want to…" 수준 이상의 문장을 쓰는 것이 지독히도 어려웠다. 학교 수업 시간에 말하기나 쓰기 연습을 해본 기억이 없는 나의 영어 '말하기' 및 '쓰기' 실력은 낙제 수준이었던 것이다. '교육의 질은 교사의 질을 넘어설 수 없다'는 말이 있다. 이는 내가 아이들을 만나기 전 늘 되뇌는 문구이기도 하지만 내가 영어라는 교과의 4가지 영역 말하기, 듣기, 읽기, 쓰기를 가르칠 때 종종 고민하는 지점이기도 하다. 듣기와 읽기 수업은 언제나 자신 있게 설계가 가능하지만 쓰기와 말하기는 준비하는 과정에서부터 평가하는 지점까지 어느 과정 하나가 쉽지 않다. 이는 교사인 나의 경험치가 상대적으로 적기 때문인 탓도 있으리라 생각한다. 솔직히 말하자면 아이들에게 체계적으로 '말하기' 및 '쓰기'를 가르칠 수 있는 방법을 아직 찾아가는 중이다. 대학수학능력시험에서 이 두 영역을 직접적으로 평가하지 않는다는 핑계로 교사인 나부터가 읽기 수업에 훨씬 시간을 많이 할애하게 되는데, 나의 교육 방식이 미래 사회를 살아갈 우리 아이들에게 최선인지를 늘 고민하게 된다.

현 근무 고교의 업그레이드 된 영어교육[16]

필자는 현재 고등학교에 근무하면서 원어민 영어보조교사의 유용함에 관해 말하고자 한다. 이런 말이 있었다. "아무리 영어를 잘 구사한다 하더라도 학번에 따라 영어 발음이 다르다." 즉 80-90년대 학번과 90년대 이후 학번, 2000년 이후 학번 등은 영어 발음 자체가 다르다는 것이다. 이는 아마도 95년도에 도입된 원어민 교사의 영향 때문일 수 있을 것이다. 초등학교 3학년부터 원어민 교사를 만나면서 학생들은 원어민을 더 이상 두려워하지 않고 문법이나 어휘가 부족해도 성격만 적극적이면 원어민과 어려움 없이 대화를 이어간다. 이러한 학생과 원어민교사에게 배운 현시대의 영어 교사들이 학교에서 수업을 하는 요즘 원어민 협력수업이 더 내실 있게 이루어진다. 강원도의 경우 현재 30여명을 고등학교 원어민 중심교에 배치하고 있다. 원어민 배치교 영어 교사들이 학생들의 쓰기지도 및 평가에 협력자 역할을 한다. 학기별 수업계획도 함께 하고 매주 수업 사전협의를 통해 수업의 질을 높이고 있다. 이 외 말하기와 쓰기 평가를 준비함에도 원어민 교사의 도움을 받는다.

영어 단어 인증제로 영포자 없는 학교[17]

요즘은 중학생 입학생 중에도 영어를 포기하는 경우가 왕왕 있다고 한다. 초등에서 영어를 배운지 4년이 되었으니, 아니 유치원부터 시작한 학생의 경우는 7-8년이 될 수도 있는 상황이다. 초등학교 졸업할 때까지의 영어 학습량은 얼마 되지 않는데. 중학생의 1학기 정도의 분량이다. 초등에서 배워야 할 영단어 500개만 알고 있어도 절대 영포 학생은

---

[16] 변미영, 설악고등학교 교장
[17] 주경례, 남일초등학교 교장.

되지 않을 것이라고 판단했다. 현 학교에서도 3학년 이상 대상으로 학생들이 단원별 새로운 단어를 공부한 후 90% 이상을 이해하고 있을 때 연말에 인증서를 수여하게 된다. 영어전담교사를 이 사업의 업무 책임자로 지정하여 운영하도록 하였으며, 담당자는 해당 학년의 영어 교과서에 새로운 단어를 추출하여 연간 학습할 단어 자료를 만들도록 하고, 이 자료를 담임교사에게 제공해 학급별로 학생들이 학습할 수 있는 환경을 조성하도록 하였다.

교실 TV로 시청하는 영어 동화[18]

전교생을 대상으로 매일 아침 수업 전 5분동안 교실 TV로 시청하도록 한다. 동일한 내용을 2-3일 반복하여 시청하여 학생들의 듣기 학습을 지원하고 있다. 주요내용은 유치원이나 초등학교 1,2학년 수준의 쉬운 동화로 하고 학생들의 재미와 흥미를 가질 수 있는 콘텐츠를 선택해서 활용하고 있다. 학교 방송실에서 송출하다 보니 담당교사의 아이디어로 학생들이 함께 참여하여 방송을 하는 방식으로 운영하게 되었다. 담당 교사는 방송반을 조직하였고, 방송반에서 콘텐츠 주요 내용을 안내하는 아나운서, 장비 조작팀, 카메라 팀으로 조직되어 있으며, 학생들은 매일 아침 방송 활동을 성공적으로 하고 있다. 아이들이 스스로 운영하는 방송시간이 되다보니 더 많은 학생들이 관심을 가지고 참여하고 있으며, 즐겁게 활동하는 시간이 되고 있다.

---

[18] 위와 동일인.

가르치기 위해 매일 영어의 바다에 산다![19]

초등 교사로서 많은 과목을 얕지만 넓게 가르쳐 오다가 오로지 영어 교과로만 수업 연구를 하고 한 차시 수업을 반복해서 가르치며, 좀 더 깊이 있게 생각할 수 있게 되니 좋았다. 그리고 영어전담교사로서 영어를 더 잘 가르치고 싶은 마음이 영어를 계속 공부하는 데에 동기부여가 되었다. 현재 나는 출퇴근 시간마다 유튜브 영어회화 영상을 들으며 운전을 한다. 나의 차는 나만의 영어 공부방이 되었다. 그리고 팝송이나 영어권 영화, 영어 인터뷰 영상을 들으며 외출 준비를 한다. 집안일을 할 때에도 영어 소리에 계속 나를 노출시키고 있다. 또한 평소 그림책에 관심이 있어 도서관에서 어린이 그림책 코너에서 영어 그림책을 읽고 틈틈이 짧은 원서 읽기를 하고 있다.

교실에서 작은 성공 경험들을 쌓게 해주는 것[20]

교사로서 수업 시간에 영어 말하기를 통해 학생들이 작은 성공 경험들을 쌓도록 돕고 있다. 영어 교과서의 한 단원은 핵심 표현 2-3가지와 핵심 단어 10가지 정도로 구성되어 있다. 그리고 교과서마다 근소한 차이는 있겠지만 대부분 한 단원당 3-4학년의 경우 4차시, 5-6학년의 경우 6차시로 이루어져 있다. 같은 표현과 단어를 계속 반복하며 듣기, 말하기, 읽기, 쓰기가 자연스럽게 이루어질 수 있도록 구성되어 있다. 따라서 1차시에 처음 배우게 되는 표현과 단어들을 직접 소리 내어 크게 따라 말해 보는 과정이 중요하다고 생각한다. 필자는 수업 시간에 학생들의 입을 관찰하고 소리에 귀를 기울인다. 개인별, 그룹별 연습 시 칭찬과 격려를 아끼지 않는다. 이것은

19　류리라, 솔밭초등학교 영어전담교사.
20　위와 동일인.

학생의 영어 성공 경험으로 이어져, 단단한 영어 자기 효능감으로 발전하여 그 이후의 영어 학습에 큰 자양분이 되어줄 것이라 믿는다.

영어 공부가 놀이 같으려면 자기주도적 학습[21]

너무나도 오래된 영어 학습의 문제는 성적만을 목표로 한 태도이다. 주요 교과 중 하나라서 좋은 성적을 받아야 한다는 부담감. 영어와 관련된 즐거운 경험을 쌓기도 전에 숙제만 쌓여가는 공부. 그것이 영어교육의 문제점으로 이어졌다고 생각한다. 학교에서든, 학원에서든 스스로 배움의 즐거움을 찾기도 전에 시험 잘 보려면 외워야 한다는 말만 들은 아이들은 당연히 괴로움을 느끼지 않았을까? 습관은 실천과 함께 지속성이 있어야 가능하다. 그리고 호모루덴스인 인간이 어떤 일을 지속하기 위해서는 학습이 놀이와 같아야 한다. 영어가 재밌는 과목이라고 생각하는 학생이 되려면 자기 주도적으로 영어를 접하고 외연을 확장하는 시간을 가져야 한다고 생각한다. 학교에서 배우는 영어만으로도 그 어렵다는 수능 영어를 충분히 풀어낼 수 있다. 내가 수능을 치르기 전까지 영어 학원은커녕 과외, 인터넷 강의를 포함한 사교육의 도움을 받지 않았기 때문에 단언할 수 있다. 하지만 일주일에 3-4번 정도 듣는 영어 수업만으로는 충분하지 않다. 교과서 단어를 다 아는 것만으로도 충분하지 않다. 매일 자기 주도적으로 영어를 접하고 외연을 확장하는 시간을 가져야 한다. 기계식으로 외우는 것이 아니라 자신이 효과적으로 기억할 수 있는 방식으로 말이다. 그리고 거듭해 얘기하는 것처럼 학생들이 자기 주도적으로 나서려면 그 과정을 즐겁다고 여겨야 한다.

---

21   변주연, 흥덕고등학교 영어 교사.

3. 자녀 영어교육 이야기

현재 초중고 학생을 둔 부모와 나눈 이야기이다.

영어 사교육 늦게 시작한 첫째 자녀의 트라우마[22]

고2 자녀를 둔 엄마와 인터뷰 내용이다. 큰 아이는 현 대학생인데 초3 시기 영어를 배우러 학원을 방문했다고 한다. 문제는 같은 학교이자 이웃인 동급생 초3 학생들과 영어 수업을 하지 못하고 처음 영어 공부를 시작하는 1학년 또는 유치부 아이들 반에서 영어 공부를 해야 되는 상황이 자녀한테 충격을 주었다고 했다. 수개월 간 초 3학년 친구들과 함께 배우기 위해 별도 사교육비와 시간을 투자했다고 했다.

둘째 자녀 인강(인터넷강의)점검, 학교 시험 준비 지원

그런 트라우마로 둘째 자녀는 초등 저학년부터 영어교육을 일찌감치 시작했다고 했다. 그러다보니 내내 학원에 의존하게 되었고 학교 수업만 받는 것에 불안감을 느끼고 있다는 것이다. 학원에서는 인강을 듣고 주 1회, 30분 정도 대면 시 질문을 하는 형태로 수업을 한다고 한다. 그리고 인강을 잘 듣고 있는지를 점검한다고 한다. 학원 강사가 때로는 게임 등의 앱을 차단하는 역할도 한다는 것이 놀라웠다. 평소에 인강을 가르치고 점검하면서 학교 시험 전 4주 동안에는 시험 범위에 해당되는 범위를 이 잡듯이 상세하게 가르치고 점검해 준다고 한다. 시험 결과 분석표까지 제공해주니 학원을 계속 다닐 수밖에 없다. 지속적인 영어 사교육으로 학생

---

[22] 고2, 대학생 자녀를 둔 부모 A

은 당장 학교 성적을 유지하는 것 같고 부모 또한 관리해주는 학원 강사 때문에 맘이 놓인다는 것이다. 그럼에도 부모 A는 자녀가 학교 수업만 받고 자기주도적 학습으로 영어 공부를 해줄 것을 기대하고 있다.

학교 공부를 위해서가 아닌 영어 사교육[23]

주 3회, 1일 2시간씩 초6, 중1 두 아이들에게 영어회화 사교육을 시키고 있다. 원어민과 수업하면서 자녀가 재미있어하고 있고 현재까지는 만족한다. 학교 영어 수업과 무관하게 회화 위주의 교육이다. 아직 고비용 저효율을 따질 시기는 아닌 듯하다. 두 아이들이 학년이 올라가도 현재처럼 학교 공부와 생활도 잘 하면서 영어회화 공부도 재미있게 잘 적응한다면 계속 사교육을 시킬 생각이다.

5살 영유(영어전문학원) 보내는 부모[24]

엄마보다 아빠가 더 적극적으로 조기 영어교육을 시키고자 해서 시작했다. 고비용 저효율, 조기 영어교육에 관한 책, 논문 등도 대략 읽어보아서 우려되는 점도 있다. 아직까지는 아이가 재미있어하고 한글도 잘한다. 우리말 쓰기는 시작하지 않았는데 아이가 영어 배우기를 싫증내지 않으면 계속 시킬 것 같다.

---

[23] 초6, 중1 자녀를 둔 부모 B
[24] 5세 자녀를 둔 부모 C

초3부터 시작하는 영어 수업을 믿고 맡기겠다![25]

행정공무원으로 초등 1학년 자녀를 둔 엄마이다. 자녀가 씩씩한 편이며 학교생활도 재미있어 한다고 한다. 다른 부모들이 영어 학원을 보내는 것을 들으면 불안하지 않는가라고 했더니 전혀 그렇지 않다고 했다. 정규 수업에서 너무 뒤처진다면 방과후 수업이나 학원을 고려해 볼 것 같다고 했다. 자신의 자녀가 영어 수업도 잘 적응할 것이라고 믿고 있는 듯 보였다.

맞벌이 부모로서 혼자 방치하지 않기 위해 시작한 영어 사교육[26]

현직 영어 교사로서 자녀의 초등학생 시기부터 하교 후 집에 혼자 있게 하는 것이 방치하는 것 같아 학원을 보내기 시작했다. 외국에 영어캠프 등 보낸 일은 없고 학원에서 학교 공부를 보충해 주는 형태로 해왔다. 중학생 이후에는 영어 교사이기 때문에 직접 지도해 보려고 시도했지만 자녀와 관계가 나빠져서 그만두고 학원에 보내게 되었다. 교과서, 부교재, 모의고사 등 시험 범위에 속하는 내용을 자세하게 가르치고 점검해 주어 안심이 되었다. 학교에서 다루지 않는 문법책, 독해, 듣기 종류에 따라 학원 강사가 책을 정해서 공부를 시켰다. 하지만 이제 고3으로 학원 갈 시간이 없는 자녀가 학원에서 관리해 주지 않으니 너무 큰 불편함을 겪고 있다.

---

[25] 초1 자녀를 둔 부모 D
[26] 고3 자녀를 둔 부모 E

4. 영어 학습자에게 한마디

배운 내용을 내가 좋아하는 것과 연결하기[27]

자신의 관심사와 연결된 영어 학습은 비단 흥미유발에만 그치는 것이 아니라, 실제 영어 실력의 향상이 이루어짐을 수차례 보았다. 수업 시간에 그 단원과 관련된 영어 동요 또는 배운 단어가 들어 있는 팝송을 들려주곤 하는데, 집에 가서 또 듣고 싶다고 노래 제목을 알려달라고 하는 학생들이 종종 있다. 또한 수업 동기유발 자료로 쓰인 연예인이나 스포츠 선수들의 영어 인터뷰 영상, 해당 단원 핵심 표현이 들어있는 편집된 애니메이션 동영상 자료 등도 학생들이 뒷장면을 궁금해 하고 보고 싶어 한다. 물론 언어보다는 스토리나 인물에 집중할 수도 있지만, 이렇게 자신의 관심 분야와 영어를 연결시키게 된다면 학생들은 자발적으로 영어 환경에 스스로를 노출시키는 기회가 많아진다. 이를 통해 어느새 자주 듣게 되는 단어가 익숙해지고 소리가 편안하게 들을 수 있게 되는 것이다. 다양한 세계 문화 습득은 덤으로 주어진다.

영어 암기의 요령[28]

나의 경우, 문법은 이미 알고 있는 문장 구조의 규칙을 깨닫는 것에 가까웠고, 어휘는 원래 알던 어근, 접두사, 접미사의 활용 폭을 넓히는 과정이었다. 이전 지식에 연결할 수 없는 'bamboozle'같은 단어는 몇 개 되지 않았던 데다가 친구들과 장난칠 때 일부러 사용해 보면서 기억할 수 있는 계기를 만들었다. 나에게 암기는 기계식으로 반복해 기억하는 것이 아니

---

[27] 류리라, 솔밭초등학교 영어전담교사.
[28] 변주연, 흥덕고등학교 영어 교사.

라, 경험이나 이미 알고 있는 것에 연결해 기억하는 과정이었다. 이 측면에서 보자면 영어도 일반적인 내용 학습과 마찬가지로 암기가 필요하다. 암기라는 단어 뜻 그대로 '보지 않고도 기억'할 수 있어야 한다면 의미 없이 반복하는 것보다는 자신만의 기억 체계를 만드는 것이 중요하다. 그래야 떠올리기 쉽기 때문이다. 암기식 영어 학습이란 그런 것이어야 한다.

대학 영어 중 긴 문장 영어 읽기 능력 필요[29]

대학 생활에서도 영어는 생각보다 중요한 역할을 한다는 것을 직접 부딪치며 느끼고 있다. 전공 공부를 할 때는 영어로 작성된 최신 연구와 이론에 접근해야 하며 외국의 대학교에 교환학생으로 가서 영어로 강의를 듣고 과제를 수행하는 경우도 있었다. 대학을 다니며 가장 필요하다고 느낀 영어 능력을 한 가지 꼽자면, 영어 자료를 정확히 읽어내고 활용하는 능력이다. 다시 말해, 대학에서는 영어로 작성된 교재나 자료를 정확하게 읽고 필요한 정보를 추출하는 능력이 필수적으로 요구된다. 처음 영어로 된 논문을 읽어야 했을 때, 놀랐던 기억이 있다. '내가 영어를 이렇게 못했던가?'라는 생각이 들었다. 나의 경험을 바탕으로 보았을 때, 이공계 전공에서 가장 필수적인 영어 능력은 읽기이다. 사실 한국의 교육과정은 이미 영어 읽기에 초점을 맞추고 있지만, 긴 글을 정확하게 읽고 내용을 습득하는 읽기에 대한 교육은 부족한 것 같다. 대학에서 필요한 읽기는, 긴 영어문장을 정확하게 읽어내고 내용을 습득하는 능력에 해당한다. 따라서 이공계 대학생에게 가장 중요한 것은 긴 영어 논문이나 학술 자료를 정확하게 이해하고, 필요한 정보를 추출하는 능력을 키

---

[29] 오유경, 서울대학교 학생.

우는 것이다. 이를 위해서는 영어로 된 긴 글을 읽고 내용을 파악하고 분석하는 능력을 길러야 한다.

영어가 생각보다 너의 삶에 중요하니 미리미리 친해지라[30]

필자는 중학교부터 영어를 배운 마지막 세대이다. 고백하자면 유년 시절 영어에 그다지 큰 관심이 없었다. 입시를 위해 영어 학습을 해야 했으나 다양한 시험 과목 중 하나였을 뿐, 영어 공부를 왜 해야 하는지에 대한 동기부여가 없었고 학습의 즐거움도 느끼지 못했던 것이 사실이다. 유년 시절 영어전문학원 등의 조기 교육을 경험해 본 적이 없고 유학 경험도 없었기 때문에 학교와 보습 학원에서 배우는 영어교육이 전부였다. 언어를 있는 그대로 배우기보다는 주입식 교육으로 머리에 영단어와 문법을 우겨 넣었던 것으로 기억한다. 영어를 잘하지는 못했지만 다행히도 수능 영어 1등급을 받아서 입시의 관문을 무사히 통과하기는 했다. 영어는 조기교육과 사교육이 중요하다. 틀린 말은 아니다. 그러나 필자처럼 별다른 조기 교육을 받지 않고 유학 생활을 하지 않았어도, 유창한 (fluent) 영어를 구사하며 직장 생활을 하는 것이 충분히 가능하다. 필자가 만약 십대로 돌아간다면 이렇게 말해주고 싶다. "영어가 네 생각보다 삶에 중요한 역할을 할 수 있으니 어릴 때부터 미리미리 친해지라고. 영단어 암기나 영문법 따위와 같은 주입식 교육 말고 유튜브나 미드를 통해 원어민들의 표현을 배우고 살아있는 영어를 체험하라고" 영어 실력이 좀처럼 개선되지 않아 포기하고 싶어 하는 사람들에게 말하고 싶다. "Practice makes perfect", 연습이 완벽을 만든다. 영어 학습도 마찬가지

---

[30] 한중섭, 금융투자업 종사자, 작가

다. 조금만 힘내보시라. 영어를 학습하는 것은 세계관이 확장되는 경이로운 체험을 하는 것이다.

중고생으로 되돌아가면 좋아하는 것 찾아 혼자 공부[31]

다시 옛날로 돌아간다면, 입시를 위한 영어 학원을 다니지 않고, 조금 시간이 오래 걸리고 비효율적이라고 생각이 들지라도 혼자서 영어 공부를 하는 방향을 택할 것이다. 누군가 억지로 내게 원치 않는 내용을 강요하는 식의 수업이 아니라, 필자가 능동적으로 궁금한 부분을 채워나가는 과정을 통해 영어를 즐기고 싶다. 그리고 영어를 우리나라에서 배우는 것처럼 영어 문법서를 가지고 공부한다던가, 독해 문제집을 사서 공부하는 식의 공부 외에 다양한 방법으로 영어에 접근하고 싶다. 영어 원서와 한국어 번역서를 두고 비교하며 읽는 활동을 통해 영어와 한국어의 서로 다른 문법 구조를 파악한다든가, 팝송을 들으며 가사 번역을 해보는 등의 내가 관심을 가진 분야와 영어를 함께 접할 수 있는 방법으로 영어에 다가갈 것이다. 어떤 공부든 마찬가지겠지만, 결국 그 공부를 해야 하는 이유를 스스로 찾고 필요를 느껴야 책임감을 가지고 공부를 할 수 있는 것 같다.

영자 신문 제작 동아리 활동[32]

영어 듣기와 말하기에 어려움을 겪은 세대인 필자가 "먼데이 타임스(The Monday Times)" 영자신문을 창간한지 8년이 되었다. 2013년 전국 교사 대상 "제1회 교사 연구년" 프로그램에 선발되어 당시 캐나다에서의

---

[31] 오수현, 성균관대학교 학생.
[32] 신인호, 전 고교 영어교사, "먼데이 타임스(The Monday Times)" 대표.

연구 경험이 영자신문을 창간하게 된 계기가 되었다.

영어신문을 활용하는 방법은 다양하다. 간단히 신문을 넘기면서 표제(타이틀)만 보고 내용을 파악하는 것도 좋다. 눈에 띄는 타이틀이 있다면 해당 기사를 전체적으로 읽어보는 것은 더 좋다. 선택한 기사를 우리말로 해석하는 경우도 있으며, 제2 외국어를 배우는 학생이라면 다른 외국어로 소감을 써볼 수도 있다. 혹시 이러한 활동을 학교 선생님과 함께 진행한다면 더욱 좋을 것이다. 혼자일지라도 선생님과 약속하고 매일 점검해줄 것을 부탁드리는 것도 좋다. 이러한 노력이 선생님을 감동시킨다면 학생부 세부 특기사항란에 몇 줄이라도 기재될지도 모른다! 물론 가장 좋은 것은 이러한 활동을 꾸준히 이어가는 것이다. 특히 신문을 활용한 학교 영어 쓰기 동아리에 참여를 권한다. 학교에서 영어로 신문을 제작하는 동아리에 참여하여 학교에서 일어나는 여러 활동을 영어로 써서 학생 전체가 읽는 신문에 기고하는 것은 영어 학습에 큰 동기가 될 것이다.

국내 거주 외국인과 언어교환(Language Exchange)[33]

요즘처럼 한국을 찾는 외국인들이 많은 시절은 없는 듯하다. K-pop의 인기로 인해 국내에서도 한국어를 배우려고 외국인들을 직접 만날 수 있다. 외국인에게 한국어를 가르쳐주고, 그들로부터 영어나 자국어를 배울 수도 있다. 한국어 어학당을 찾거나 YMCA와 같은 기관에서 한국어를 배우려는 외국인들도 많기 때문에 이러한 기관에서 봉사하면서 영어를 배울 수도 있다.

---

33 위와 동일인.

영어 종합뉴스 듣기 및 받아쓰기 훈련[34]

영어 교사를 상대로 하는 한 강연에서 영어 교사로서의 가장 큰 기쁨이 무엇이냐는 질문을 한 적이 있다. 모임 회장님께서 망설임 없이 '영자신문을 읽을 수 있는 것'이라고 대답했다. 동의한다. 필자에게 가장 큰 기쁨은 퇴근하면서 실시간으로 듣는 '미국 저녁 9시 뉴스(CBS Evening News)'이다. 신문처럼 일부를 골라서 읽는 것이 아니라 말 그대로 하루를 정리하는 뉴스이다. 따라서 주제가 다양하고 미국에서 벌어지는 일을 미국의 시각에서 제공하는 뉴스를 전체 들을 수 있다. 우리나라에서 영어뉴스 하면 CNN만을 떠올리지만, NBC, ABC, FOX, CBS 등 여러 방송이 있다. 그러나 우리나라에서 들을 수 있는 종합 뉴스는 CBS뿐이다. 다른 방송은 미국을 벗어나면 인터넷으로도 청취할 수 없기 때문이다. 물론 처음부터 뉴스 전체를 들을 수는 없겠지만, 필자의 경험상 매일 뉴스 에피소드를 2회 이상 받아쓰기(dictation)한지 한 달여 지나면서 듣기가 훨씬 수월해지고 3개월 이후에는 편하게 들을 수 있다. 매일 방송되는 뉴스 풀 에피소드는 약 20분 정도이므로 부담도 크지 않다. 우리나라의 젊은이들에게는 인기 있는 미드(미국 드라마)보다 뉴스를 듣고 이해하는 것이 훨씬 수월하다. 왜냐하면 슬랭이 적고 미국 표준 발음으로 방송되기 때문이다. 물론 중간 중간에 나오는 인터뷰도 또 다른 듣기 훈련이 된다.

---

34 위와 동일인.

6장

외국에서 바라본
한국 영어교육의 현재와 미래:
각자도생을 넘어 상생과 협력으로

국내에서 초중고 대학을 졸업한 한예지 교수가 영어 사교육을 받지 않고도 미국에서 장학생으로 석사 학위를 받았고, 캐나다에서 국비 장학생으로 박사 졸업까지 해낸 과정이 학부모, 학생 독자들에게 울림을 줄 수 있다고 생각한다. 또한 현재 영국 대학에서 5년차 직장생활을 하면서 어떤 영어 능력이 필요한지 진솔한 이야기를 듣고 싶어할 독자도 있을 듯 싶다. 미국, 캐나다, 영국에서 십수 년 공부하고 생활하면서 우리나라 영어 공교육을 객관적이고 글로벌한 안목으로 진단하고 의견을 제시해줄 것으로 기대한다.

나의 외국 거주 경험과 영어 공부 노하우를 공유해 달라는 주저자 Otree의 부탁을 받고 난감한 마음이 앞섰다. 사실 나는 외국 생활을 한 지 십수 년이 되어서 더 이상 영어 공부를 하지는 않는다. 물론 직장이나 일상생활 반경이 모두 영어를 쓰는 환경이기 때문에 매일 영어를 자연스럽게 쓰면서 나도 모르게 꾸준히 실력이 늘 수는 있겠지만, 나도 여느 직장인과 다를 바 없이 일에 치여 살다 보면 하루가 정신없이 지나가기 마련이고, 나 자신의 영어 공부를 위해 시간을 내기도, 그럴 필요도 더 이상 없는 것 같다. 그럼에도 본 장의 투고를 수락한 것은 많은 독자들이 영미권 유학, 아니 더 근본적으로 영미권 국가에서 영어를 쓰며 사는 것에 대해 알고 싶어 할 것이고, 나의 경험들은 이 책이 목적하는 바인 영어 공부 방향을 제시하는 것에 큰 틀에서 궤를 같이 하기 때문이다. 본 장에서는 나의 과거 유학 생활과 현재의 직장 생활, 일상 생활의 경험과 생각의 파편들을 사회언어학 이론적 틀에서 이해하고자 하며 영어교육에 대한 인식 변화의 제언으로 본 장을 마치고자 한다.

1. 미국 석사과정: 아쉬운 우선 순위

　내가 처음 미국 땅을 밟은 것은 2009년 미국 조지아주립대 응용언어학 석사과정에 입학하면서이다. 그 이전에 나는 미국은커녕 해외여행 한 번 다녀보지 않은 음악 대학 학생이었다. 유학 준비 시절 미국 대학원 입학 시험인 GRE 시험을 치르기 위해 일본에 며칠 가본 것이 당시 나의 여권 도장 기록의 전부였다. 미국 석사 과정은 한 학기에 3개 과목을 수강하는

데 각 과목당 강의 시간이 3시간이라 일주일에 9시간은 전공 수업을 듣고 10시간은 지도 교수님의 연구 조교로 일을 했다. 1주일 19시간 시간표는 여유로워 보이지만 절대 그렇지 않았다. 매주 쏟아지는 엄청난 양의 읽기 과제만 해도 일주일에 300페이지 정도의 책과 논문을 읽어야 했다. 아무리 한국에서 토플시험 등으로 영어 공부를 하고 미국에 갔어도 학술 자료를 읽기 위해선 고도의 집중력과 많은 시간이 필요했다. 그리고 중간, 기말고사 기간에는 꼭 밤을 새워서 에세이를 써야 정해진 기간 내에 과제를 제출할 수 있었다.

그 당시 나는 대학원 공부 이외에도 학교에서 많은 미국 친구들을 사귀며 영어 사용 기회를 늘려갔다. 대학원생들이 공동으로 쓰는 사무실에서 조교로 일하고 공부하면서 미국 친구들과 어울리는 기회가 많이 있었고, 하우스 파티, 커피, 가벼운 점심 등 그들의 초대에 언제나 기꺼이 응했다. 학교 공부와 미국 친구 사귀기에 열심인, 아마도 많은 학부모 독자들이 생각하는 바람직한 유학 생활의 모습일 것이다. 그러나 당시의 나는 일과를 마치고 집에 오면 초저녁에 잠이 들 정도로 무척 피곤했다. 지금 생각하면 새로운 환경과 언어에 지속적으로 노출되면서 나도 모르는 피로감이 있었던 것이다. 계속된 영어 사용 환경에서 장시간 귀를 집중해야 하니까 피로해진 뇌가 하루 9시간 정도의 잠을 필요로 했던 것이다. 그리고 나는 본래 내성적인 성격이라 사람들과의 만남에서 오는 피로감도 만만치 않았다. 그런데도 열심히 잠을 줄여가며 시간을 확보하기 위해 애썼다. 지금 생각하면 공부 효율이 떨어지는 참 바보같은 짓이었다. 당시 대학원생 공동 사무실이 아닌 집이나 도서관에서 혼자 공부했으면 덜 피곤했을까? 미국 친구들과 어울리는 시간을 줄이고 논문 읽기와 과제를 충실히 하는 것에 더욱 집중했으면 어땠을까? 나는 그 시절에 유학 경험을 극대화하기 위해 학교 공부 이외에도 국제 학술 대회 발표, 한국어 교양 과목 강의 등 대외 활동에 힘썼다. 하지만 후술할 어려움으로 인해 시간을 석사 과정으로 되돌린다면 논문 읽기와 학술적 글쓰기 기초를 다지는 것에 우선 순위를 두고 최대한 집중할 것 같다. 지금 생각하면 석사 과정은 학문적 토대를 쌓는데 너무나 중요한 기초 공사였다.

2. 캐나다 박사과정: 영어로 논문 쓰기, 글쓰기의 힘겨움

내가 영어의 벽을 크게 느낀 것은 박사 과정이었다. 국비 유학 장학생으로 박사 과정을 시작했던 나는 어느 정도 영어와 학업에 자신감이 있었다. 하지만 박사과정에서 써야 하는 논문은 석사 수업 때 써내는 페이퍼와는 차원이 다르다. 나는 미국 미시건 출신 지도 교수님의 엄청 솔직한 코멘트 덕분에 내 영어 쓰기 실력이 학술 논문에 맞지 않는 단순한 표현과 문장 구조, 문맥 간 연결 고리 부족으로 박사 과정에서 요구되는 학술적 글쓰기에 한참 못 미친다는 것을 박사 1학년 1학기때 알게 되었고 나의 자신감은 수직 하락했다. 이후 지도 교수님의 피스톨같이 정확하고 예리한 피드백을 무수히 거치며 박사 3년 차에야 겨우 논문 글쓰기 흉내를 내고 SSCI 급 저널에 연구 논문을 출간할 수 있었다. 그리고 박사를 졸업하고 6년이 지난 지금도 그때보다야 실력이 늘었겠지만 여전히 연구 논문을 쓰는 것이 무척 어렵다. 그러나 영어를 모국어로 하는 동료들도 논문 작성의 어려움을 토로하는 것을 보면, 글쓰는 고통이 외국인인 나에게만 국한된 것은 아닌 듯 하다.

박사 졸업 후 한국의 가족들은 나에게 종종 이런 말을 던진다. 외국에서 오래 살았으니까 너 이제 영어 잘하겠다? 이런 류의 질문에 나는 언제나 심드렁한 대답을 내놓는다. 지금 그게 뭐가 중요해. 사회인이 된 나에게 지금 요구되는 영어 실력은 한국에서 생각하는 영어로 읽기, 듣기, 말하기, 쓰기를 잘하는 것과는 좀 다른 것 같다. 대학원생 때 느꼈던 영어 논문 쓰기의 막막함은 여전히 현재 진행형이다. 이제는 이게 영어라 어려운 것인지 아니면 그냥 연구 논문 쓰기가 어려운 것인지도 모르겠다. 모든 교수는 박사 졸업 후에도 꾸준히 연구 논문을 써서 학술지에 투고해야 한다. 연구 실적에 대한 압박감, 학술지 투고 후 통과 의례처럼 거치게 되는 익명의 심사자들의 신랄한 비평, 연구자로서 나는 이 높은 장벽을 뛰어넘고 학계에서 전문가로 자리매김할 수 있을까, 난 연구자로서 재능이 있기는 한걸까 하는 끊임없는 의구심 등, 영어 논문 쓰기를 어렵게 만드는 요소는 여전히 무수히 많다. 그중에 가장 방해되는 요소를 꼽으라면 자기 실력에 대한 의심이다. 자기 능력을 의심하는 것은 영혼을 갉아먹는 일이다. 자신감이 중요한 이유는 정서적 건강함도 있지만 삶을 어느 정도 쉽게 살게끔 하기 때문이다. 자신감이 없는 사람이 사는 인생은 고물 자전거로 오르막 길을 힘겹게 오르는 것이라면, 자신감이 있는 사람은 모터가 달린 전기자전거로 평야를 달리는 것과 같다. 보다 많은 일을 비교적 쉽게 처리할 수 있는 것이다.

3. 영국 직장에서 필요한 영어 실력

연구논문 쓰기를 제외하고 나에게 지금 요구되는 영어 실력은 이해관계 또는 중요한 의사 결정이 이루어지는 커뮤니케이션에서 내 주장을 관철시키는 힘 있는 영어를 구사하는 것이다. 소위 말빨이 필요하다고나 할까? 예전 박근혜 전 대통령 후보 시절, 그의 어눌한 말씨를 지적하는 신문 기사를 본 적이 있다. 그러나 후보의 인터뷰나 TV 토론을 본 기억으로는 적어도 그의 말투는 힘이 있고 문장 맺음이 분명했다. 퍼포먼스가 중요한 정치인들은 비언어적 요소인 목소리나 말투, 표정, 옷차림 등으로도 대중에게 참 많은 것을 어필하는 것 같다. 하지만 나와 같은 일반 직장인들은 상대를 설득해야할 때 무슨 말을 어떻게 하느냐가 관건이다. 설득에 필요한 효과적인 언어 사용이 엄청나게 중요한 것이다. 직장 내 회의 같은 상황에는 서로 이해관계에서 의견 조율이 필요하거나 중요한 결정을 하는 경우가 많기 때문에 남의 입장을 무조건적으로 수용하거나 상황 파악을 못하는 눈치 없는 바보가 아니라면 설득의 기술은 매우 중요하다. 이 치열한 수 싸움, 머리 싸움이 오가는 대화를 영어로 해야만 하면 어떨까? 학교에서는 왜 이런 중요한 커뮤니케이션 노하우를 안 가르쳐 준 것인가?

눈치와 말빨

말빨 세우기 스킬은 말하기와 쓰기 두 영역에서 모두 중요하다. 요즘엔 중요한 논의가 회의 뿐만 아니라 이메일로 이루어지는 경우가 많기 때문이다. 외국인 화자가 중요한 메시지를 전달하는데 있어서 회의보다 이메일이 더 쉬운 것은 사실이다. 적어도 이메일은 생각을 정리하고 쓸 시간이 있으니까. 하지만 행간을 읽는 능력, 상대의 말 뒤에 숨겨진 의도와 속뜻을 알아차리는 능력은 마찬가지로 필요하다. 너 외국에서 오래 살았으니까 영어 잘하겠다? 라는 질문은 전제부터 틀린 것이다. 영어를 잘한다는 것은 사람마다 영어를 사용하는 이유와 처한 상황에 따라 그 의미가 무수히 달라진다. 실수 없이 완벽한 영어 문장을 유창하게 말하는 사람도 상황 파악이 안 되어서 동문서답을 하거나 상황과 상대에 맞지 않는 방법으로 대화를 시도한다면 영어를 잘한다고 할 수 있을까? 이러한 눈치와 말빨 스킬을 언어학에선 화용론 지식이라고 부른다. 상황에 적절한 말을 적절한 방법으로 하는 능력을 말한다.

학생들에게 필요한 영어

이상적 언어학습의 과정은 읽기, 듣기, 말하기, 쓰기 4영역 기능이 골고루 발달되는 것이지만 4영역보다 거시적인 관점에서 언어 사용은 결국 자신이 필요한 상황에서 필요한 언어로 기능하는 것이다. 정치인에게 필요한 언어와 학자에게 필요한 언어 스킬이 따로 있다. 강의할 때 쓰는 영어와 체육관 탈의실에서 쓰는 영어가 다르다. 그러면 한국의 학생들에게는 어떤 영어가 필요할까? 다행스럽게도 초중고 공교육은 그 방향을 비교적 명확히 제시한다. 초중고 교과서 단원 별로 나와 있는 의사소통 기능 목표가 그것이다. 각 단원에 나와 있는 초대하기, 사과하기, 쇼핑하기 등 상황별 의사소통은 그냥 무작위로 붙여놓은 제목이 아니다. 그 상황에 맞게 학생들이 적절한 표현으로 기능할 수 있게 한다는 목표 하에 교육 전문가들이 내용을 선별하여 구성한 것이 학교 교과서이다.

4. 글로벌 시대, 세계 곳곳을 누벼라?

산 속 고양이의 나와바리

나에겐 미국에서 영국으로 이사올 때 데리고 온 고양이 머우와 뒷마당 작은 정원이 있다. 정원에서 가장 볕이 잘 드는 곳인 잔디 옆에 화단을 만들어 꽃을 심고 주방으로 난 뒷문 옆에는 고양이를 위해 개박하를 심었다. 머우는 산에서 주워온 야생 고양이라 바깥을 자주 돌아다닐 것으로 생각해서 나가서 놀다가도 집 생각이 나서 돌아오게끔 개박하를 심은 것이다. 하지만 머우는 나의 생각처럼 온 동네를 누비고 다니지 않는다. 개박하를 킁킁대는 것도 아주 가끔이고 햇빛 드는 곳에 심은 꽃 화단에 배를 깔고 앉는 걸 제일 좋아한다. 나는 미국 오레곤 Spencer Butte 산에 살던 머우의 어린 시절이 문득 궁금해졌다. 거대한 산 속을 자유롭게 다니면서 다람쥐나 새를 사냥해서 살았던 고양이가 어째 이렇게 얌전해졌나? 머우는 어린 시절 뛰어 놀던 고향산이 그립지 않을까?

동물을 키워본 사람은 알 것이다. 동물은 가던 길과 장소를 반복적으로 가고 꽤나 제한된 공간을 자기 영역이라고 여기고 산다. 오레곤의 Spencer Butte 산은 머우에겐 생활 환경 공간이었다. 아마도 머우는 그 산 속에서 자던 곳에서 자고, 자기가 알고 있는 빗물이 고이는 웅덩이에서 물을 마시고, 사냥하는 장소, 식사하는 장소, 화장실까지 나름대로 정해져 있으며 비교적 근접 거리에 모두 있었을 것이다. 산 초입에서 꼭대기까지 오르락내리락 하며 이리저리 사냥감을 찾아다니고 아무데나 배깔고 자며 유랑 동물처럼 살지는 않았을 것이다. 나름의 규칙과 제한된 동선 속에서 산세의 지형을 자기 식대로 파악했을 것이며 머우가 파악하고 있는 산 속의 모습과 생활 동선은 나무 위를 다니는 날짐승이 인지하고 있는 것과 전혀 다르지 않았을까.

　마찬가지로 나는 영국에 살지만 영국 모든 곳을 가본 것은 아니다. 현재 살고 있는 요크 도시에서도 나의 동선은 집, 학교, 체육관, 시내 번화가 등으로 꽤 제한적이다. 그리고 이 제한된 동선에서 거의 모든 사회 활동이 이루어진다. 뭔가 공통분모가 있는 비슷한 사람들끼리 만나서 늘 가던 식당을 가고 쇼핑을 할때에도 나의 경제적 형편에 맞는 늘 가던 곳을 간다. 그리고 이런 생활 루트가 반복되면서 시간이 켜켜이 쌓이며 나의 영역이 된 것이다. 많은 사람들이 생각하는 것처럼 외국에서 살면 영어가 늘까? 이 질문의 답은 외국에서 사는 각 개인의 생활 동선과 영역에 따라 다르다고 할 수 있다.

　나의 생활 동선 중에서 학교 빼고 가장 많이 비중을 차지하는 곳이 크로스핏 체육관과 주짓수 체육관이다. 일주일에 적어도 세 번씩 가는 곳이다. 이곳에서의 나의 영어 사용을 살펴보는 것도 외국에서 살면 영어가 늘까 라는 질문의 답을 찾는데 단서가 될 수 있다. 크로스핏은 3명에서 6명 정도의 사람들이 코치의 지도하에 정해진 운동 프로그램을 같이 하는 것이다. 코치와 회원들은 운동 시간 중 농담도 자주하고 운동 시작 전에는 모여서 수다도 떨기 때문에 생활영어를 배우기 아주 좋은 환경이긴 하다. 이곳에서 나는 영국식 생활영어를 많이 배웠을까? 그렇지 않다. 우선 운동 시간에는 힘든 고강도 운동을 하기 때문에 사람들이 하는 농담에 신경 쓸 겨를이 별로 없다. 코치가 하는 농담에 대답하다가 턱걸이 몇 개 했는지 까먹은 적이 한 두 번이 아니라 운동 시간에는 가급적 사람들 하는 말에 귀를 닫고 신경을 안 쓴다. 그리고 크로스핏 체육관에서 오가는 대화는 두 세 문장 등으로 단발적이고 문맥도 없이 튀어나오는 말들이 대부분이다. 기승전결이 있는 대화가 아니기 때문에 툭 튀어나오는 말을 이해하지 못하면 그걸로 끝이다. 대화 내용은 주로 가볍고 시답지 않은 것들이지만 영국 문화에 흡수되지 않은 사람은 끼어들기가 난감한 주제이거나 문화적 지식과 맥락이 없으면 이해하지 못하는 것이 대부분이다. 예를 들면 저녁으로 뭐 먹을지, 방학에는 애들 데리고 여행을 어디로 갈지, 저녁 때 무슨 드라마를 볼지 등 대부분 내용 자체는 간단한 말들이다. 하지만 저녁 뭐 먹지 같은 간단한 문장도 요리 이름이 생소하여 이해하기 힘든 경우가 있다. 여행지를 말할 때도 영국 시골 지명을 몰라서 대화에 끼지 못하는 경우도 있다. 나는 영국 드라마를 안 보기 때문에 드라마 관련 주제는 더 못 알아듣는다. 배우 이름도 귀에 들어오지 않고 드라마 내용을 모르는데 옆 사람이 하는 수다에 맞장구를 칠 수는 없는 노릇 아닌가?

주짓수 체육관에서는 영어 사용 양상이 좀 다르다. 일단 수업 시작 전 도복으로 환복을 해야 하므로 탈의실에서 사람들을 만나게 되는데 서로 가벼운 인사와 근황을 물어본다. 운동 시간에는 코치가 테크닉을 보여 주고 짝지어 하는 기술 반복 연습, 시합처럼 하는 스파링이 주를 이루어 기술 연습 시간에만 파트너와 잡담을 할 수 있다. 그 시간에는 주로 주짓수 기술에 관한 대화를 나눈다. 시합 경기처럼 하는 스파링에는 당연히 아무 말도 오가지 않고 스파링 후에는 서로 악수하며 땀을 뻘뻘 흘린 얼굴을 하고 방금 경기에 대해서 자기가 생각한 바를 간단히 이야기하거나 아니면 그냥 Thank you하고 끝낸다. 수업 후 탈의실에서 가벼운 잡담이 이어지기도 하지만 다들 녹다운이 되어서 옷만 갈아입고 가는 편이다.

영어 사용 환경이라는 측면에서 볼 때 두 체육관은 나에게 전혀 다른 곳이다. 크로스핏 체육관은 다수의 대화 참여자의 무작위 단발성 대화가 처음부터 끝까지 이어지는 곳이고, 바로 그 지점에서 대화에 참여할지 말지 결정할 수 있는 자율성이 주어진다. 주짓수 체육관은 한 명의 상대와

밀착해서 하는 운동이기 때문에 1:1 대화 구도가 이어지고 대화의 주제가 크로스핏보다 한정적이다. 두 장소는 멀리서 보면 그냥 영국에 있는 체육관이다. 그러나 가까이에서 보면 전혀 다른 영어 사용 환경인 것이다.

나의 고양이 머우는 Spencer Butte 산에서 어린 시절 2년을 보냈다. 그러나 멋진 야생 고양이라고 하기에는 빈 밥그릇 앞에서 눈을 깜박거리는게 영 마뜩치 않다. 아마도 산의 어느 한 구석에서 태어나서 자기가 다니던 길을 계속 다니며 나름대로 자연 세계를 파악하며 산 속에서 자기 영역을 구축했을 것이다. 우리는 글로벌 시대, 세계화 물결에 힘입어 지구촌을 구석구석 누비며 세계인과 친구가 되어야 한다고 생각하는 것 같다. 우물 안 개구리에서 보다 넓은 세계로 나아가 더 멀리, 더 높이 뛰는 것이 큰 사람이 되는 길이라고 여기는 걸까? 외국에 산다는 것은 익숙했던 자신의 영역이 새롭게 프로그래밍 되며 어떤 국소적인 지점에 뿌리가 내려지는 것이다. 지구상의 작은 지점에서 떨어져서 자기가 편한 나와바리, 즉 사회적 공간이 점차 하나 둘 생겨나는 것이다.

5. 외국이라는 제3의 공간
: 적응, 부적응, 그리고 자발적 비적응

내가 한국에서 미국 유학을 준비한 2000년대 후반은 스마트폰이나 디지털 앱이 대중화되기 전이라 미국 시트콤이나 영화를 보며 영어 공부를 했다. 이명박 정권의 '어린쥐' 영어 몰입 교육 탓이었을까. DVD를 이용한 영어회화 공부 방법이 성행하며 스터디 카페가 쏟아져 나오고, 취준생들 사이에서는 이력서에 한 줄 들어가는 경력이나 활동이 대학교 학점만큼 중요하게 여겨지던 시절이었다. 이러한 사회 분위기 속에서 미국 유학을 준비한 나는 유학을 간 후에도 자연스레 외국인들과 어울려야 영어가 향상된다고 생각하여 최대한 한국인 유학생을 멀리하고 미국 현지 친구 사귀기에 집중했고 실적 위주의 스펙 쌓기라는 한국의 이데올로기(doxa)[1]는 유학 중 다양한 대외 활동으로 연결되었다.

한 사람이 환경과 상호작용하며 켜켜이 쌓인 경험과 가치관의 총체, 어떤 특정한 방향으로 생각하고, 느끼고, 행동하도록 내재화된 시스템(habitus)은 결정적 순간을 겪으며 흔들리고(hysteresis) 불가피한 수정이 가해지기 마련이다.[2] 나에게는 박사 1년차 때 논문을 못 쓴다고 지적했던 지도 교수님의 피드백이 그런 순간이었다. 내가 기본이 안 되어 있구나, 하는 자각과 함께 미국 친구들과 어울리기와 대외 활동, 스펙 쌓기 등 중요하게 생각되었던 것들이 시간 낭비 같고, 유학 생활의 본질과 영어 사용 목표가 재정비되는 순간. 그런 순간들은 타인과 상호작용에서 발생한다.

내가 놓인 사회적 장(field)[3]을 학교, 주짓수, 크로스핏 체육관으로 한정해 보았을 때 표면적으로 나는 학교의 교직원이고 두 체육관의 회원이다. 그러나 세 개의 공간에서 내가 가지는 사회적 멤버십은 이분법적이지 않고 모호하게 단계적이며 각 공간에서 그때 그때 일어나는 상황과 대화에 따라서도 달라진다. 학교에서 나는 교직원으로서 나에게 주어진 강의, 연구를 수행하고 회의에 참여한다. 동료들과 식사나 커피 같은 자리에는 갈 수 있으면 되도록 가고 학과 사무실에서 오가는 가십거리나 교직원 노동조합에서 오가는 이야기에도 귀를 기울이는 편이다. 학교 정세를

---

1 Bourdieu, Pierre. *Language and Symbolic Power*. Polity Press, 1991.
2 위의 책
3 위의 책

파악하고 동료들과 관계를 구축하려고 노력하는 것은 정직원으로서 나의 의무이기도 하지만 학교라는 커뮤니티(communities of practice)[4]에 자발적으로 참여하려는 나의 의지에 기반한다. 반면 두 체육관에서 나는 사회적 활동에 꽤 소극적이다. 물론 체육관에서 만나는 모든 사람들을 친절하게 대하려고 노력하지만, 그들이 하는 잡담에 적극적으로 참여하지는 않으며 일 년에 한 번 크리스마스 파티에 가는 것이 내가 참여하는 친목 활동의 전부이다. 나는 자발적 비참여(legitimate peripheral participation)[5]로 인해 성실한 회원임에도 불구하고 체육관 커뮤니티의 완전한 멤버는 아니다. 직장 생활과 연구, 정원 가꾸기, 동물 키우기만 해도 너무 바쁘고 학생들이나 동료들만 해도 친목 활동이 차고 넘치는데 체육관에서까지 여왕벌 놀이를 할 필요는 없으니까.

자녀를 외국에 조기 유학 보내는 모든 부모는 아마도 자녀가 외국 생활에 잘 적응하기를 바랄 것이다. 공부도, 친구 사귀기도, 일상 생활도 모두 적극적으로 하며 영어 실력을 쑥쑥 키울 것을 기대하면서. 그러나 나의 경우에서 보다시피 적응과 부적응의 이분법을 넘어선 자발적 비적응의 영역도 분명 있으며 영어권 국가는 비영어 화자가 적응하고 동화되어야 할 사회 공간이 아니라 한국도, 그렇다고 완전한 이방 세계도 아닌 그 어디쯤 존재하는 제3의 세계이다[6]. 한국에서 나고 자란 학생들이 고국에서의 경험을 리셋하고 외국에서 전혀 다른 자아를 창조하지는 않는다. 자

---

[4] Wenger, Etienne. *Communities of Practice: Learning, Meaning, and Identity*. Cambridge University Press, 1998.

[5] Lave, Jean, and Etienne Wenger. *Situated Learning: Legitimate Peripheral Participation*. Cambridge University Press, 1991.

[6] Kramsch, Claire. *Context and Culture in Language Teaching*. Oxford University Press, 1993.

국인과 이방인 중간의 그 어디쯤 주변인으로서 자신의 자아를 외국이라는 제3세계에 뿌리내리는 것이다.

6. 자신의 꼬리를 먹는 뱀

　외국에서 살면 영어를 잘하게 될까라는 질문에 결론을 내리기 전에, 외국 거주 환경의 상대성과 영어를 잘한다는 평가의 주관성을 다시 한 번 강조하고 싶다. 5장에서는 학교 현장의 선생님들과 대학생, 직장인의 영어 공부 경험담을 살펴보았다. 모두 영어를 꽤 중요하게 생각하고 열심히 노력한다는 공통점이 있었지만 저마다 영어가 필요한 이유와 학습 방법에는 많은 차이가 있었다. 대학 강의를 영어로 듣고 영어 원서를 읽어야 하는 대학생, 영어 원어민 강사들과 함께 일해야 하는 관리자, 그저 영어가 좋아서 퇴직 후에도 영어 공부를 하는 전직 교장, 학교 현장에서 학생들에게 좋은 수업을 제공하기 위해 부단히 애쓰는 현직 교사 등, 저마다 영어를 공부해야 하는 이유와 처한 상황이 모두 다르다. 이들 각자가 놓인 사회적 공간은 영어에 저마다 다른 의미를 부여하므로 영어를 잘한다는 기준 또한 다를 것이다.

　그렇다면 한국의 초중고 학생들에게 영어는 어떤 의미일까? 아니, 영어는 학생들에게 어떤 의미를 가져야 할까? 한국의 조기 영어교육 열풍과 입시 경쟁이 어제 오늘 일도 아니고 많은 독자들이 영어교육의 필요성을 이미 절감하고 있는 지금, 이 구태의연한 질문을 던져본다. 모든 부모는 자신의 자녀가 좋은 직업과 사회적 지위, 경제적 풍요를 누리며 살아가기 바랄 것이다. 한국의 영어교육은 이러한 욕망에 아주 깊이 뿌리

내리고 있다. 영어를 잘하면 외국에서 공부나 취업 등 다양한 국제 경험을 쌓을 수 있으니 영어 실력은 곧 국제화 시대의 세계 시민이 되는 길을 열어주기도 한다. 또한 영어는 중요한 학교 과목 중 하나로써 좋은 대학 진학과 사회적 성공을 가능하게 하는 지식 자본이기도 하다. 학부모들은 어린 자녀에게 미리미리 영어 실력을 만들어주고자 사교육에 무리한 투자를 하고 자녀들을 학원, 과외, 조기유학, 영유로 내몰고 있다. 어마어마한 사교육비는 한국의 저출산 요인의 하나로 지목되며, 한국의 기이한 영어교육 열풍은 국제 학계에서도 중요한 이슈로 다루어진다.

뱀은 너무 배가 고프면 자기 꼬리를 먹는다. 입 한 가득 자신의 꼬리를 깊숙이 물어뜯으며 피를 흘리는 모습은 처참하고 멍청하며 기괴하다. 한 개체가 스스로에게 가해자인 동시에 피해자가 되는 현상. 한국의 영어교육 풍경은 먹고 먹히는 뫼비우스의 띠와 닮아있다. 영어를 잘하는 것이 곧 성공의 지름길이라는 스스로 만들어 낸 담화에 교육의 주체인 학생과 학부모가 자기 살을 파먹히고 있다. 한국 정부는 영어교육의 기현상을 바로잡기 위해 지난 수십 년간 교육 정책을 개정하며 부단히도 노력을 해왔지만 어떤 뾰족한 대안은 없는 것 같다. 학교에서 잘 가르치면 학원 갈 필요가 없다는 단순한 발상이었을까. 정부는 공교육의 정상화에 막대한 예산을 투자하면서 학교 교육 질 향상에 힘써 왔고 그 결과 학교 영어교육은 괄목한만한 발전을 이룬 것도 사실이다. 그런데도 학생들은 학교가 끝나면 여전히 학원에 가서 밤늦게까지 공부를 한다. 영유 시절부터 형성된 영어 실력과 우수한 성적, 유학으로 이어지는 교육 기회와 국제적 인맥 등, 영어교육에 패키지로 딸려오는 이 거대한 사회 문화 자본 위에 올라타려는 개인의 욕망을 위로부터의 정부 정책이 도저히 거스를 수가 없는 것이다. 교육의 주체인 학생과 교사, 무엇보다 사교육의 결정권자인 학부모의 인식이 달라져야만 변화가 가능할 것이다.

7. 대한민국이 지향해야 할 영어교육 방향

영어 공부와 사회정의

  대부분의 사람들이 오늘보다 내일이 더 나아지리라는 기대를 품고 살 듯이, 부모들은 자기 세대보다 자녀 세대가 더 풍요롭게, 행복하게 잘 살기를 바란다. 내가 학교 다니던 시절보다 요즘의 학생들의 학교생활이 더 나아졌을까? 분명 그럴 것이다. 하지만 학교 교육이 진보한 만큼 학생들도 더 즐겁고 만족스러운 학교생활을 하고 있을까? 아마도 그렇지 않을 것이다. 기존의 좋은 점수를 받기 위한 내신, 입시 체제에 더해 조기유학, 영유, 엄마표 영어 등 예전 입시 학원, 보습 학원과는 차원이 다르게 영어 사교육 시장이 발전하고 다변화했다. 이 책은 한국 영어교육의 역사와 현 주소를 이론과 사례, 교육 정책 등 다각도로 조명하며 독자들에게 간결화된 영어교육을 촉구한다. 본 장에서 나는 교육 정책이나 영어교육 방법을 제언하기보다도, 기성세대가 자녀 세대를 위해 반드시 구축해야 할 사회정의에 대해 말하고 싶다. 넓은 의미에서 사회정의란 기회와 자원, 특권의 공정한 분배를 의미한다. 사회정의는 누구에게나 열려 있는 학교 공부가 특권자들에게만 가능한 사교육보다 우선 되어야 하는 이유이다. 또한 다음 세대를 위한 공교육이 추구해야 할 궁극의 가치와 목적이다. 영어는 그 어떤 과목보다도 경제 자본과 밀접하게 관련이 있다. 영유와 조기유학에 드는 비용, 기러기 아빠 현상을 생각해보면 반박할 수 없을 것이다. 자식 사교육비에 등골이 휘는 것은 어찌 되었건 학부모 본인의 개인적 선택이라고 해도, 한국의 사회 구성원으로서 기울어진 운동장을 당연시 여기며 자녀에게 세상에서 이기기 위한 준비만 시키는게 과연 올바른 것일까.

영어의 즐거움, 배움의 기쁨

즐겁고 행복한 유년기와 청소년기는 평생을 살아가는데 좋은 밑거름이 된다는 것은 누구나 알고 있다. 5장에서 많은 사람들은 영어에 흥미를 갖는 것의 중요성을 역설했다. 학술적인 관점에서 보는 외국어 학습의 즐거움(Foreign language enjoyment)은 재미있거나 기분 좋은 느낌이 아니라 어려운 과업에 직면해서 과업을 성공적으로 수행하기 위한 동기를 반영하며 자신의 능력에 대한 신뢰와 과업의 도전적인 측면의 복잡한 상호작용을 포착한다. 이는 단순히 좋아하는 일을 즐기는 것을 넘어서 새롭거나 예상치 못한 것을 성취할 때 발생한다.[7] 그리고 외국어 학습의 즐거움은 선생님, 학습자 자신, 그리고 사회적 상호작용 세 가지 요인으로부터 발생한다.[8]

이 책의 주저자 Otree는 영어 교사로서 성공적인 수업 사례를 많이 소개했다. 학생들에게 팝송을 부르게 하거나 미국 연수 경험 소개, 모둠별 말하기 연습 등 수업에 신난 선생님과 학생들이 몰입하며 눈을 반짝이는 장면이 어렵지 않게 그려진다. 선생님으로부터 파생된 외국어 학습의 즐

---

[7] Dewaele, Jean-Marc, and Peter MacIntyre. "Foreign Language Enjoyment and Foreign Language Classroom Anxiety: The Right and Left Feet of FL Learning?" *Positive Psychology in SLA*, edited by Peter MacIntyre, et al., Routledge, 2016, pp. 215-36.

[8] Botes, Elouise, et al. "The Development of a Short Form Foreign Language Enjoyment Scale." *The Modern Language Journal*, 105(4), 2021, pp.858-76.

거움의 예라고 할 수 있다. 자기 자신으로부터 파생된 즐거움은 어려운 문제를 풀었을 때의 쾌감이나 정해진 공부를 끝낸 후의 만족감, 보람 등이 해당된다. 이 책에서 소개된 사례 중 미국 소설을 읽고 흥미가 생겨 영문학을 전공하게 된 대학생, 그리고 영어가 좋아서 지금도 영어 공부를 하며 심신의 활력을 찾는 전직 교장의 사례가 좋은 예시이다. 그렇다면 사회적 상호작용에서 파생된 즐거움은 어떤 것일까. 친구와 같이 공부하며 하는 농담, 웃음, 협력에서 오는 일종의 유대감 같은 것이다. 함께 공부하며 서로 돕는 기쁨, 주어진 과업(task)을 친구와 함께 해결하며 몰입하는 순간들, 간간이 오가는 웃음 소리가 친구로부터 파생된 즐거움이다.

놀랍게도 이 책에서 소개된 많은 사례들 중에 상호작용에서 파생된 영어 학습의 즐거움은 선생님이나 자기 자신으로부터 오는 즐거움에 비해 현저히 적은 비중이다. 각자도생 이데올로기에 뿌리내린 한국 영어교육의 현주소라고 할 수 있다. 또래집단의 영향이 지대한 유년기 청소년기에 친구와 함께 누리는 학습의 즐거움이 없다는 것은 한국에 너무 큰 불행이다. 어릴 때부터 스며든 나만 잘하면 된다는 각자도생주의는 커서도 나만 잘 살면 된다는 이기주의로 이어진다.

교육에 있어서 여러 가치가 충돌하는 경우가 왕왕 있다. 엘리트주의와 사회정의가 그 예이다. 이러한 가치에 우선순위를 정할 때 아비투스가 작동한다. 사회적 합의점, 다수가 추구하는 이상, 세월 속에 익은 습관과 사고 체계. 지금까지 경쟁과 엘리트주의에 기반한 한국의 교육 체제는 승자와 패자 모두가 지는 게임으로 기쁨을 잃어버린 승자와 인생 낙오자로 찍힌 패자를 생산해왔다. 안타깝기 짝이 없는 일이다. 나는 한국 학생들의 영어 공부 시간이 즐거워지기를 진심으로 바란다. 언어학습에서 느끼는 즐거움은 학습 동기로 이어지고 반복된 작은 성취는 자신감으로 이어지기 때문이다. 이를 위해 기성세대 학부모들이 대치동 돼지 엄마를 찾지 말고 자녀들에게 영어의 즐거움과 배움의 기쁨을 찾아줄 건강한 학부모 연대를 스스로 형성했으면 좋겠다. 한국의 경쟁 위주 현실에서 뜬구름 잡는 소리처럼 들릴지도 모르겠다. 그러나 역사는 진보하기 마련이고 그 변화의 동력은 더 나은 방향을 지향하는 사회 구성원이 만들어간다고 나는 생각한다. 각자도생을 넘어 상생과 협력에 기반한 사회 공동의 아비투스가 한국에서 형성되길 바라며 본 장을 마친다.

참고문헌

고영종, 「국가영어능력평가시험(NEAT)의 정책과정에서의 정책오차와 발생원인 분석」, 고려대학교 박사학위논문, 2017.
고용진·고영희, 「일본의 영어교육 실태-조기 영어교육의 사례를 중심으로」, 한국언어학회, 제18(1), 2013, pp. 1-23.
김동섭, 『영국에 영어는 없었다』, 책 미래, 2016.
김보경, 「조기 영어교육의 효과에 대한 학습자 인지」, 아주대학교 석사학위논문, 2020.
김유정·이선영, 「조기 영어교육이 7세 아동의 모국어(한국어) 나레이티브에 미치는 영향」, 이중언어학 제60호, 2015, pp.1-28.
김은정, 「초등 교사의 자녀에 대한 영어교육인식 및 교육방식에 관한 민족지학적연구」, 학습자중심교과교육연구 21(24), 2021, pp. 409-425.
김태영, 「일본의 영어교육-역사적 변천과정과 현황」, 한국교육문제연구 37(1), 2019, pp. 187-211.
김태영, 「조기 영어교육의 개선방안연구」, 연세대학교 석사학위논문, 2008.
김하람, 「조기 영어교육의 개선방안 탐색연구」, 한국외국어대학교 석사학위논문, 2018.
남지영·전경자, 「방송활용 초등영어 듣기능력 신장 방안 연구」, 한국멀티미디어교육학회 9(3), 2006, pp. 127-150.
문장수, 「언어 능력, 생득적인가? 구성적인가? 언어 능력에 대한 촘스키와 피아제의 논쟁을 중심으로」, 경북대학교 철학연구 126, 2013, pp. 79-108.
민병철, 『민병철의 하루 5분 베이비영어』, 중앙북스, 2015.
박영배, 『영어의 세계속으로』, 경문사, 2013.
박준언, 『영어 공교육 시스템개선』, 숭실대학교 출판국, 2013.
박진규, 『영어의 바다에는 상어가 산다』, 형설라이프, 2011.
신혜경·이신동, 「영재아동 어머니와 일반아동 어머니의 사교육에 대한 인식, 만족도, 스트레스 차이」, 한국홀리스틱융합교육학회, 홀리스틱융합교육연구 22(1), 2018, pp.47-66.
이병민, "우리나라 영어 조기교육의 실태와 인식에 대하여, 영유아 영어 조기교육의 인식 실태분석 및 대안마련", 국회토론회, 교육부/사교육없는 세상, 2014, pp. 82-88.
이병민, 『당신의 영어는 왜 실패하는가?』, 우리학교, 2014.
이승은·조진현, 「취학전 영어교육경험이 우리나라 중학생의 영어 성적과 영어 학습태도에 미치는 영향」, 인문사회 21, 10(1), 2019, pp. 497-506.
이제영·전영주, 「초등학생대상 EBS영어방송 콘텐츠활용의 효과: 메타분석을 통한 연구통합」, 멀티미디어교육학회 19(4),2016, pp. 89-115.
이해림, 「글로벌인재양성을 위한 조기 영어교육에 대한 학부모 인식 연구」, 중앙대학교 석사학위논문, 2019.
이현주, 「4차 산업혁명시대의 테크놀로지 및 ICT 기반중고등학교에 대한 체계적문헌고찰」, 한국외국어대학교 외국어교육연구소, 외국어교육연구 34(1), 2020, pp. 87-114.
장유경, 「유아기의 언어 습득-인지 발달측면」, 새 국어생활 7(1), 1997, pp. 29-50.
정약용 · 지석용, 『조선시대 영어교재 아학편』, 전용규 편, 베리북, 2018.
조명진, 「조기 영어교육의 효과성 논쟁과 교육실태의 문제점 분석 - 일본, 중국 사례를 중심으로」, 광주여자대학교 석사학위논문, 2019.
최인영 · 이제영, 「조기영어 학습 경험이 초등학교 영어 학습에 미치는 영향-정의적 영역을 중심으로」, 예술인문사회 융합 멀티미디어 논문지 9(2), 2019, pp. 171-179.
iMBC 캠퍼스 독학학위제 연구회, 『영어발달사』, 지식과 미래, 2015.

이케가미 슌이치, 『왕으로 만나는 위풍당당 영국역사』, 김경원 역, 돌베개, 2018.
D .G. Scragg, 『영어철자의 역사』, 김명숙 & 문안나 역, 한국문화사, 2014.
H. Douglas Brown, 『언어학습과 교수의 원리』, 한문섭 · 황종배 · 김태영 · 이상기 · 이문우 공역, Pearson Education South Asia, 2019.
Kenneth C. Davis, 『미국사 이야기』, 이충호 역, 푸른숲주니어, 2010.
Rod Ellis, 『제2언어 습득』, 선규수 역, 한국문화사, 2014.

"2013년 국가영어능력평가시험(2,3급) 시행 계획 발표", 교육부 보도자료, 2013. 4.5.
"국가영어능력평가시험」관련 실태조사 결과 발표", 교육부 보도자료, 2013.7.3.
"2013년 제3차 국가영어능력평가시험1급 실시", 교육부 보도자료, 2013.7.13.
"2013년 제4차 국가영어능력평가시험1급 실시", 교육부 보도자료, 2013.9.14.
"2017학년도 대입제도 확정" 교육부 보도자료, 2013.10.25.
대통령직속 국가교육회의. "국민이 원하는 교사는?…학생에 관심 쏟고 소통하는 교사", 정책브리핑, 2020.11.22, 웹사이트.
"개정 교육과정 국민참여 설문 결과 발표 및 사회적 협의 시작", 교육부 보도자료, 2021.6.22.
"'daebak' 등 26개 한국어, 올해 옥스퍼드 사전 등재… 45년치 보다 많아", 동아일보, 문화뉴스, 2021.10.4.
"2022 개정 교육과정 총론 주요사항 발표" 교육부 웹사이트, 2021.11.24.
"중국서 '영어교육 축소' 논쟁…전인대 "수업 시간 줄여야", 연합뉴스, 2022.10.2.

"통계청 2022년 초중고사교육비 조사결과", 교육부 웹사이트, 2023.3.7.
"경북교육청, 교과교실제운영학교 142교, 82억 지원", 한국강사신문, 2023. 4.18.
"학생은 줄었는데 사교육비는 폭증, 학원비가 저출산 원인", 한국경제, 2023. 6.16.
"사교육 경감대책", 교육부 보도자료, 2023.6.26.

My Fair Lady, Cukor, G 감독, 1964년, 미국 영화, 원작 George Bernard Shaw의 "피그말리온"

Botes, Elouise, et al. "The Development of a Short Form Foreign Language Enjoyment Scale." *The Modern Language Journal*, 105(4), 2021, pp. 858-76.
Bourdieu, Pierre. *Language and Symbolic Power*. Polity Press, 1991.
Common European Framework of Reference for Languages (CEFR), Council of Europe. www.coe.int/en/web/common-european-framework-reference-languages/ Accessed 19 July 2023.
Dewaele, Jean-Marc, and Peter MacIntyre. "Foreign Language Enjoyment and Foreign Language Classroom Anxiety: The Right and Left Feet of FL Learning?" *Positive Psychology in SLA*, edited by Peter MacIntyre, et al., Routledge, 2016, pp. 215-36.
Kramsch, Claire. *Context and Culture in Language Teaching*. Oxford University Press, 1993.
Lave, Jean, and Etienne Wenger. *Situated Learning: Legitimate Peripheral Participation.* Cambridge: Cambridge University Press, 1991.
Wenger, Etienne. *Communities of Practice: Learning, Meaning, and Identity*. Cambridge: Cambridge University Press, 1998.
World-Readiness Standards for Learning Languages. American Council on Teaching Foreign Languages. www.actfl.org/educator-resources/world-readiness-standards-for-learning-languages. Accessed 19 July 2023.

기고해 주신 분들

그저 영어가 좋아서라고요 강태준 전 중등 교장
교실에서 작은 성공 경험들을 쌓게 해주는 것 류리라 솔밭초등학교 영어전담교사
업그레이드 된 고교 영어교육 변미영 설악고등학교 교장
영어 공부가 놀이 같으려면 자기주도적 학습 변주연 흥덕고등학교 영어 교사
영어교사의 애로사항 성인애 솔밭중학교 영어 교사
영자 신문 동아리 활동으로 영어실력 UP 신인호 Mondaytimes 대표
취학 전 영어교육이 효과적일까 안혜숙 동해중앙초등학교 영어 수석교사
미국식 발음 외 영어듣기능력 필요 오수현 성균관대학교 학생
학창 시절로 돌아간다면 선생님에게 맘껏 질문할 것 오유경 서울대학교 학생
친구와 영어로 대화하며 4년동안 등하교 이정님 고운중학교 교감
교실에 있는 많은 '영포자'에게 날개를 이지혜 흥덕고등학교 영어 교사
영어 단어 인증제로 영포자 없앤다 주경례 남일초등학교 교장
영어가 생각보다 너의 삶에 중요하니 미리미리 친해져라 한중섭 금융투자업 종사자, 작가